U0598423

basketball and 3-on-3 basketball

普通高校奥运特色项目系列教材

篮球与三人制篮球

◎主　　编　金慧娟　潘德运
◎副主编　金　雷　许　慧
◎参编人员　刘　博　蓝天宇　陆　晟

ZHEJIANG UNIVERSITY PRESS
浙江大学出版社

图书在版编目（CIP）数据

篮球与三人制篮球 / 金慧娟，潘德运主编. —杭州：
浙江大学出版社，2020.4(2023.8 重印)
ISBN 978-7-308-19587-4

Ⅰ.①篮… Ⅱ.①金… ②潘… Ⅲ.①大学生—篮球
运动—运动训练 Ⅳ.①G841

中国版本图书馆 CIP 数据核字(2019)第 205329 号

篮球与三人制篮球

金慧娟　潘德运　主编

丛书策划	葛　娟	
责任编辑	葛　娟	
责任校对	程曼漫　黄梦瑶　杨利军	
封面设计	周　灵	
出版发行	浙江大学出版社	
	（杭州市天目山路 148 号　邮政编码 310007）	
	（网址：http://www.zjupress.com）	
排　　版	杭州青翊图文设计有限公司	
印　　刷	杭州杭新印务有限公司	
开　　本	787mm×960mm　1/16	
印　　张	19.75	
字　　数	421 千	
版 印 次	2020 年 4 月第 1 版　2023 年 8 月第 2 次印刷	
书　　号	ISBN 978-7-308-19587-4	
定　　价	49.00 元	

版权所有　翻印必究　　印装差错　负责调换

浙江大学出版社市场运营中心联系方式：0571－88925591；http://zjdxcbs.tmall.com

普通高校奥运特色项目系列教材
学术顾问委员会

名誉主任：邬小撑　浙江大学党委副书记

毛丽娟　全国体育教学指导委员会副主任

张光新　浙江大学本科生院院长

胡吉明　浙江大学本科生院教务处处长

主　　任：吴叶海　浙江大学公共体育与艺术部主任、全国体育教学指导委员会委员

副 主 任：刘海元　中国体育科学学会学校体育分会副秘书长、全国体育教学指导委员会副秘书长

吴子贵　浙江大学公共体育与艺术部总支副书记

付旭波　浙江大学公共体育与艺术部总支副书记、在杭高校体育协会秘书长

陈志强　浙江大学公共体育与艺术部体育艺术研究中心主任

潘雯雯　浙江大学公共体育与艺术部公共体育教育中心主任

钱宏颖　浙江大学公共体育与艺术部公共体育教育中心副主任

委　　员：姜　丽　浙江省大学生体育协会副秘书长

胡振浩　全国体育教学指导委员会副主任、浙江省经济职业学院体育部主任

虞力宏　浙江大学公共体育与艺术部教授、浙江省大学生体育协会网球分会副主席

赵　军　浙江省大学生体育协会竞赛部部长、田径分会名誉主席

叶东惠　全国体育教学指导委员会委员、浙江财经大学体育部总支书记

王才领　浙江工业大学体军部主任、浙江省大学生体育协会定向分会秘书长

李　宁　浙江外国语学院体育部主任、浙江省大学生体育协会排球分会秘书长

张　杰　中国美术学院体育部主任、浙江省大学生体育协会健美操分会秘书长

钱铁群　浙江大学公共体育与艺术部教授

董晓虹　浙江大学公共体育与艺术部教授

卢　芬　浙江大学公共体育与艺术部

董育平　浙江大学公共体育与艺术部文化信息建设中心主任
施晋江　浙江大学公共体育与艺术部场馆器材服务中心主任
潘德运　浙江大学公共体育与艺术部竞赛训练管理中心主任
张　锐　浙江大学公共体育与艺术部公共体育教育中心副主任
吴　剑　浙江大学公共体育与艺术部竞赛训练管理中心副主任
虞松坤　浙江大学公共体育与艺术部场馆器材服务中心副主任
鲁　茜　浙江大学公共体育与艺术部体育艺术研究中心副主任
金鸥贤　浙江大学公共体育与艺术部教育教学管理科科长
叶茵茵　浙江大学公共体育与艺术部综合办公室副主任（主持工作）
袁华瑾　浙江大学公共体育与艺术部文化信息建设中心副主任

普通高校奥运特色项目系列教材
编 委 会

（以姓氏笔画为序）

王大庆　　王先驰　　叶亚金　　叶茵茵　　刘　剑

刘　博　　刘斯彦　　许　慧　　许亚萍　　孙冠荣

杨永明　　吴子贵　　吴叶海　　何一兵　　张　束

陈　涛　　陈　烽　　陈小珍　　陈坚坚　　陈志强

林时云　　金鸥贤　　金　雷　　金慧娟　　郑其适

赵　峰　　柳志鹏　　恽　冰　　骆文梦　　钱宏颖

黄　力　　黄小玲　　董育平　　董晓虹　　蒋天骄

傅旭波　　鲁　茜　　蓝天宇　　虞力宏　　虞松坤

鲍江华　　翟旺旺　　潘雯雯　　潘德运

序

PREFACE

　　高等学校体育是整个国民体育的重要基础,是我国体育工作的重点内容。21世纪高等教育强调"健康第一"、学生全面发展,把教育改革提高到一个新的高度。《国家中长期教育改革和发展规划纲要(2010—2020年)》指出我国教育改革发展要贯彻优先发展、育人为本、改革创新、促进公平、提高质量的方针。随着社会发展和人的需求的变化,高校的社会功能被不断深化,体育的育人功能日益突显,目前"办特色学校,创教育品牌"已成为我国众多教育工作者的共识。时代在变,学生的兴趣爱好也在变,丰富高校体育课程资源,开拓学生喜闻乐见的体育项目是高校体育教育工作者的重要工作。

　　浙江大学根据公共体育教学精品化的发展目标,"关注教育质量的提升,着眼教育内涵的发展"。学校对学生的培养目标是轻竞技,重参与,以大众参与为手段,丰富体育课程资源,满足体育锻炼需要,促进锻炼习惯养成。因而,公共体育教育中心在开设课程的形式方面也作了较大幅度的改革,进行分层次教学,注重知识、技术、技能的层次特点,为学生从事终身体育打下坚实基础。浙江大学公共体育教育以奥运与非奥运项目为主体,以传承与创新为根本,形成内容丰富多彩、形式活泼多样、学生积极参与的校园体育文化氛围。

　　这套奥运项目系列教材包括《篮球与三人制篮球》《排球、气排球与沙排》《足球》《乒乓球》《羽毛球》《网球》《游泳》《跆拳道》《高尔夫球》《健身运动》等。教材面向普通本科生、研究生,结合健康教育理念,摆脱传统平铺直叙的编写模式,形成师生互动关系,增加启发性和趣味性,培养和调动学生主动学习的兴趣和积极性。本系列教材既可作为体育课教学使用教材,也可作为学生课外自行锻炼的参考书。

　　　　　　　　　　　　　　　　浙江大学副校长

前　　言

　　篮球运动既是一项集体运动，又是一项综合运动。它涵盖了跑、跳、投等多种身体运动形式，它不仅能有效提高身体素质、锻炼人的意志品质，还具有陶冶情操、培养团队精神的作用。正因为拥有如此大的魅力，篮球运动才成为世界范围内影响力巨大、传播广泛的运动之一。在当前教学改革的大背景下，如何提高篮球运动在教学中的教与学的互动效果，成为我们迫切需要解决的问题。本教材以素质教育、健康教育和能力培养为指导思想，针对大学生特点和篮球选项课的实际情况，为了让学生充分了解篮球运动的特点和掌握篮球运动的技能，并能在课外及今后的业余生活中更好地运动和应用，编写中尽力按照篮球学习的一般规律，内容力求简明扼要、深入浅出、易学易懂。同时充分考虑不同基础和不同需求的学生，采取了分级编写，即为初级、中级、高级。三级水平的划分原则，从初级开始放低入门要求，便于让没有接触过篮球运动的学生可以参与学习，而有一定基础的学生可以直接从中级开始学习，待中级学完后，完成较好的学生进入高级学习。本教材突出实用性，结合先进的练习方法以图解的方式进行详细叙述。在战术、打法选择上，注重实战效果的技巧应用。

　　本教材想解决的问题是：

　　如何学会打篮球；

　　如何能够打好篮球；

　　如何才能看懂篮球比赛；

　　如何把所学技能在比赛中活用。

　　本教材中的篮球基本图片的技术动作示范由浙江大学高水平男篮队员何昊天、孙航完成，图片处理由浙江大学学生篮球联盟原社长裘东升完成。在编写过程中，董晓虹教授提出了宝贵的意见，在此表示感谢！

　　时代在发展，社会在进步，新形势对现代篮球教学不断提出新的要求。虽然本教材的撰写经过了长时间的酝酿和辛勤的付出，但由于编者水平有限，疏漏之处在所难免，敬请读者批评指正。

金慧娟

2018 年 12 月 28 日

图　　例

进攻队员	○
防守队员	△
持球队员	○˙
教师或辅助人员	C
障碍物	▲
进攻队员号码	④⑤⑥⑦⑧
防守队员号码	④⑤⑥⑦⑧
无球跑动	——————→
传球	------------→
运球	∿∿∿∿∿→
掩护	——————≺
投篮	══╫══→
夹击	╳
转身	——⊶——→
掩护后转身	————≺

目　录

◆CONTENTS

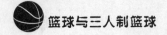

第一章　篮球运动概述

应知导航

　　篮球运动发展至今已有 100 多年的历史,在全世界拥有众多的职业球员和数以亿计的篮球爱好者。在我国大学校园里,篮球运动是开展最为广泛、参与人数最多的运动项目之一,这使它成为名副其实的"第一运动"。本章着重介绍篮球运动的起源与发展、中国篮球运动的改革与发展,使篮球学习者全面了解篮球运动的历史及其魅力所在。

第一节　篮球运动的起源与发展

一、篮球运动的起源

　　篮球运动本质是一种活动性游戏。它在特殊的规则限制下,以特殊的形式、方法和手段,集体地进行攻守对抗,从而逐步地演进成为现代竞技体育的运动项目。篮球运动的历史可追溯到 100 多年前,即 1891 年的冬天,在美国的马萨诸塞州斯普林菲尔德市基督教青年会训练学校(今春田学院,Springfield College),由任体育教师及橄榄球教练的詹姆斯·奈史密斯(James Naismith)博士(图 1-1-1)(1861 年 11 月 6 日—1939 年 11 月 28 日)所创造的篮球游戏。当时学校要求,设计一项学生可以在室内进行的体育活动,以填补学生的冬季生活。奈史密斯从工人和儿童用球向"桃子筐"做投准的游戏中得到启发,最初设计将两个桃篮分别钉在健身房内看台的栏杆上,桃篮上沿距离地面 3.05 米,用橄榄球作比赛工具向篮内投掷,投球入篮得一分,按得分多少决定胜负。每次投中篮后须由一名场地管理员坐在梯子上把投中的球从桃篮里取出来,才能重新开始角逐。所以,有时一场比赛,双方在场的人数竟多达百余人,以 1∶0 的结果取胜的赛事也时有记载。这种情况持续的时间并不长,到了 1892 年篮球比赛(图 1-1-2)就大为改观,这一年奈史密斯专门制定了 13 条比赛规则。1893 年又把每队上场人数确定为五人，并一直沿袭至今。同时又出现了近似现代篮球的篮板、篮圈、篮网。

图 1-1-1　篮球运动创始人詹姆斯·奈史密斯(James Naismith)博士

图 1-1-2　1892 年时的篮球运动

(一)球篮的演变

最初的球篮是用装桃子的篮子(图 1-1-3)，直径 15 英寸(0.381 米)，钉在高 10 英尺(约 3.048 米)的墙上，篮子有底。1893 年桃篮改成铁圈(图 1-1-4)，用装有拉绳的有底线网,拉动绳子使球滚出来。1895年将球篮装在铁丝编成的遮板上。1913年将网底切开,球从篮圈通过篮网直接落下。

图 1-1-3　桃篮

图 1-1-4　底线网球篮

（二）篮板的演变

篮球运动使用篮板始于1895年,是由铁丝网编成的遮板,篮板横宽6英尺(约1.83米),竖高4英尺(约1.22米),中间没有小方框。1909年美国大学生规则委员会开始批准使用玻璃篮板。1940年美国曾批准使用扇形篮板,至1954年国际篮联(国际篮球联合会,英文简称FIBA)统一规定为现在使用的篮板形状。

（三）篮球的演变

篮球运动初创时期,大小皮球,球壳内充填实物的实心球等各种球都试用过。1892年,以当时流行的英式A式足球作为比赛统一用球。1894年,用皮革缝制成一种比英式足球稍大的开口篮球,一直沿用了半个世纪。1937年皮制全封闭篮球问世,1940年国际篮联批准用这种球比赛。20世纪40年代末、50年代初,出现过模压橡皮篮球。现代篮球比赛用球多以合成材料制成,圆周长在74.9～78厘米,重量在567～650克,球的接缝宽度不得超过0.65厘米。

二、篮球运动的发展演进

篮球运动因地制宜、应人所需、从实际出发,经过构思设计—初次尝试—建章完善—推广传播—立项入世—普及提高—创新发展几个阶段,经历了由一种民间乡土儿童游戏到学校课间健体强心活动,到区域性社会文化现象,到体育竞技项目,到全球性跨国文化,到教育领域的课程与学科门类,到当代社会新兴产业门类的演进过程。若以其活动的方法和规则完善的过程划分演进发展的阶段和时期,可划分成以下五个时期。

1. 初创试行时期(19世纪90年代至20世纪20年代)

从无明确的游戏规则和无人数、场地设备限制,到1893年篮球规则增订为21条,并拟订了男子 9 人制和 5 人制两种比赛场地的比赛方法。1895 年,中圈开始跳球比赛,投中均要在中圈跳球继续比赛,直到 1936 年以后才取消这一规定;投中一球得 3 分,增设了罚球区,罚球线由 10 英尺改为 15 英尺(4.572 米),罚球命中为 3 分;队员两次侵人犯规取消比赛资格。1896 年,投中一球由 3 分改为 2 分,罚球由 3 分改为 1 分。1897 年,比赛限制为 5 人。1898 年,规定不准两次运球。1901 年,AAU(北美大学联盟,也被称为美国大学协会)成立了第一个篮球规则委员会,并在 1913 年开始篮球锦标赛。1908 年,队员五次犯规取消比赛资格,运球队员可以投篮。初期篮球攻守技术较为简单,普遍限制于双手做几个基本动作,战术以单兵作战为主要攻守形式,战术配合处在朦胧阶段。

2.完善传播时期(20 世纪 30 年代至 40 年代末)

1932 年增划中场线,增订 3 秒、10 秒和球回后场的规则;增加后场持球队员被严密防守 5 秒判为争球的规定。1937—1940 年,球场中间增划 6 英尺半径的同心圆,罚球线与端线距离由 15 英尺改为 17 英尺(5.182 米),每场比赛暂停由 3 次改为 4 次,确定球场的面积为 26 米×14 米,取消投中后在中圈跳球的规定。

这个时期篮球运动向世界五大洲传播,逐渐被各国青年人喜爱。1932 年在日内瓦成立国际业余篮球联合会(后更名为国际篮球联合会)。在 1936 年第 11 届奥运会上被列入男子竞赛的正式体育竞技项目。从此,现代篮球竞技比赛登上了国际舞台。攻守技术动作逐渐增多,基础战术配合已呈雏形。出现了单手和行进间技术并开始运用简单的组合技术动作,20 世纪 40 年代末出现跳起投篮技术。进攻中多运用快攻、掩护、策应、突分等战术,防守开始强调集体性。

3.普及发展时期(20 世纪 50 年代至 70 年代末)

1957—1960 年,增加 30 秒的规则;罚球区扩大为 5.8 米×6 米的梯形;增加队员在前场被严密防守 5 秒应判争球的规定;暂停次数规定上、下半时各两次,不得挪用;如果场上犯规执行罚球时,裁判员要交换位置。1961—1964 年,取消中场线在边线中点处划 10 厘米的短线,取消 60 厘米的小中圈,取消球从后场推进到前场 10 秒的规定。1965—1971 年,增划中线,篮网由 60 厘米长改为 40 厘米,增加最后 3 分钟比赛和取消 10 秒。高度成为决定篮球比赛胜负的重要因素。高度、力量、速度、技巧相互结合,运动员技术向全面化方向发展,美国职业球员拉塞尔发展了个人防守"盖帽"技术,张伯伦发展了直接将球扣入篮圈的进攻技术。进攻战术以高大中锋强攻篮下和快攻为主,防守以区域联防和全场人盯人紧逼为主,篮球运动真正变成了巨人游戏。

该时期篮球运动在全球近百个国家与地区逐渐普及,参与活动者不仅有青少年,老人小孩也能乐在其中。各大洲国家组织了频繁的竞赛活动,男女世界篮球锦标赛始行,篮球运动逐渐家喻户晓。篮球技、战术创新发展,规则对比赛场地设施及罚则进一步完善,进一步促进运动技术、战术的快速发展,形成了科学的攻防体系。尤其是高大运动员的逐渐出现,使篮球运动呈现不同打法的争艳景象。

4.全面提高时期（20 世纪 70 年代至 80 年代末）

1972—1975 年,增加了球回后场规则,全队 10 次犯规规则、增加控制球队的犯规。1976—1979 年,裁判宣布犯规或跳球要互换位置。1980—1984 年,全队每半场犯规次数由 10 次改为 8 次,投球中篮另一方教练可请求暂停。1985 年,扩大球场面积为 28 米×15 米,增加球场上空高度为 7.50 米,设立 3 分投篮区;罚球站位增加了一个 30 厘米宽的中立地带;全队每半时犯规由 8 次改为 7 次,7 次后要执行 1＋1 罚球。

该时期运动员技术全面发展,进攻中的对抗技术、快速技术和高空技术在综合运用中趋于技巧化,个人攻击能力加强,个人防守技术水平和防守能力有较大提高。综合移动进攻战术发展,攻击性、破坏性集体防守广泛运用。20 世纪 70 年代中期女子篮球运动列为第 21 届奥运会竞技项目,女子篮球全面地向男子化靠拢。

5.创新、攀登时期（20 世纪 90 年代至 21 世纪初期）

1990 年,FIBA 规定将篮板下沿提高至离地面 2.90 米,并划设运动员球队席。1994 年,掷界外球可在端线进行;改 1＋1 罚球为两次罚球。1999 年 12 月,比赛时间调整为 4×10 分钟;进攻时间由 30 秒改为 24 秒;由后场推进到前场的时间从 10 秒改为 8 秒;运动员技术犯规,对方将获得 1 次罚球和随后的球权;每队每节 4 次犯规后所有的犯规都要处以两次罚球;奥运会和世锦赛可实行三人裁判制。

此时期高大队员大量涌现,身体素质、技术水平都有很大提高,高空技战术有新的发展,高空争夺日趋激烈,速度越来越快。明星队员成为世界强队取胜的关键。进攻技战术趋于简练、实用,女篮技术男篮化。现代篮球运动对运动员、教练员的文化层次、智能结构和智力提出更高的要求。随着国际奥委会和国际篮球联合会于 20 世纪 90 年代同意职业篮球队员参加奥运会比赛,特别是美国"梦之队"参加西班牙第 25 届奥运会,世界最高水平球员的高超球艺,得到使国际篮球界关注,世界篮球运动由此跨入了向科技化、智谋化、竞技化、技艺化、凶悍化、多变化融于一体的方向发展的进程。

第二节　中国篮球运动的改革与发展

中国的篮球运动最早是 1895 年由美国基督教青年会派往中国天津基督教青年会的第一任总干事来会理博士（D W Lyon,中国名字叫李昂,见图 1-1-5）传入天津的,后来相继在北京、上海和广州开展起来,很快成为广大青年特别是青年学生所喜爱的运动项目。

图 1-1-5　现代篮球传入中国的传播者来会理(D W Lyon)

篮球运动在我国的传播、普及、发展、提高经过了一个迂回的起伏过程,通常可以将中国篮球运动发展分成三个时期、七个阶段。

一、第一时期(1895—1948)

(一)第一阶段:初始传播阶段(1895—1918)

早期篮球运动发展比较缓慢,经过多年发展后,在 1910 年的第一次全国运动会上被列为表演项目,至 1914 年 5 月的第二次全国运动会上被列为正式的比赛项目。从此篮球活动在我国的开展进入一个新的阶段,比赛活动逐渐兴起。

(二)第二阶段:缓慢普及阶段(1919—1936)

1921 年 5 月 30 日至 6 月 4 日,在中国上海举行了第 5 届远东运动会,中国篮球队获得冠军,这是中国近代篮球运动第一次在国际比赛中取得好成绩。社会上的篮球活动有了很大发展,学校为篮球运动培养了人才,工矿、机关、实业界兴起了篮球运动。全国各地纷纷举行比赛,并进行了初期国际交往。1936 年中国首次派队参加了第 11 届奥运会的篮球比赛。

(三)第三阶段:局部发展阶段(1937—1948)

全面抗战时期,革命区内军队体育活动的特点是紧密结合打仗,为战争做准备,篮球运动是大家比较喜欢的运动项目。影响较深的是 120 师贺龙和关向应提倡成立的"战斗"篮球队和中国人民抗日军政大学三分校"东干"篮球队,其为全国发展体育事业培养了一批骨干力量。

二、第二时期(1949—1994)

(一)第四阶段:普及、发展、提高阶段(1949—1965)

1950年12月24日,苏联体育代表团国家男子篮球队访问中国,他们快速的技战术以及积极快速的比赛指导思想,对中国现代篮球活动产生了很大影响。1951年北京举行了全国篮排球比赛大会,这是中华人民共和国成立后第一次举行全国性篮球比赛,赛后选出新的中国男篮国家队。1952年国家女篮也组建。1955年全国运动员训练工作会议在天津举行,会议肯定了球类项目训练中要贯彻"积极、主动、快速"的训练指导思想。1956—1957年全国篮球指导员训练班在北京举行,聘请了苏联篮球专家切特林进行讲学,并训练国家队一年之久,为我国现代篮球理论与实践带来了深远影响。1957年9月为培养中国现代篮球专门人才,在上海体育学院举办篮球研究生班,为中国篮球教学与训练培养了骨干力量。

至此,中国男篮开始战胜一些世界强队,确立了"积极、主动、快速、灵活、准确"指导方针,形成了以快攻、跳投、紧逼防守为制胜法宝的独特风格与打法。

(二)第五阶段:停滞、困惑阶段(1966—1976)

1966年至1972年期间,我国篮球运动基本停止,又拉大了与世界强队的差距。1972年年底,国家体委在北京召开了"三大球"训练工作会议,提出我国篮球技术风格为"积极主动,勇猛顽强,快速、灵活、全面、准确"。1975年中国篮协恢复了FIBA和亚洲篮联的合法席位,在第8、9届亚洲锦标赛上,男篮获得冠军,第6届亚洲女篮锦标赛上女篮获得冠军,至此我国篮球运动才开始冲出亚洲,走向世界。

(三)第六阶段:复苏、提高阶段(1977—1994)

1981年年底,在杭州举行的全国篮球训练工作会议上,强调发扬中国篮球运动员快速、灵活的特点和优势,确定了"复兴篮球、全国一盘棋"的指导思想,提出"女篮先上,男篮紧跟"的口号。1983年在巴西圣保罗举行的第9届世界女子篮球锦标赛上,中国女篮获铜牌。1984年在美国洛杉矶举行的第23届奥运会篮球比赛中,中国女篮获铜牌。1988年第24届奥运会,获得第六名,保持世界强队的地位。1992年第25届奥运会上中国女篮进入本届奥运会决赛,获得银牌。1994年第12届世界女篮锦标赛上再次获得银牌。1975—1983年亚洲男篮锦标赛上先后五次获冠军。1986年在西班牙巴塞罗那举行的第10届世界男子篮球锦标赛上中国男篮获第九名。1994年在加拿大举行的第12届世界男子篮球锦标赛,中国男篮获第八名,跻身于世界前八强。

三、第三时期(1995年至今)

在邓小平理论的指引下,我国各项事业蒸蒸日上,国家全面推进以改革开放和经济建设为重心的发展计划。市场经济深入发展,全国上下呈现一派改革、发展的新气象。

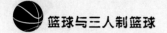

体育战线进行体制改革,中国篮球运动发展进入社会化、职业化新阶段。第七阶段为1995年至今的改革创新攀登阶段。

1995年我国男子篮球进行竞赛体制改革,全面推进职业化进程,各种形式的专业队逐渐被职业俱乐部队所替代,原浙江队首先与台资合作,并引进外援,CBA(中国男子篮球职业联赛)逐步走向市场化,有力推动了中国篮球运动与世界篮球运动的接轨,中国篮球运动展现出新的活力。1997年国家体委成立了篮球运动管理中心,在管理体制改革上迈出了重要的一步,即把传统的甲级联赛正式改名为CBA职业联赛。通过多年的改革实践,我国篮球事业发生了深远变化,展现出广阔的发展前景。1996年在第26届亚特兰大奥运会上,中国男篮获得第八名,实现了历史性的突破。2001年,世界大学生运动会篮球赛,中国男女篮分别获得亚军。

 知识拓展

舒鸿

曾任浙江大学体育系主任

奥运史上首位中国裁判

他是一个小个子的中国人,却吹出世上第一位奥运男篮冠军

舒鸿,祖籍浙江,父亲舒高第是民国初年著名的翻译家,四哥是第一批留日学生。中学毕业后,舒鸿进入上海圣约翰大学念书,那是一所曾培育林语堂、张爱玲、顾维钧、贝聿铭等人物的教会大学。

1919年,父亲舒高第去世,舒鸿在同年前往美国留学,在斯普林菲尔德学院攻读体育专业。不过,舒鸿的个子并不高,还不到1.70米。进入斯普林菲尔德学院后,舒鸿师从篮球运动创始人奈史密斯博士。奈史密斯博士组建了一支篮球队,小小个子的舒鸿也加入其中。在一帮高大壮的美国学生中间,他一点儿也不起眼。没想到的是,舒鸿却成为球队的灵魂人物。没有身高优势的舒鸿胜就胜在打球会动脑子,又肯花狠功夫去训练。一段时间下来,他不仅篮球技术突飞猛进,各种各样的篮球规则也烂熟心中,成为奈史密斯博士的得意门生。

不过那个时候，谁也没想到，多年以后，他会代表中国人以出人意料的方式出现在体育史上。1925年，舒鸿没有接受学校的挽留，也拒绝了北美和南美几个国家请他去打球或担任裁判的邀请，回到了祖国。攻读体育专业的舒鸿回国以后，开始着力培养中国裁判，创建了中国第一个裁判组织——中华运动裁判会。

在1936年的柏林奥运会上，中国代表团全军覆没，身为助理教练的舒鸿却在中国体育史上留下了浓墨重彩的一笔。这一年，篮球项目第一次成为奥运会上的正式比赛项目。美国队和加拿大队闯入决赛，谁来执法奥运史上第一场篮球决赛让人头疼。美国队参加决赛，水平最高的美国裁判必须回避，接触篮球不久的欧洲裁判能力又不足。这时，有人想起曾经在奥运会篮球预选赛做过裁判的中国人舒鸿。1936年8月14日上午，德国柏林，奥运会历史上第一场篮球决赛，在一个露天球场举行，一下涌入了三千多名观众，一个中国人站到了比赛场地的中央，那是主裁判的位置。全场哗然，周围几十个国家的球队队员哄然大笑。"怎么会是中国人做裁判?!""东亚病夫滚出去!"球馆里的叫骂声此起彼伏。此时，篮球之父奈史密斯领着美国和加拿大两支球队进场了，全场顿时安静了下来。奈史密斯教授当即向现场观众说："舒鸿是我的学生，我向你们保证，他是最合适的决赛裁判。"篮球之父开口为舒鸿说话，质疑声自然也没有了。那天偏偏天公不作美，比赛进行到一半，忽然下起了大雨，露天的红土球场泥泞不堪，更是给裁判执法增加了难度。在一群高大的篮球运动员面前，小个子的舒鸿还不到他们的肩膀高。他以准确公正的判罚、挥洒自如的表现，很好地控制比赛进程。最终，美国队以19:8战胜加拿大队获得冠军。比赛结束后，奈史密斯博士走下看台，亲切地与舒鸿拥抱。

他是严厉的师长，却多次为学生挺身而出

舒鸿1934年来到浙江大学担任体育系主任，从西迁办学到院系调整，他在浙大待了近20年。西迁途中救下学生、让学生水中签到学游泳、支持学生痛打暴徒……他究竟是怎样一位浙大老师?

或许正是因为"东亚病夫"的帽子被扣在中国人头上太久，舒鸿对于当时浙大学生的体育要求相当严厉。今天大家体育成绩不及格就没法从浙大毕业，可以算是舒鸿老先生留下的传统了。

在西迁途中，一位土木系的大四学生快毕业了，但体育没及格，按学校规定是要再补修一年的。该生百般求情，无奈舒鸿"铁石心肠"。最后，竺可桢校长想了个折中办法，该生再补修三个月。这名学生每天须到舒鸿家签到，然后再由舒鸿的助教领去上体育课，三个月后才算了结毕业一事。

西迁时，浙大师生一边行军，一边教学。每到一处，竺校长都要和舒鸿一起给学生找到游泳课的训练场所，他们二人会潜入水中，选好一水流平稳处，用竹竿和绳索圈成临时游泳池，供学生使用。游泳课是当时浙大人的夏季必修课，但不少学生怕水，舒鸿又不能

轰他们下去。怎么办？舒鸿任性地想了一招。他抱着一张课桌游入水中，将其置于一水浅处后，将花名册放在课桌上。上岸后，舒鸿"得意扬扬"地宣布：以后上游泳课，大家在花名册上签到，否则以旷课处理。如此一来，学生们"争先恐后"跳入水中。

在体育界，他是中国奥林匹克运动的拓荒者；在浙大学子心中，他更是一位令人尊敬的师长。中华人民共和国成立后，舒鸿拒绝了台湾师范大学的邀请，继续留在浙江从事体育教学工作。1964年7月，舒鸿因肺癌逝世。向舒老先生致敬！

 学以致用

1. 篮球游戏演变成现代篮球运动的原因是什么？

2. 试述篮球运动产生的社会基础及其演进的不同时期、不同阶段的概况。

3. 从中国篮球运动的发展历程，并结合自身的体会评述CBA职业联赛对我国篮球事业发展的成效及其问题。

第二章　篮球运动体能锻炼

应知导航

大学生作为文化层次较高的群体,一向被认为是最活跃、最健康的群体之一。然而,近年来的有关调查统计显示,在校大学生的健康水平不容乐观。"以人为本,健康第一"是《全国普通高等学校体育课程教学指导纲要》的核心内容,是大学体育课程改革的出发点和归宿点。本章着重介绍篮球运动体能锻炼方法、篮球运动体能锻炼计划与设计、篮球运动健身效果的自我评价、篮球运动常见运动损伤及其预防、处理与康复。希望通过篮球运动这个特殊载体,增长大学生有关健康教育方面的基本知识,这对大学生今后的全面发展将会起到重要的作用。

第一节　篮球运动体能锻炼方法

体能即身体能力,是指直接由身体条件和生理机能所决定的运动能力。体能水平的高低取决于三个方面:一是身体形态,二是生理机能,三是身体素质。其中身体形态和生理机能是体能的物质基础,身体素质是体能的重要表现。篮球运动的体能锻炼是在篮球活动过程中,运用各种身体练习,有效地影响身体形态的变化,增进篮球练习者的身体健康,提高身体机能和发展运动素质的锻炼方法。

根据篮球运动项目特点,构成篮球练习者体能水平的主要因素是专项速度、整体力量和运动耐力。因此,要全面发展篮球练习者的体能、体质,提高构成篮球技术和战术要素的速度、爆发力、灵敏、协调反应和平衡能力,从而提高篮球练习者的竞技水平和应变能力,增强篮球比赛的对抗性,减少运动损伤。

一、力量素质练习

力量是指人体肌肉工作时克服阻力的能力。力量素质是篮球练习者必备的首要素质,对其他素质发展起着重要作用。篮球练习者最需要的是速度力量和快速力量耐力。发展力量要遵循两个原则:一是逐步增加刺激强度,二是极限负荷。

(一)不同目的的力量素质练习方法

1. 肌肉增粗力量素质练习方法

负荷强度要采用本人最大极限负重量的 $60\%\sim80\%$,100% 的极限负荷强度应慎用和少用;每组 $4\sim8$ 次,可做 $5\sim8$ 组,最后几组和次数必须坚持做完;每次练习的动作速度要稍慢一些,通常 4 秒即完成一次动作;在上一组练习肌肉所产生的疲劳得到基本消除后,再进行下一组练习为宜。

2. 负重发展速度力量素质练习方法

负荷强度一般都采用本人最大力量的 $40\%\sim60\%$ 的强度;通常每组重复练习 $5\sim10$ 次,做 $3\sim6$ 组;组间的间歇时间应较充分,通常 $2\sim3$ 分钟;练习的动作要协调、流畅、正确,并尽量与专项技术动作结合。

3. 不负重发展速度力量素质练习方法

(1)跳深练习:一般可从 $50\sim60$ 厘米的高度跳下,双足落地后,立即往一个 100 厘米左右的高度上跳,以 $6\sim8$ 次为一组,做 $6\sim8$ 组,组间间歇 $2\sim3$ 分钟。

(2)各种跳跃练习。

4. 力量素质耐力主要练习方法

发展克服较大阻力的力量耐力,采用本人最大力量的 $70\%\sim80\%$ 的负荷进行重复练习;若发展克服较小阻力的力量耐力,则最小负荷强度不能低于本人最大负荷强度的 35%;一般要达到极限的重复次数,组数应视具体情况而定;要在未完全恢复的情况就进行下一组练习。

(二)不同部位力量素质的练习实例

1. 发展手指力量的练习方法

(1)用手抓、放铅球或哑铃的一头;

(2)五指俯卧撑;

(3)用手指抓住铅球直臂前举静力练习;

(4)坐或站立,用单、双手的力量传接篮球或实心球;

(5)持篮球或实心球近距离以手指力量投篮。

2. 发展手腕力量的练习方法

(1)屈腕运动:主要训练肌肉为桡侧腕屈肌、尺侧腕屈肌。双手持杠铃或哑铃,手心朝上,小臂紧贴大腿让手腕以外悬空,然后手掌做向躯体弯曲,内弯可稍快,回复时要慢;

(2)持哑铃手腕绕环;

(3)双手握杠铃杆,直臂做快速屈伸手腕练习;

(4)抛掷沙袋或实心球。

3.发展臂、肩、胸部肌肉群力量的练习方法

(1)负重推举;

(2)卧推;

(3)颈后推举;

(4)负重伸屈臂;

(5)弓身负重,伸屈臂提拉杠铃;

(6)负重做投篮动作;

(7)用实心球做传球、投篮动作。

4.发展腰腹力量的练习方法

(1)仰卧举腿;

(2)仰卧起坐;

(3)负重转体;

(5)负重前屈挺身;

(6)撑腿举体。

5.发展腿部肌肉力量的练习方法

(1)负重杠铃深蹲起或半蹲起;

(2)负重台阶运动;

(3)负重坐挺小腿;

(4)俯卧负重后屈腿;

(5)负重杠铃蹲跳(注意提踵)。

6.提高踝关节、脚、脚趾力量的练习方法

(1)单、双脚跳绳;

(2)负重提踵;

(3)蛙跳、立定跳远、多级跳;

(4)深蹲直线走(注意踝、膝、髋、肩关节左、右各在一条直线上)。

(三)发展力量素质练习应注意的问题

1.练习前要把各关节充分活动开。练习时集中注意力,注意保持动作规范的要求。

2.练习要循序渐进,逐渐增加重量、难度与总负荷量。

3.做中上等重量深蹲或半蹲练习,腰背必须有力量。保证身体和动作不变形,同时也避免由于腰背肌力量不足引起意外事故,或长时间动作变形引起肌肉劳损,并注意放松。

4.练习时注意动作节奏的连续性。做负重深、半蹲时,要注意有提踵动作。

5.力量练习应与速度、弹跳、柔韧性、灵敏度等素质和篮球技术的练习相结合。

6.发展力量耐久力,应采用较轻的重量,多次重复练习。

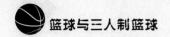

7.力量练习增长快,消退也快,应长期系统安排。一般情况下,每周练1次可保持原有力量,一周练3次可增长力量,每天练习合理安排,可明显增长力量。一般练习者采用一周练习2~3次力量为好,但每次练习必须使肌肉达到一定刺激,有一定的训练量。

二、速度素质练习

速度是人体进行快速运动的一种能力,是篮球比赛中争取时间优势的重要条件。篮球专项速度主要是起动速度、加速跑速度和速度耐力,其影响因素主要是速度力量和髋、膝、踝关节的爆发力及上肢的摆动力量。

(一)不同目的的篮球速度素质练习方法

1.反应起动速度练习方法

主要有简单的信号反应、简单的预测反应、复杂的选择反应、复杂的分化反应。其练习方法主要有:熟悉各种专项动作,增加运动技术动作的信息量,从而提高人体的积极感知能力,缩短反应时的潜伏期,提高练习者对时空动作相互影响的预测能力。

2.动作速度练习方法

反复加强单个动作的关键环节和组合动作的衔接动作速度,提高完成动作的频率。

3.移动速度练习方法

(1)运动频率的练习方法:在保证一定动作幅度的情况下,通过改进技术,提高素质,在一定时间内尽量多地完成各种动作。

(2)运动幅度的练习方法:主要采用改进技术动作,提高技术的伸展性,关节的灵活性及肌肉的力量素质的方法,最大限度地利用练习者的身体条件。

(二)篮球速度素质练习的实例

1.10米听信号快速冲刺跑

两人一组站于起点,听到信号之后迅速起跑,快速冲过并触摸标志物。

要求:不要到标志物后减速,要以最快速度冲过标志物。练习后要有足够的时间恢复。练习3~6组。

2.二人10米追逐跑

一人站于起点,另一人站于前者后3~5米处,当后者起跑后,前者迅速起跑摆脱后者。练习3~6组。

3."Z"形折线跑

练习者进行10秒钟快速跑,每次跑完之后休息60~90秒,再进行下一组练习。共练习3~6组。

4.各种起跑姿势加速跑

蹬腿加速跑,快速固定间距跑,侧身跳格练习,台阶练习,20~30厘米障碍跳。

5.两人冲刺对抗争先赛

两人一组站于起点处,终点处放置1米宽通道。练习开始,当两人听到信号之后,迅速起跑,在跑的过程中利用身体对抗抢占有利位置,冲过障碍物。

6.快速脚步移动后加速跑

两人一组站于障碍物(高度30cm)后,练习开始,教师布置各种脚步动作练习,听到信号后马上起跑加速冲过障碍物。

7.判断来球抢球上篮练习

两名练习者背对背分别站在、半蹲、坐在罚球线两端或并排站在罚球线上,教师将球从两人背后抛至前方,两人意识到来球之后,迅速抢球,当听见哨声之后运球至罚球线投篮,没有听到哨声就直接上篮。

8.身后抛接球练习

两人一组,一人不持球原地站立,另一人持球站于前者后方,练习开始,持球者将球从各个方位抛至前者面前,前者判断来球后迅速接球。

9.移动接地滚球

两人一组,相距6米左右,一人来回移动随时准备接同伴传出的地滚球,接到传球后立即回传给同伴,再迅速改变方向移动接传球。

10.循环练习

(1)快速脚步移动循环练习

练习目的:利用布置成各种形状的场地,进行急起、急停、滑步等各种专项脚步移动练习,提高练习者的专项速度素质。

练习顺序:快速左右滑步练习—"W"形滑步练习—圆形滑步练习—快速变向冲刺练习—"一"字形急起急停练习—"Z"形侧向滑步练习。

要求:每项练习时间控制在10秒,休息时间30秒,全部练习为一轮,每轮之间休息2~3分钟,共做3轮。

(2)综合跳跃循环练习

练习目的:利用各种形状的场地,进行全面的脚步和跳跃练习,提高练习者的跑速。

练习顺序:快速高抬腿跑格练习—八边形跳跃练习—五点跳跃练习—左右跳跃触摸标志物练习—四点跳跃触摸标志物练习。

要求:每项练习时间控制在10秒,休息时间30秒,全部练习为一轮,每轮之间休息2~3分钟,共做3轮。

(3)跑跳结合循环练习

练习目的:通过跑跳结合练习,提高练习者的速度和弹跳力。

练习顺序:15秒快速冲刺练习—弧线滑步加跑结合练习—快速跳跃移动练习—左右跳跃练习—快速跳跃障碍物练习—快速跑跳练习。

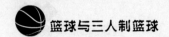

要求：每项练习时间控制在 15 秒，休息时间 30 秒，全部练习为一轮，每轮之间休息 2～3 分钟，共做 3 轮。

（三）速度素质练习中应注意的问题

1.速度素质练习应在体力充沛、精神饱满的情况下进行。

2.练习者要掌握蹬地起跑的技术，提高步频，并结合篮球运动的特点，解决起动和在短距离内发挥速度的问题。

3.应多采用竞赛性和对抗性练习。

4.逐步提高短距离跑的强度，同时注意增加控制重心和变化速度的内容。

三、耐力素质练习

耐力主要指大强度、长时间从事专项活动的能力。篮球运动项目既要求运动强度大，又要时间长；既要跑得速度快，又要跑得距离长。因此，一般在耐力素质练习中采用重复多、密度大、间歇短的大强度和高速度的练习方法来提高练习者神经系统的稳定性，增大肺活量，促进心血管系统的功能。

（一）不同目的的耐力素质练习方法

1.持续负荷法

持续负荷法的基础是保持最大吸氧量水平，提高人体有氧代谢水平，心率控制在 150 次/分钟左右，方法常采用匀速跑、变速跑和超越跑。专项练习主要是安排快攻、防守步法和趣味性活动。

2.重复负荷法

重复负荷法的基础是无氧代谢，负荷最大心率达 25 次/10 秒以上，组间休息 5 分钟左右，心率下降至 90 次/分钟左右，再进行下一次负荷刺激。（如 400 米做 3～6 组，计时。）

3.间歇负荷法

间歇负荷法的基础是有氧和无氧的混合代谢，负荷采用 50％左右的有氧和 50％左右的无氧运动进行，心率上限为 150 次/分钟左右，间歇时间在没有完全恢复的(100 次/分钟左右)情况下进行下一次练习的刺激(如 3 人快攻 3 个往返以上 4～6 组。篮下连续一打一，一打二进 6～8 个球)。

（二）耐力素质练习的实例

1.全场 5 趟半折返跑；

2.半场和全场折返跑；

3.60 秒边线折返跑；

4.全场四线折返跑(正向)；

5.全场四线折返跑(反向)；

6.全场做脚步综合练习;

7.全场一对一、二对二、三对三连续攻守对抗练习。

(三)耐力素质练习中应注意的问题

1.根据练习任务、要求和练习者的实际水平,科学地安排练习的强度、重复次数、间歇时间。

2.耐力素质练习应贯彻循序渐进和区别对待的原则。练习中注意自身的反应,调整运动量。

3.专项速度耐力练习要在保证专项技术动作要求的前提下完成。专项速度耐力练习时,注意结合篮球反应速度快、起动突然快速的特点选择练习方法。

四、弹跳素质练习

弹跳素质是通过下肢和全身协调用力,使人体迅速弹起腾空的能力。弹跳素质是一项综合素质,练习时必须抓力量、速度和协调性这几个重要因素,还要与技术练习相结合。

(一)弹跳素质练习的实例

1.原地起跳连续摸篮圈或篮板,行进间跳起摸篮圈,原地上步摸篮圈或篮板。

2.连续半蹲跳、正(侧)跳深、收腹跳。

3.前后障碍跳、两侧障碍跳。

4.跳绳练习(单脚、双脚、原地跑步、高抬腿等)单摇和双摇跳。

5.单脚做连续跨跳或蛙跳28米若干次(每次要求到达步数)。

6.行进间摸篮圈(或篮板)接原地起跳摸篮圈或篮板(如重心不稳,可利用上步同时调整重心起跳)。

7.向篮板抛球,然后跳起空中补篮。

8.持球在篮下左、右连续跳起投篮,要求在跳到最高点时出手。

9.持球跳起空中连续托球打篮板练习,要求在最高点触球。

(二)提高弹跳力应注意的问题

1.在弹跳练习中,注意运动量和腿部负荷强度的合理安排,防止局部负担过重,造成膝关节损伤。

2.弹跳练习必须结合力量、速度和协调性练习。

3.弹跳练习要多结合专项技术进行,提高对起跳时机的判断,并在一定对抗条件下练习,提高起跳或跳起空中身体对抗能力和对条件变化的应变能力。

4.弹跳练习要注意起跳的爆发力和突然快速起跳。保持身体平衡和落地的稳定性。

5.抓好起跳前一瞬间与落地时与其他技术动作的快速衔接练习,如接球起跳、抢位上步起跳、落地同时起跳、落地同时起动等。

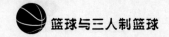

五、灵敏素质练习

灵敏素质是在各种突然变化的条件下,运动员能够迅速、准确、协调地完成动作的能力。灵敏素质包括速度、爆发力和平衡能力。

（一）发展灵敏素质练习的实例

1.全场变向跑。

2.对墙有角度传球衔接滑步接球。

3.听信号变向滑步。

4.快速奔跑中接地滚球或高抛球上篮。

5.见障碍折返跑。

6.徒手一对一,互相用手拍对方的肩或脚,或用脚踩对方的脚。

7.一对一各种追逐、躲闪练习。

8.接不同位置、不同距离、不同方向的困难球。

（二）灵敏练习应注意的问题

1.发展灵敏素质练习时,时间不宜过长,练习的重复次数不宜过多,可多变化一些练习形式。

2.灵敏素质的发展以其他素质的发展为基础,练习中可广泛采用发展其他素质的练习来发展灵敏素质。

3.灵敏素质练习要结合各种信号进行,提高练习者的观察判断和反应能力。

第二节　篮球运动体能锻炼计划与设计

篮球运动以投篮得分为目的,攻防快速多变,身体和心理对抗激烈,集技能、体能、智能的综合运动项目,要求练习者具有跑、跳、投等多方面的综合能力。所以,篮球练习者的体能锻炼也需要综合考虑,并且需要常年乃至一辈子的坚持。

一、确定体能锻炼周期

普通大学生的体能锻炼计划的制订,应根据在校学习时间的特点,每年有两个学期（各约四个月）和寒假（约一个月）、暑假（约两个月）,可以将在校学习的每个学期定为一个锻炼周期,每学年定为一个大锻炼周期,寒、暑假定为调整或巩固期。锻炼计划的制订分为:学期锻炼计划、周锻炼计划和日锻炼计划（详见表2-1、2-2、2-3）。

二、制订计划要求

学期体能锻炼计划,应该在测试结果出来后再制订为好。制订时,要考虑以下几个方面的因素:

1.形态机能状况:身高、体重、肺活量。

2.耐力、力量、速度等身体素质的水平。

3.是否有体育训练的经历(心理能力)。

普通大学生的体能锻炼,还要考虑目前普遍大学生心、肺功能较弱的现象,应先加强耐力素质的锻炼,并在此基础上,逐步展开其他素质与体能的综合提高。

三、分类

依据体能训练的原则,分为以耐力素质训练为主;以力量素质训练为主;以速度素质为主;以综合素质训练为主的一般性体能训练,视为篮球运动的基础体能训练。以紧密联系篮球技、战术的训练,视为篮球专项体能训练。

四、练习顺序

所有体能锻炼依据以下顺序较为科学:耐力(心、肺功能)素质→肌肉有氧耐力→增加肌肉横截面→增加肌肉力量→大力量,循环进行,逐步提升。

例1:提升肌肉有氧能力的练习方法

中等重量(60%左右)→15~30次×(3~6)组

例2:增加肌肉横截面的练习方法

中等重量(75%左右)→8~12次×(3~6)组

例3:增加肌肉力量的练习方法

中等重量(50%左右)起步→8~12次→增加一个重量减1次次数→直至最大重量结束×(3~6)组

例4:大力量的练习方法

中等重量(50%左右)起步→每增加一个重量减1次次数→直至最大重量结束×(3~6)组

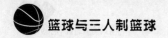

五、体能训练计划案例

表 2-2-1　×同学×学期体能锻炼计划

	测试	准备期	测试	基本训练期	测试	小结
时间	一周	二至六周	七周	八至十五周	十六周	
内容	耐力素质 力量素质 速度素质	耐力、力量、速度、柔韧素质训练	耐力素质 力量素质 速度素质	耐力、力量、速度、柔韧素质训练	耐力素质 力量素质 速度素质	
强度		小—中—大		小—中—大		
其他						

表 2-2-2　×同学×学期体能锻炼第×周计划

	周一	周二	周三	周四	周五	周六	周日	小结
耐力跑		2000 米		2000 米		2000 米		
力量		深蹲、挺举、卧推、提拉、仰卧起坐		卧推、提拉、仰卧起坐		深蹲、挺举、卧推、提拉、仰卧起坐		
速度				50 米×6				
柔韧		全身牵拉		全身牵拉		全身牵拉		
放松		结束时牵拉		结束时牵拉		结束时牵拉		
其他								

注:本周是"基础体能锻炼"和"提升肌肉有氧能力"(第一个月第一周)

表 2-2-3　×同学×学期体能锻炼第×周×日计划

训练任务		1.体能恢复性训练 2.基本力量练习 3.学会调整与放松	场　地	1.田径场 2.力量房
顺序	时间	体能训练方法与要求		
准备 活动	20 分钟	行进间牵拉和徒手操		
基本 训练		1.慢跑 2000 米 2.深蹲　要求:50%的重量,15～20 次×3 组 3.挺举　要求:50%的重量,15～20 次×3 组 4.卧推　要求:50%的重量,15～20 次×3 组 5.提拉　要求:50%的重量,15～20 次×3 组 6.仰卧起坐　要求:50%的重量,25 次×3 组 7.提踵　要求:50%的重量,15～20 次×3 组		
放松		1.各部位肌肉牵拉放松 2.用泡沫轴滚动放松 3.同伴之间相互放松		
小结				

第三节　篮球运动健身效果的自我评价

为能科学地控制锻炼过程,便于练习者及时调整锻炼内容和运动负荷,练习者应该掌握评价每次和每阶段锻炼效果的方法。篮球运动健身效果的自我评价包括体能评价和篮球技能评价两个方面。

一、体能评价

随着篮球竞赛规则的不断改变,篮球比赛中的身体对抗愈来愈向全面的方向发展,成为练习者力量、速度、耐力和灵活性的全面对抗,这些都对练习者的体能提出了更高的要求。因此,如果篮球运动没有良好的体能保证,技术和战术练习将流于形式,练习者的竞技能力的提高就难以保证。

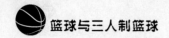

1. 身体形态

这是最简便、最直观的评定方法。通过体重、胸围、腿围、臂围的测定,可以综合分析锻炼对机体的影响。

2. 生理机能

反映生理机能的指标很多,但普通练习者可以通过测量心率(脉搏)来了解锻炼量和运动强度,以及身体适应与恢复情况。有条件的练习者还可以通过测量血压、肺活量等来了解心血管系统和呼吸系统机能变化。

3. 身体素质

对身体素质发展水平的测定方法很多,用测力计来测定身体各部位力量,原地或助跑摸高测定下肢力量和弹跳力,篮球传远、传准测臂力等;用 50 米、100 米跑或运球折回跑可测速度素质;用 12 分钟跑或运球反复折回跑可测耐力素质;用听、看各种信号起动可测反应速度,根据反应快慢评价灵敏素质;用劈腿(纵、横)时臀部与地面距离和持物向后或向前翻手时双手最短距离评价髋部与肩部柔韧素质。练习者可根据条件自己选择具体的测量评价方法。

另外,练习者也可采用《国家学生体质健康标准》(简称《标准》)的各项指标进行测试评价,作为普通大学生,测试成绩接近或超过《标准》的优秀成绩,说明其体能水平较高。还可以根据每次或阶段锻炼后出现的一些生理、食欲、情绪变化,评价锻炼量和强度是否过高而超出身体承受力,或是过低而对机体无明显刺激。

二、篮球技能评价

篮球技能评价比较复杂,只有通过平时练习和比赛统计才能做出全面客观的评价。作为普通大学生练习者,可以通过较为简单的方法来进行评价。

(一)基本技术评价

基本技术评价是指通过练习者在无对抗情况下完成技术动作的数量和质量来评价其技术水平。如定点或移动投篮命中率可以评价练习者投篮技术水平,运球变向突破设定障碍可以评价练习者运球技术水平,而采用组合技术练习则可以评价练习者掌握基本技术的水平和运用能力。最简便的方法直接对照篮球运动初、中、高级教学的技能考核内容来进行测试与评价。

(二)对抗技术评价

根据在攻防对抗情况下运用各种技术的效果可以评价练习者实际运用技术的能力。如个人对抗中防投篮成功率、防持球突破成功率、犯规次数、投篮成功率、突破成功率、被犯次数等可以反映出练习者运用个人攻防技术的能力;而在半场或全场比赛中,可以通过统计练习者投篮命中率、罚球命中率、助攻、失误、抢断球等评价其比赛中运用个人技术的能力以及配合意识。

（三）意识评价

对练习者篮球技能评价的一个重要途径就是通过观察比赛评价其篮球意识,虽然目前还没有一种客观的定量评定篮球意识方法,但如果练习者在比赛中表现出较为稳定的行动,如采取行动的正确性、目的性、预见性、隐蔽性、应变性、创造性强,运用技术动作的实效性高,配合的协调性好等,可以认为篮球意识水平较高。

第四节　　篮球运动常见运动损伤及其预防、处理与康复

一、篮球运动常见运动损伤的预防

篮球运动双方争夺激烈,局面瞬息万变。据统计,最易发生运动损伤的部位是足踝部、膝关节、腰部、手腕等。运动损伤的性质多数为韧带及关节囊损伤,髌骨软骨病和肌肉筋膜损伤等。

（一）篮球运动损伤的原因

损伤原因众多,最常见的损伤是由跌倒,跳起抢球落地不正确,运动中的急转、急停和冲撞,场地不平或滑等原因引起的,如果处理不当可演变成慢性疾患,经常疼痛而妨碍运动。除了急性损伤外,还可发生慢性损伤,具体原因有以下几个方面。

1.思想上不够重视

运动损伤的发生,常常与练习者对预防运动损伤的意义认识不足、思想上麻痹大意及缺乏预防知识有关。平时不重视安全教育,练习和比赛中没有积极采取各种有效的预防措施,发生运动损伤后,也不认真分析原因,吸取教训,使伤害事故时有发生。

2.缺乏合理的准备活动

准备活动的目的是进一步提高中枢神经系统的兴奋性,增强各器官系统的功能活动,使人体从相对的静止状态过渡到紧张的活动状态。据国内有关调查资料分析,缺乏准备活动或准备活动不合理,是造成运动损伤的首位或第二位的原因。

3.动作技术错误

由于没有掌握正确的动作要领,技术动作错误造成损伤,如接球动作错误容易造成手指挫伤。

4.运动负荷安排不合理

安排练习的内容缺乏系统性、渐进性、个别性,局部练习过多,常发生慢性损伤;运动量过大、时间过长、频度过高,均可出现损伤高发生率。

5.身体功能和心理状态不良

在睡眠或休息不好、伤病初愈阶段及疲劳时,练习者的肌肉力量、动作的准确性和身

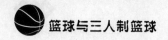

体的协调性显著下降,警觉性和注意力减退,反应较迟钝,此时参加剧烈运动或练习较难的动作,就可能发生损伤。

6.场地设备的缺点

运动场地不平整、场地过滑和过硬,器械安装不牢固或安放位置不妥当等都是损伤诱因。

7.动作粗野或违反规则

在比赛中不遵守比赛规则,或在教学练习中动作粗野,故意犯规等,这是篮球运动中发生损伤的重要原因之一。

(二)篮球运动损伤的预防

1.思想上重视

应该了解参加篮球运动可能发生损伤的原因,一旦出现损伤有一定的心理准备;养成预防损伤和自我保护的意识。

2.合理安排练习和比赛

科学合理安排练习和比赛。练习内容必须因人而异,运动负荷量要逐步加大,采用全面增强体能的练习,避免局部负荷过大。

3.掌握正确的动作技术要领

正确地掌握篮球运动的技术,避免致伤的错误技术;熟练掌握自我保护技术。

4.做好充分的准备活动

准备活动能使基础体温提高,深部肌肉的血液循环增加,肌肉的应激性上升,关节柔软性增大;还能调节心理,减轻紧张感和压力感,为运动做好身心两方面的准备。

5.加强医务监督

(1)体检

通过体检可以发现潜在性疾病并及时给予治疗。妥善安排受伤后的活动,从而加速康复。

(2)正确使用保护工具

如护腕、弹性绷带、粘膏带等体育保护用品,对预防运动损伤有重要的意义。

(三)篮球运动损伤的注意事项

1.急性闭合性软组织损伤后应即刻采用冷敷。一般采用冷水、冰袋、棒冰或镇痛气雾剂等,但冷敷时要防止冻伤皮肤。

2.急性软组织损伤48小时内不能热敷。

3.急性损伤早期应加压包扎。

4.强调制动和抬高伤肢。

5.骨折、原因不明的脊柱损伤,脑损伤不能轻易搬动。

二、篮球运动常见运动损伤及其处理

下面从损伤原因、症状及处理方法几个方面介绍篮球运动常见的损伤。

（一）踝关节扭伤

1.损伤原因

在运动中，由于某种原因身体失去重心，或跳起落地时踩别人脚上，或在运动中脚被绊等都可产生足旋后的动作，造成踝外侧韧带损伤。

2.症状

（1）明显的足突然旋后受伤。

（2）疼痛：损伤后踝关节外侧疼痛，走路和活动关节时最明显。

（3）肿胀：伤后如不及时压迫，踝关节的外侧迅速出现局部肿胀，并逐渐延及踝关节前部。系损伤后局部出血，组织渗液的具体表现。

（4）皮下瘀血：韧带、关节囊等撕裂后则毛细血管破裂皮下出血。伤后2～3天瘀血青紫最明显。

（5）跛行：出血积聚于关节间隙或软组织，特别是断裂的韧带嵌入关节内，致使走路疼痛，足跟不敢着地，勉强行走也只能用足的外侧缘着地。

3.处理方法

（1）止血镇痛。伤后压迫痛点止血并冰敷镇痛。

（2）加压包扎。将患者固定于轻度外翻背曲位加压包扎。

（3）及时送医。如疑有韧带断裂，抬高伤肢及时送医。

（4）散瘀消肿。受伤48小时后可配合外敷活血散瘀消肿药物理疗。

（5）功能锻炼。解除固定后（1～3周）继续治疗并进行功能锻炼。

（二）膝半月板损伤

1.损伤原因

如篮球运动中，运动员争球、切入上篮时跳起或落地往往同时伴有身体旋转则可发生膝关节内侧或外侧半月板的损伤。

2.症状

（1）疼痛：一般认为半月板损伤牵扯滑膜是引起疼痛的原因。

（2）关节积液受伤早期产生急性创伤性滑膜炎或同时有韧带损伤可引起关节积血而加重疼痛。

（3）响声：膝关节活动时在损伤侧可听到清脆的响声，有时伴有该侧疼痛。

（4）膝绞锁：膝突然不能伸屈，即所谓"卡住"。往往出现在慢性期。

3.处理方法

（1）局部冰敷，止血、止痛，加压包扎并用支架保护伤处。

(2)经医检为韧带完全断裂,立即手术缝合或重建。

(3)半月板损伤可采用关节镜检查或修复。

(4)理疗和功能性锻炼。

(三)手指挫伤

1.损伤原因

手指挫伤是篮球运动员常见的损伤。关节屈曲时,侧副韧带松弛。伸直时,则韧带紧张。所以,手指向侧方偏曲或过伸性扭伤时常常引起韧带损伤、关节囊撕裂,严重者可产生关节脱位。

2.症状

关节扭挫伤后,由于手指皮下缺乏结缔组织,关节较为表浅,故肿胀明显,且经久不易消失。扭挫伤因作用力的大小及方向不同,其损伤程度及部位也不同:有的为单纯关节扭挫伤,有的为关节扭伤合并韧带断裂,有的韧带撕裂合并撕脱骨折,有的关节囊前壁(或掌板)撕裂合并韧带撕裂。韧带撕裂处出现疼痛及肿胀严重。关节一侧侧副韧带有明显压痛。

3.处理方法

(1)局部冰敷后加压包扎,固定并抬高伤指。

(2)48 小时后开始屈伸活动。

(3)功能障碍明显者及时送医。

(四)腕关节扭伤

腕部的结构非常复杂,腕关节可作掌屈、背伸、尺偏、桡偏和环转活动。由于腕关节运动的方向多、范围大、活动频繁,故易发生扭伤。

1.损伤原因

篮球运动中不慎跌倒,如腕关节过度背伸,则伤桡腕掌侧韧带;过度掌屈腕关节,则易损伤桡腕背侧韧带,过度尺偏,则伤腕部桡侧副韧带;过度桡偏,则易伤腕部尺侧副韧带。同时关节囊及经过腕部的肌腱亦受到牵扯而致损。

2.症状

腕关节扭伤,多有明显的外伤史。轻度扭伤一般无明显肿胀,疼痛不明显,仅在大幅度活动腕关节时才有疼痛。严重扭伤,可见腕部肿胀,疼痛较重,不能活动腕关节或活动时疼痛加剧。检查时,将腕关节用力掌屈,背侧出现疼痛,则说明腕背侧韧带与腕伸肌腱损伤;将腕关节背伸,出现疼痛感,则为腕掌侧韧带或腕屈肌腱损伤。如将腕关节用力向尺侧偏斜,桡骨茎突部出现疼痛,则为桡侧副韧带损伤;反之,则为尺侧副韧带损伤,如腕部各个方向的活动均出现疼痛,而且活动明显受限,则说明是韧带、肌腱等的受创伤性损伤。

3.处理方法

(1)急性损伤后,可用绷带软固定3～5天。

(2)按摩治疗,同时适当减少腕部活动,并用"护腕"加以保护。

(3)慢性损伤可配台中药熏洗机热敷,注意局部保暖避免寒冷刺激,并加强腕部关节的功能锻炼。

(五)腰部肌肉筋膜炎(腰肌劳损)

1.损伤原因

腰肌劳损一般多系急性扭伤腰部后,治疗不彻底即参加运动逐渐劳损所致。另外,锻炼中出汗受凉也是重要成因之一。

2.症状

(1)自发性疼痛

伤者一般都感觉局部酸疼发沉。最常见的疼痛部位是腰椎3、4、5两侧骶棘肌鞘部,不少伤者同时感觉有疼麻放射到臀部或大腿外侧。疼痛于坐站较久或走路多时加重,凌晨3～4点钟时加重。更换体位,按摩或叩打可减轻症状。

(2)疼痛与运动的关系

大部分伤者尚能坚持中小运动量的锻炼,往往表现为练习前后疼痛,运动中疼痛不明显。

(3)体征

大部分伤者脊柱曲线正常,活动范围良好,但脊柱活动过程中,特别是前屈时常在某一角度范围内出现腰痛。一般伤者腰背部均可触到明显的压痛点,有的还有放射痛。

3.处理方法

(1)非手术治疗

A.理疗:热疗及超声波、拔火罐及水罐。

B.按摩:应采取重手法治疗。

C.针灸:腰部可取志室、肾俞、大肠俞、环跳、殷门、委中穴。

D.封闭:在痛点封闭。

E.喷氯乙烷:用在痛点。

F.口服药物:如维生素E、保太松、消炎痛、布洛芬、芬必得等。也可服中药(按风湿病治疗)。

G.用保护带(围腰)。

H.加强背肌的练习。

(2)手术治疗

对顽固病例可考虑手术治疗。

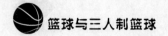

(六)眉际皮肤撕裂伤

在撕裂伤中,以头部撕裂伤最为多见,约占撕裂伤的 61%,其中以头皮、额部和面部撕裂伤较多。

1. 损伤原因

在篮球运动中,尤其是跳起争抢篮板球时,眉弓部被对方运动员的肘部碰撞所致。

2. 症状

伤后出现疼痛,眉弓处皮肤撕裂、出血。

3. 处理方法

立即用消毒敷料覆盖创口,压迫止血。然后用生理盐水冲洗伤口,伤口周围皮肤消毒。轻者用粘膏黏合即可,伤口较大者则须缝合,并用消毒敷料覆盖包扎。必要时给予抗生素治疗。

三、篮球运动常见运动损伤康复

(一)康复锻炼的意义

1. 合理安排伤后康复锻炼,可保持伤者已获得的良好运动状态,一旦伤愈就能立即投入正常锻炼,缩短伤后重新参加锻炼的时间。

2. 防止因伤后停止锻炼而引起的各种病症,如神经衰弱、胃扩张、胃肠功能紊乱等。

3. 运动损伤常与技术动作密切有关,康复锻炼中局部不安排受伤动作的练习,保证损伤组织的修复,避免再次受伤。

4. 伤后康复锻炼可改善伤部组织的营养和代谢,促进组织修复,减少粘连,防止肌肉萎缩,加强关节的稳定性与适应性。

5. 可防止因伤后停止锻炼引起的体重增加。

(二)康复锻炼的原则

1. 尽量保持全身和未伤部位的锻炼

例如,一侧肢体受伤时锻炼对侧肢体,上肢受伤时锻炼下肢,立位练习受限制时可进行坐位或卧位练习,等等,避免伤后各器官系统功能状态和健康状况下降。但应注意负荷量要适当,不可单纯以加大未伤部位的锻炼量来代替已伤部位的负荷。

2. 对已伤部位要合理安排锻炼内容和负荷量

已伤部位的康复锻炼要做到循序渐进、个别对待和分期进行。急性损伤的早期,伤区可暂不活动,以免肿胀和疼痛加重;急性症状减轻后,在不引起疼痛的情况下,应及早开始活动,进行功能锻炼。一般地说,急性闭合性软组织损伤在受伤 24~48 小时后可开始功能锻炼,轻伤无明显肿胀者可提早些;损伤较重、肿胀显著者可稍晚些,基本痊愈后,才能参加正常锻炼,对慢性损伤和劳损,在安排伤后锻炼时必须先了解损伤的性质、程度和受伤机理,以及局部组织的解剖生理特点,然后再决定康复锻炼的形式、内容和局部负荷量。

从对伤情影响较轻的动作开始,逐步过渡到专项锻炼,要注意循序渐进和个别对待。负荷量的大小以练习后无明显疼痛,次日原有症状未见加重为宜。一般 5～6 天后若无不良反应,才可考虑适当增加负荷量。

3.加强伤部肌肉关节的功能锻炼

功能锻炼主要是加强伤部肌肉力量和关节功能的练习,促进肌肉和关节功能的恢复。一般是先以静力性练习开始,逐渐结合动力性练习,由不负重练习,逐渐增加负重练习。要加强伤后康复锻炼的医务监督,每次锻炼都要做好准备活动,伤部要使用保护支持带,锻炼前、后进行按摩,密切观察伤部反应,及时调整负荷量和练习内容。

 **知识拓展**

常用急救方法

1.止血

(1)冷敷法:冷敷可以使血管收缩,减少局部充血,抑制神经感觉,从而有止血、止痛和减轻局部肿胀的作用。此法主要用于急性闭合性软组织损伤。

(2)压迫法:可分为指压法和止血带法。

直接指压法:以消毒纱布覆盖伤口,然后用手指压迫伤口,以达到止血目的。

间接指压法:用指腹压迫出血血管近心端处,如压迫在相邻的骨面上最好,以阻断血液流动。

止血带法:常用的止血带有胶管、布带、毛巾、皮带等。实施时先将患肢抬高,然后在伤口近心端上方缚扎止血带。注意止血带的松紧以出血停止为度。为防止肢体远端坏死,一般止血带缚扎时间不超过 2～3 小时,并且应当每一个小时放松 5 分钟,然后,在另一个稍高的平面重新缚扎。

2.骨折的处理

先止血、包扎,再固定。

对于下肢及脊柱骨折一般应就地固定,不要随便搬动伤员。

四肢骨折有骨外露时,不能还纳,可用敷料包扎。

捆绑的松紧程度要适当。太松则固定不牢,太紧则影响血液循环。

固定后要注意观察手指足趾,如有苍白、青紫、发冷、麻木等,应立即松开重新固定。

先固定骨折近端,后固定骨折远端。

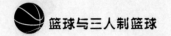

3. 固定材料的选择

固定材料的长度,应超过断骨的上、下关节的各一部分。

(1)颈托:颈部固定器,可将受伤颈部尽量制动,避免进一步损害。

(2)夹板类:现成的板、棍、树枝、扁担、杠棒等。

(3)现场制作:杂志、硬纸板、雨伞。

(4)自体固定:将受伤上肢固定在胸部上,将受伤下肢与健肢固定在一起。

4. 搬运

伤情较重的伤员经过现场急救后应及时送往医院。在搬运伤员时应当注意以下几点:

(1)搬运前尽可能做好患处初步处理,如止血、包扎、固定等。

(2)搬运动作要轻巧、迅速,尽量避免不必要的震动,特别是脊柱损伤患者,必须整体固定在单架或硬性代用品上,方能移动。

(3)搬运过程中应随时注意伤情的变化,及时处理。

5. 心肺复苏

心肺复苏是对心搏呼吸骤停的伤者进行的一种急救措施。人的脑细胞在缺氧的情况下,只能维持6分钟的存活。当患者因意外事故心脏停止跳动时,救生员要在5~10秒钟内完成对患者心搏呼吸骤停的判断,并立即实施心肺复苏术,争取在最短时间内恢复患者心脏跳动。

(1)意识丧失判断要领。

第一步 判断有无意识丧失:拍打双肩,凑近耳边大声呼唤,如呼唤无反应,应检查有无呼吸(掐人中穴或其他动作),如均无反应,则确定为意识丧失。

第二步 高声呼救:如确定患者意识丧失,应立即高声呼救:"来人呐!救命啊!"同时按应急预案程序进行:要求有人拨打120急救电话;要求第一目击者在病人身旁,并开始徒手心肺复苏的救助。

(2)抢救的体位要求。

呼救的同时,应迅速将病人摆放成仰卧位;翻身时整体转动,保护颈部;身体平直,无扭曲;摆放地点:地面或硬板床。

(3)徒手开放气道。

首先清理口腔,将其头偏向一侧,用手指探入口腔,清除分泌物及异物。然后压头抬颌,使头部后仰,解除舌根后坠对气道的压迫,后仰程度为下颌、耳廓的连线与地面垂直;动作轻柔,防止颈部过度伸展,防止压迫气道。

(4)人工呼吸。

实行口对口呼吸法时,患者仰卧,头部后仰,托起下颌,捏住鼻孔,轻压环状软骨,防止空气泄露或进入消化道。始终保持气道开放,吹气时不能漏气,连吹两次,让病人出气,每次吹气量 400～600 毫升,每分钟约 10～18 次,以患者胸部抬起为宜(不是"吹蜡烛"),吹气持续 2 秒,直至患者恢复自主呼吸。

(5)胸部按压。

按压位置:胸骨中线中下 1/2 交界处。

按压要领:最好采用跪姿,双膝置于病人体侧并平行与肩部位置;双臂绷直,肘关节不得弯曲;双臂形成一直线,与患者胸部垂直;用上半身重量垂直往下压;下压快,放松时稍慢;手掌根部始终紧贴胸部,放松不离位。

按压频率:100 次/分(9 秒钟内完成 15 次)。

按压深度:胸骨下陷不小于 5 厘米;每次按压应都能触摸到颈动脉搏动。胸部按压与人工呼吸反复交替进行,比例为 30:2。

学以致用

1.你认为制订篮球锻炼计划有用吗? 能根据自己的锻炼体会为自己制订一份学期锻炼计划吗?

2.要想在个人攻防对抗中占得上风,你认为自己现在必须掌握哪些能力?

3.你认为通过篮球技术练习可以提高身体素质吗?

4.如果你或你的同伴在运动中发生踝关节扭伤,临场如何处理?

第三章　篮球运动竞赛组织与规则

应知导航

　　本章通过对篮球运动主要规则、竞赛组织等内容的介绍和学习,力图使篮球爱好者初步掌握篮球规则的运用,并且能较好地完成校内一般性篮球比赛的组织工作,提高大学生竞赛组织能力。

第一节　校园小型篮球竞赛活动的组织

　　在各高校中以院系或班级为单位的篮球比赛很多,组织校园小型篮球竞赛活动,不仅推动学校篮球运动广泛开展,同时也是校园篮球文化的重要组成部分。因此,充分利用校内的师资力量、场馆设施,并依托校内学生篮球社团或俱乐部,建立一个有计划、有组织、有秩序的校际、院(系)际、班际等竞赛制度,定期举办形式多样、内容丰富的篮球竞赛活动,丰富学生的课余生活,提高学生对篮球的兴趣,增强学生的参与意识,营造良好的篮球文化氛围,进而促进学校篮球文化建设。一般的竞赛活动组织工作都可分为赛前、赛中、赛后三个部分。

一、赛前准备工作

(一)成立筹备小组

根据赛事活动的任务和计划,讨论决定组织方案。组织方案一般有以下内容:

1.拟定赛事活动的目的、任务、名称

2.经费预算(或无经费)

3.制定每项工作的实施步骤和完成时限

4.确定赛事活动负责人名单

（二）制定竞赛规程

一份完整的竞赛规程应包括下列内容：

1.竞赛名称

2.竞赛的目的和任务

3.主办和承办单位

4.竞赛日期和地点

5.参加单位

6.各队参加人数

7.运动员资格

8.报名及报到日期

9.竞赛办法和竞赛规则

10.录取名次和奖励办法

11.抽签日期和地点

（三）成立组织机构

1.竞赛组

（1）接受各队报名表。

（2）编印比赛秩序册,秩序册的基本内容应包括竞赛规程、组委会名单、工作人员名单、裁判员名单、代表队名单、比赛日程、比赛成绩表等。

（3）审查运动员资格。

（4）检查场地、设备、器材的准备情况。

（5）召开领队、教练员联席会议,讨论、研究和布置比赛的有关事项。

2.裁判组

（1）组织裁判员进行比赛规则和裁判方法的理论学习。

（2）组织裁判员进行临场实践模拟学习。

（3）裁判员分组。

3.场地组

（1）按比赛要求布置场地:如记录台、球队席和替换席的设置。

（2）落实有关设备:如计分器和计分牌、24秒计时器、交替拥有标志、犯规牌、全队犯规装置、锣或蜂鸣装置、记录表、笔等。

（3）备好比赛用球及与比赛有关的物品。

4.宣传组

（1）做好比赛的宣传报道工作。

（2）及时订制奖杯、奖牌、锦旗和奖品。

（3）安排好医务人员,制订安全保卫工作方案,落实值班人员。

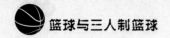

二、赛中日常工作

1.竞赛组:经常与各队联系,处理和解决有关问题;遇到特殊情况须更改竞赛场地、日期和时间,须及时通知各队;及时登记、公布比赛成绩,遇有淘汰赛和交叉赛时应及时将对阵表下发各队。

2.场地组:对场地、设备、器材进行例行检查,并及时作必要的维护和修理。

3.裁判组:组织裁判员开好准备会和小结会,及时总结,努力提高执裁水平;安排好第二天的工作。

4.宣传组:及时发布比赛有关信息;加强医务监督,及时处理伤病事故;做好赛场的安全保卫工作,保证比赛顺利进行。

三、赛后结束工作

1.宣布比赛成绩并颁奖;

2.保存和印发比赛成绩册;

3.比赛总结与评价。

第二节　篮球运动竞赛常用规则

本节介绍的常用的篮球规则是国际篮球联合会于 2018 年 10 月 1 日起施行的内容。

一、基本知识

(一)篮球比赛

篮球比赛由两个队参加,每队出场 5 名队员。每队的目标是在对方球篮得分,并阻止对方队得分。

(二)球篮:本方/对方

被某队进攻的球篮是对方的球篮,由某队防守的球篮是本方的球篮。

(三)后场/前场/中线

后场:由该队本方的球篮、篮板的界内部分以及由该队本方球篮后面的端线、两条边线和中线所限定的比赛场地部分组成。

前场:由该队对方的球篮、篮板的界内部分以及由对方球篮后面的端线、两条边线和距对方球篮最近的中线内沿所限定的比赛场地部分组成。

推定:中线属于后场。

（四）球队服装

每个球队必须至少有两套背心，并且秩序册中队名列前的队（主队/A 队）应穿浅色背心（最好白色），秩序册中队名列后的队（客队/B 队）应穿深色背心。如果两队同意，他们可以互换背心的颜色。允许使用 0 号、00 号和 1—99 号。

球队的所有装备必须是相同的、单一的颜色（弹力护臂、护腿、头饰、腕/臂带、肌贴）。

球衣里面不允许穿长袖上衣。

（五）场地尺寸和器材

1. 比赛场地

国际篮联的正式比赛场地尺寸为长 28 米，宽 15 米（图 3-2-1）。从界线的内沿测量。（界线属界外，掷界外球仅踩线并不违例。）

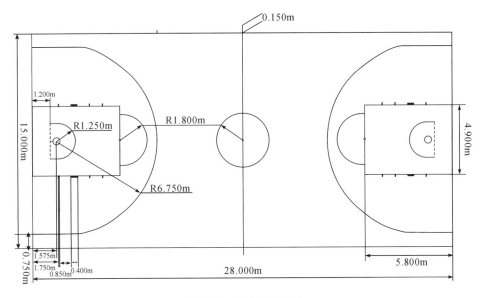

图 3-2-1　比赛场地尺寸

2. 篮板与篮圈

篮板的尺寸为宽 1.80 米，高 1.05 米，下沿距地面 2.90 米。篮圈的上沿应水平，距离地面 3.05 米。

3. 限制区（图 3-2-2）

罚球线从它的最外沿到端线的内沿应是 5.80 米，限制区是宽度为 4.90 米、长 5.80 米的长方形区域。

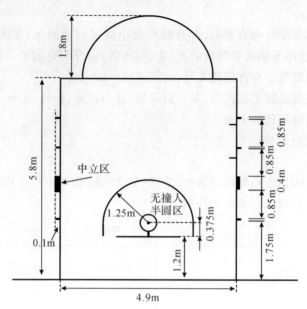

图 3-2-2　罚球线、限制区、无撞人半圆区

4.三分线

(1)引自端线并垂直于端线的两条平行线,它们的外沿分别距离各自就近边线的内沿 0.90 米。

(2)一条半径为 6.75 米的圆弧,该半径是从对方球篮的中心垂直落在地面上的交点(圆心)量到该圆弧外沿的长度。圆心距离端线内沿的中点是 1.575 米。该圆弧与两条平行线连接。

(3)三分投篮线不是三分投篮区域的一部分。

5.无撞人半圆区(图 3-2-2)

(1)以球篮中心正下方的比赛场地上的点为原点,以 1.25 米(内沿)为半径的半圆。

(2)与端线垂直的两条平行线,长度是 0.375 米并距离端线内沿 1.2 米。

(3)无撞人半圆区由与篮板前沿平行的假想线和上述平行线末端连接封闭构成。

(4)无撞人半圆区的线是无撞人半圆区的一部分(相当于扩大了无撞人半圆区的长度约 0.5 米)。

6.掷球入界线

两条 0.15 米长的线段,划在记录台对侧、比赛场地外的边线上,其外沿距离就近端线的内沿是 8.325 米。

7.比赛球

篮球充气后,使球从 1.80 米高度(从球的底部量起)落到球场的地面上,反弹起来的高度不低于 1.20 米,也不得高于 1.40 米(从球的顶部量起),球的重量不得少于 567 克,不得多于 650 克。男子比赛用球为 7 号球,女子为 6 号球。

8.记录台(图 3-2-3)

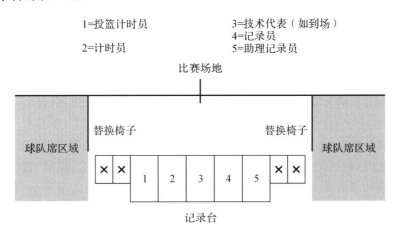

1=投篮计时员   3=技术代表（如到场）
2=计时员   4=记录员
             5=助理记录员

比赛场地

替换椅子   替换椅子

球队席区域   球队席区域

× × | 1 | 2 | 3 | 4 | 5 | × ×

记录台

记录台和他的椅子必须设在一个平台上。比赛解说员和/或统计员（如到场）可坐在记录台的一侧和/或后面

图 3-2-3　记录台和球队席区域(P56)

记录台包括 24 秒计时员、计时员、技术代表(如到场)、记录员、助理记录员等人员。

注:比赛解说员和/或统计员(如到场)可坐在记录台的一侧和/或后面。

9.比赛开始进攻方向

对所有的比赛,在秩序册中队名列前的队(主队或"A"队)应拥有记录台(面对比赛场地)左侧的球队席和本方球篮。又称"坐左攻右"原则。但是,如果两队同意,他们可互换球队席和/或球篮。

二、比赛通则

(一)基本知识

1.比赛时间:比赛应由 4 节组成,每节 10 分钟。每一决胜期为 5 分钟。

2.交替拥有:交替拥有是以掷球入界而不是以跳球来使球成活球的一种方法。

3.球中篮和它的得分值:球进入球篮,如是罚球得 1 分;如是从 2 分区投篮得 2 分;如是从 3 分投篮区投篮得 3 分。

4.罚球:是给予一名队员从罚球线后的半圆内的位置,在无争抢的情况下得 1 分的机会。

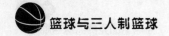

（二）暂停与替换

1.暂停

每队上半时（第1、2节）准予2次要登记的暂停，下半时（3、4节）准予3次要登记的暂停，每一决胜期准予1次要登记的暂停，暂停时间为1分钟。

未用过的暂停不得遗留给下一个半时或决胜期。

规定下半时第4节的最后2分钟每队最多只能暂停2次。

暂停机会始于球成死球并且比赛计时钟停止（违例、犯规、对方投篮得分）时，结束于裁判员持球进入圆圈执行跳球、掷界外球队员可处理球、裁判员持球或不持球进入罚球区执行罚球时。

暂停必须有教练员或助理教练员亲自到记录台，以通用的手势，明确地提出请求。

2.替换

在一次替换机会中一个队可以替换队员，替换人数不限。替换机会开始于球成死球且计时钟停止时，包括发生犯规、对方发生违例、对方有替换机会、跳球、暂停；在第4节或任何决胜期的最后2分钟中，对方投中后，裁判中断比赛等。结束于裁判员持球进入圆圈执行跳球、裁判员持球进入罚球区执行罚球、掷界外球队员可处理球时。

一位替补队员有权要求替换，他应亲自到记录台用手势请求替换，然后坐在换人的凳子上直到替换机会开始，替换应以最快的速度完成。

三、常见违例

违例是违犯规则。罚则是将球判给对方队员在最靠近发生违例的地点掷球入界，正好在篮板后面的地方除外，除非规则另有规定。

（一）队员出界和球出界

当队员身体的任何部分接触界线上、界线上方或界线外的除队员以外的地面或任何物体时，即是队员出界。

当球触及了在界外的队员或任何其他人员，界线上、界线上方或界线外的地面或任何物体，篮板支撑架、篮板背面或比赛场地上方的任何物体即是球出界。

在球出界，甚至球触及了除队员以外的其他物体而出界之前，最后触及球或被球触及的队员是使球出界的队员。

如果球出界是由于触及了界线上或界线外的队员或被他所触及，是该队员使球出界。

（二）非法运球

运球是指一名队员控制一个活球的一系列动作：掷、拍、在地面上滚动。删除了原规则"或者故意将球掷向篮板"。

表 3-2-1 判断非法运球

队员	动作	条件	能	不能
原地站立拿球未运球	掷向篮板	未接触其他队员之前再获得球	传、投、运	
结束运球			传、投	运
投篮三不沾,拿到			传、投、运	

当在场上已获得控制活球的队员将球掷、拍、在地面上滚动,并在球触及另一队员之前再次触及球为运球开始。当队员双手同时触及球或允许球在一手或双手中停留时为运球结束。队员第一次运球结束后不得再次运球,除非在两次运球之间他在场上已失去了控制活球,如投篮、被对方触及球、传球或漏接后触及了另一队员或被另一队员触及。下列情况不算运球:连续投篮、运球前后的漏接、用拍击的方式试图获得球等。

(三)带球走

当队员在场上持着一个活球,其一脚或双脚超出本规则所述的限制向任一方向非法移动是带球走。判断是否带球走的关键是确定和观察持球队员的中枢脚。中枢脚的确立及行进如下。

1.对在场上接住活球的队员中枢脚的确立

(1)队员双脚着地接到球,任何一只脚都可以作为中枢脚,移动其中一只脚,另一只就是中枢脚。

(2)行进间的队员接住球或结束运球的时候如果恰好有一只脚正接触地面,那么他下一次触及地面的那只脚或双脚被确立为第一步并用以确定中枢脚。

2.对在场上控制了活球并已确立中枢脚的队员的带球行进

(1)传球或投篮时,中枢脚可抬起,但在球离手前任一脚不得落回地面。

(2)运球开始时,在球出手之前,中枢脚不得抬起。

(3)停止时哪只脚都不是中枢脚时:开始运球,在球出手之前哪只脚都不得抬起;传球或投篮,一脚或双脚可提起,但在球离手前不得落回地面。

3.队员跌倒、躺或坐在地面上

当一名队员持着球跌倒并在地面上滑行,或躺在地面上、坐在地面上时获得了控制球,是合法的。

如果该队员随后持球滚动或尝试站起来,是违例。

解读"0-1-2":

关于"0"的解释,满足 0 的条件必须是球在手上,脚在地上。如果一个队员在空中接球(即球在手上,但脚却在空中),这种情况就没有"0"的概念了。

队员在移动中或运球结束时拿球,他可以移动两步完成停步、传球或者投篮。按 0-1

或 0-1-2 来确定中枢脚,出现 0-1-1、1-1-2 脚步动作为带球跑违例。

（四）被严密防守的队员

一名队员在场上正持着活球,这时对方队员处于积极的防守位置,距离其不超过 1 米,该队员被严密防守。一名被严密防守的队员必须在 5 秒钟内传、投或运球,否则为违例。

（五）3 秒违例

当某队在前场控制活球并且比赛计时钟正在运行时,该队的队员不得停留在对方队的限制区内超过持续的 3 秒钟。否则为违例。

（六）5 秒违例

掷界外球队员可处理球时 5 秒之内未将球掷出;罚球队员可处理球时 5 秒之内未将球投出;一名被严密防守的队员在 5 秒钟之内未传球、投篮或运球。发生上述情况之一即为 5 秒违例。

（七）8 秒违例

每当一名队员在其后场获得控制活球时,他所在的队必须在 8 秒钟内使球进入他的前场,否则为违例。当先前已控制球的队由于下列情况的结果被判在后场重新掷球入界时,8 秒钟周期应以任何剩余的时间继续:球出界,一名同队队员受伤了,一次跳球情况,一次双方犯规,双方球队的相等罚则抵消。

（八）24 秒违例

每当一名队员在场上获得控制活球时,他的队必须在 24 秒钟内尝试投篮。在 24 秒钟装置的信号发出前,球必须离开投篮队员的手,而且球离开投篮队员的手后,球必须触及篮圈或进入球篮,否则为违例(见图 3-2-4)。

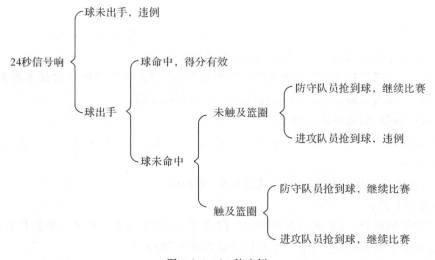

图 3-2-4　24 秒违例

进攻计时钟的复位：

因控制球队的犯规或违例(包括球出界)停止比赛后,判给对方队一次掷球入界时,进攻计时钟应复位到 24 秒。

如出现交替拥有程序,新的进攻方拥有掷球入界权,如果掷球入界在该队的:后场,进攻计时钟应复位到新的 24 秒;前场,进攻计时钟应复位到 14 秒。

因非控制球队的犯规或违例(不是因为球出界):如果掷球入界在其后场执行,进攻计时钟应复位到 24 秒。

如果掷球入界在其前场执行,进攻计时钟应按下述原则复位:当比赛被停止且大于等于 14 秒时,不复位,而且从被停止的时间处连续计算。当比赛被停止且小于等于 13 秒时,应复位到 14 秒。

第四节或加时赛最后两分钟或更少时间,请求暂停球队恢复比赛原来地点是在后场,增加了掷球入界地点选择权,可选择前场或后场掷球入界。

(1)第一种可能。

如果是球出界带来的掷球入界在该队的:

后场,进攻计时钟从停止处连续计算;前场,小于等于 13 秒,进攻计时钟从停止处连续计算;大于等于 14 秒,进攻计时钟应复位到 14 秒。

(2)第二种可能。

如果一起犯规或违例带来的掷球入界在该队的:后场,进攻计时钟应复位到新的 24 秒;前场,进攻计时钟应复位到 14 秒。

(3)第三种可能。

如果暂停是由新获得控制球的队请求的,掷球入界在该队的:后场,进攻计时钟应复位到新的 24 秒;前场,进攻计时钟应复位到 14 秒。

(九)球回后场违例

控制活球的队员不得使球被非法地回到他的后场,否则为违例。

球回后场的三要素：

1.球队前场控制球;

2.该队队员在前场最后触及球;

3.该队队员最先触及回到后场的球。

满足三要素的情况无须该队队员必须在后场,首先触及回到后场的球。该队员可能在前场也可能在后场。

球队在前场控制球的定义：

1.队员双脚触及前场,正持球、接球或运球;

2.球在前场的同伴队员之间传递。

没有球进入前场,就不存在球回后场违例。

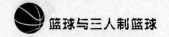

（十）掷球入界违例

当发生下列情况时为掷球入界队员违例：

1.可处理球后，球离手的时间超过 5 秒。

2.球离手前或离手时触及场内地面。

3.裁判员递交球后，沿界线方向超出 1 米或向两个方向移动。

4.掷球入界后，在球触及场内其他队员前又首先触及球。

5.球未触及场内队员而直接出界。

6.将球直接掷入球篮。

在第 4 节和每一个决胜期最后两分钟或少于两分钟内，在一起掷球入界中，防守队员不得将他身体的任何部位移动超过界线以干扰掷球入界。管理掷球入界的裁判员应使用预防性的手势进行警告。警告后，如果再次违例将导致一起技术犯规。同样适用于中篮后的掷球入界。

前 38 分钟出现了掷球入界队员将球伸入场内，防守队员打掉他的球或者抓住他手上的球的情况时，应判罚违例，同时裁判员口头警告违例队员，并将此警告传达给该队教练员，再犯判罚技术犯规。

掷球入界地点：

所有违体犯规或取消比赛资格的犯规罚球之后的掷球入界应在球队前场的掷球入界线处执行。进攻计时钟应复位到 14 秒。

修改理由：

为了加快比赛进程，增加攻防转换次数以尽可能多地得分。消除在中线延长线掷球入界后可能发生的复杂情况。

（十一）脚踢球和拳击球违例

故意踢或用腿的任何部分阻挡球或用拳击球是违例。球偶然地接触到腿的任何部分，或腿的任何部分偶然地触及球，不是违例。

（十二）罚球违例

1.当发生下列情况时为罚球队员违例：

（1）可处理球后，球离手的时间超过 5 秒。

（2）球中篮或触及篮圈前触及罚球线或限制区地面。

（3）球未中篮并未触及篮圈。

（4）做罚球的假动作。

2.当发生下列情况时为在抢篮板球位置站位的队员违例：

（1）干扰罚球队员。

（2）罚球队员的球离手前进入限制区。

四、常见犯规

犯规是规则的违犯，含有与对方队员的非法身体接触和/或违反体育精神的行为。犯规者的每一犯规应被登记，记入记录表并相应地被处罚。

（一）侵人犯规

侵人犯规是无论在活球还是死球的情况下攻守双方队员发生的身体接触犯规。队员不得通过伸展他的手、臂、肘、肩、髋、腿、膝、脚或将他的身体弯曲成"不正常的姿势"（超出他的圆柱体）去拉、阻挡、推、撞、绊对方队员，或阻止对方队员的行进；也不得采取任何粗野或猛烈的动作去这样做。

罚则：

1.应给犯规队员登记一次侵人犯规。

2.如果对没有做投篮动作的队员发生犯规：

（1）由非犯规的队在最靠近违犯的地点掷球入界重新开始比赛。

（2）如果犯规的队处于全队犯规处罚状态时，则应运用全队犯规处罚条款。

3.如果对正在做投篮动作的队员发生犯规，应按下列所述判给投篮队员若干罚球：

（1）如果投篮成功，应计得分并判给1次追加的罚球。

（2）如果从2分投篮区域的投篮不成功，应判给2次罚球。

（3）如果从3分投篮区域的投篮不成功，应判给3次罚球。

（4）如果当该节结束的比赛计时钟信号响时，或恰好此信号响之前，或当24秒计时钟信号响时，或恰好此信号响之前，投篮队员被犯规了，但此（信号响）时球仍在该队员的手中，并随后投篮成功：中篮不应计得分并将判给该队员2次或3次罚球。

（二）双方犯规

双方犯规是两名互为对方的队员大约同时相互发生侵人犯规的情况。

一方违体，一方侵人犯规，不能视为一起双方犯规。双方都是违体性质，可以视为一起双方犯规。

罚则：应给每一犯规队员登记一次侵人犯规。不判给罚球。

（三）违反体育道德的犯规

根据裁判员的判断，一名队员不是在规则的精神和意图的范畴内合法地试图去直接抢球，发生的接触犯规是违反体育道德的犯规。

判断违反体育道德的原则：

（1）如果队员不是在本规则的精神和意图的范畴内，以不合法的方式去尝试直接抢球，这是一起违反体育道德的犯规。

（2）如果队员在尽力地抢球中造成（与对方队员）过分的接触（严重犯规），这是一起违反体育道德的犯规。

（3）如果防守队员正试图破坏进攻队员的一次快攻，从后面或侧面与该进攻队员发生接触，并且此时在该进攻队员和他进攻的球篮之间没有防守队员，该原则在进攻队员开始他的投篮动作之前均适用。

（4）在攻防转换中，防守队员为了阻止对方进攻，对进攻队员造成不必要的接触。该原则在进攻队员开始他的投篮动作之前均适用。

（5）在第4节和每一决胜期的比赛计时钟显示2分钟或少于2分钟，当掷球入界的球在界外并且仍在裁判员手中，或掷球入界队员可处理时，防守队员在比赛场内对进攻队员造成身体接触。

罚则：

1.应登记犯规队员一次违反体育道德的犯规。

2.应判给被犯规的队员执行罚球，并随后：

（1）从该队前场掷球入界线上掷球入界。

（2）在中圈跳球开始第1节。

应按下述原则判给若干罚球：

（1）如果对没有做投篮动作的队员发生犯规：2次罚球。

（2）如果对正在做投篮动作的队员发生犯规：如果球中篮，应计得分并追加1次罚球。

（3）如果对正在做投篮动作的队员发生犯规并且球未中篮：2次或3次罚球。

3.当一名队员被登记2次违反体育道德的犯规或2次技术犯规，或1次技术犯规和1次违反体育道德的犯规，应取消他的比赛资格。应只执行违反体育道德的犯规罚则，不追加取消比赛资格的罚则。

（四）技术犯规

技术犯规是队员没有身体接触犯规，行为种类包括但不限于：

（1）无视裁判员的警告。

（2）无礼地触碰裁判员、技术代表、记录台人员或球队席人员。

（3）在与裁判员、技术代表、记录台人员或对方队员的交流中不讲礼貌。

（4）使用可能冒犯或刺激观众的粗话或手势。

（5）戏弄对方队员或将手靠近对方队员的眼睛并摇动以妨碍他的视线。

（6）过分挥肘。

（7）当球穿过球篮后，故意触及球或阻止迅速掷球入界以延误比赛。

（8）跌倒以伪造一起犯规。

（9）悬吊在篮圈上，致使篮圈支撑了队员的全部重量，除非该队员在扣篮后瞬间抓住了篮圈，或据裁判员判定，他这样做正是在试图防止自己受伤或使另一名队员受伤。

（10）在最后一次或仅有一次的罚球中防守队员干涉得分。应判给进攻队得1分，随后执行登记在该防守队员名下的技术犯规的罚则。

罚则：

1. 如果一次技术犯规发生：

(1)由一名队员，应给他登记1次技术犯规，作为队员犯规并作为全队犯规之一计数。

(2)由一名教练员、助理教练员、替补队员或随队人员，给教练员登记1次技术犯规，并不作为全队犯规之一计数。

2. 应判给对方队员1次罚球，比赛应按下述原则重新开始：

(1)罚球应立即执行。罚球后，判给宣判技术犯规时控制球队或拥有球权的队在比赛被停止时，球所在于最近地点掷球入界开始比赛。

(2)罚球同样应立即执行。无论任何之前已经宣判了的犯规所带来的任何罚则顺序已经确定或者已经开始执行。罚球后，由宣判技术犯规时控制球队或拥有球权的队，在宣判和处罚技术犯规时比赛中断处恢复比赛。

(3)如果1次投篮成功，或者最后1次罚球中篮，将球判给非得分队从端线后的任何地点掷球入界。

(4)任一队都没有控制球也没有球权，1次跳球情况发生。

(5)在中圈跳球开始第1节。

(五)取消比赛资格的犯规

队员、替补队员、教练员、助理教练员、出局的队员或随队人员任何恶劣的违反体育道德的行为是取消比赛资格的犯规；一名队员被登记了2次违反体育道德的犯规时，该队员也应被取消比赛资格。

罚则：

1. 应给犯规者登记1次取消比赛资格的犯规。

2. 犯规队员依据本规则的相关条款被取消比赛资格时，他应去他球队的更衣室并在比赛期间留在那里，或者他也可以选择离开体育馆。

3. 应判给：

(1)(如果是一起非接触犯规)由对方教练员指定的任一本队队员；

(2)(如果是一起接触犯规)被犯规的队员。

罚球后：

(1)该队前场掷球入界线上掷球入界。

(2)在中圈跳球开始第1节。

4. 下述原则判给若干罚球：

(1)如果对没有做投篮动作的队员发生犯规：2次罚球。

(2)如果对正在做投篮动作的队员发生犯规：如果球中篮，应计得分并追加1次

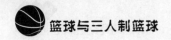

罚球。

（3）如果对正在做投篮动作的队员发生犯规并且球未中篮：2 次或 3 次罚球。

第三节 篮球比赛观赏

篮球比赛技术动作繁多,战术形式多样,明星球员掌握和运用技术及巧妙配合特别引人关注,更具有戏剧性和观赏性,使赛场千变万化,扣人心弦,充满活力。故吸引着观众积极参加篮球活动和观赏篮球比赛。究竟该如何观赏篮球比赛呢?

一、观赏篮球比赛的方法

一看技术。当看到运动员优美动作的同时,也要看他们运用技术的时机和巧妙之处。既要观赏运动员精湛的球艺,也要体察他们在球场上的灵感和指挥。

二看战术。能看出球队的战术形式、战术运用的合理性与针对性以及战术配合的效果,更能看出队员之间的默契和教练员的胆识。注意分辨场上攻守双方所采用的战术形式是联防、盯人,还是混合防守。这样能帮助我们分清进攻的方法和重点,利于看清和分析攻守双方特点和攻守方法的利弊。

三看球风。高超的技艺和他们的球风以及内在品质都能表现运动员的风采。

四看输赢。成败得失是一种生活体验,既要看比赛的胜负,又要看各队水平的发挥情况。场上出现拉锯战时,可用自己掌握的知识对形势的发展和结果进行分析和预测。观看比赛初期,要先注意队员的犯规或违例的动作,再看裁判的判决,这样也能对裁判的水平打出一个客观的分数。球迷虽然增加了球场刺激性,但是倾向性不能取代文明举止。

此外,教练的作用不容小觑,体现在战略的部署,应变的能力,暂停、换人是否得当和及时等方面。

总之,观赏篮球比赛既是娱乐休闲和享受生活,又能陶冶情操和感悟人生。

二、观赏篮球比赛的礼仪

篮球比赛既简单又复杂。它为运动员创造了发挥空间,展现出运动员个人及其所在球队的技术素养、战术风格、团队精神以及风度气质等。在充满热血和激情的赛场上,运动员熟练的技巧、巧妙的配合、丰富的想象力以及相互斗智斗勇,都是观众的看点。观众作为球赛很重要的一部分,要时刻注意自己的一言一行、一举一动。

观赏礼仪主要包含两个方面:一是文明观赏,禁止粗俗的言行与举止;二是观众的呼应要符合篮球项目特点,做到热烈而不狂躁,激情而有分寸。具体应注意以下几点:

1.观众有序进退场,这是对运动员、教练员和裁判员最起码的尊重。进入球场时,用软包装饮料代替玻璃瓶、易拉罐饮料。在观赛期间所产生的垃圾（如食品的包装纸、饮料瓶等）要用方便袋或纸袋装好，自行带出。最好在比赛的节与节之间或者上下半时结束后再去如厕或者买饮料。观看比赛时要爱护场内的公共设施，不要坐在通道的台阶上。

2.观众的衣着要整洁、大方，进入体育馆后不要吸烟。比赛中观众不要随意走动，手机要关机或设置在振动状态。不能随意使用闪光灯，尤其在队员执行罚球时。

3.在比赛入场仪式上，当现场主持逐一介绍双方比赛队员时，观众应为每一位球员鼓掌。在升参赛国国旗、奏国歌时，观众应该起立面向国旗行注目礼。比赛结束后观众应等场内颁奖仪式结束后再离场。

4.高水平篮球赛事如同一场演出，互动必不可少。它既能让运动员的水平更好地发挥，又能激发观众的参与愿望，同时也减轻了现场安保人员的压力。比赛间隙，观众可以参与赛场组织的各种游戏活动。比赛过程中，观众可以随现场 DJ、体育馆内节奏强烈的背景音乐（如 Defense、Offense）、人浪等为双方的运动员加油呐喊。

5.篮球比赛允许观众适度宣泄情绪。如在对方球员罚球时，为营造活跃的赛场气氛，观众可挥舞塑料充气棒或是采取干扰性的叫喊，为运动员的高水平发挥起到"催化剂"的作用。比赛中应注意：为己方球队加油助威时，不要使用侵犯对方球队的语言。要为双方的精彩表演鼓掌，不要利用嘘声影响比赛、打压对手；不要冲着啦啦队队员指手画脚，也不要使用带有挑衅的肢体语言。不要使用手电筒、镜子或是激光笔故意照射运动员的眼睛，甚至将随身物品扔进球场。总之，违反公共体育道德的行为坚决不做。

一场篮球赛从跳球开始到比赛结束，看懂一场篮球比赛，感受围绕篮球的文化气息，体验篮球比赛中的美，就是一种精神文化的营养剂，对我们个性的发展、情操的陶冶、气质的培养，都会带来极大的帮助。

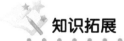 **知识拓展**

奈史密斯篮球名人纪念堂介绍
（Naismith Memorial Basketball Hall of Fame）

1959 年奈史密斯篮球名人堂在马萨诸塞州斯普林菲尔德学院建立。

1968 年坐落在学院中的篮球名人堂建筑正式向公众开放。

1985 年名人堂被扩建并迁至斯普林菲尔德市区，康涅狄格东岸。

2002 年名人堂被再次扩建，迁至原址南边。建筑耗资 4500 万美元，展区共 7400 平方米，主建筑的银色半球形主体结构和纪念塔的橙色球形顶端代表着篮球。门票 11.99 美元至 16.99 美元不等，4 岁以下儿童免费。名人堂不仅针对 NBA，还面对全世界所有对篮球事业有卓越贡献的人。名人堂本质上是一个对外开放的篮球博物馆,馆中主要陈列物品包括篮球、图文、录像带、光碟等资料。由于其特殊地位,参观者络绎不绝。名人堂拥有室内小篮球场,给参观者营造体验气氛,还有小型影院可供播放篮球影音资料,当然,还陈列着一张张照片以及照片边上的介绍性文字,照片上的人物就是人们口中的"名人堂成员"。

入选的资格:

理论上来说,"名人堂"的入选完全开放,但要进入名人堂,远比想象中困难。

其一,为篮球事业做出过杰出贡献的人,无论男女、年龄、国籍、肤色、种族,每个人都有进入名人堂的资格。美国作为世界第一篮球大国,美国成员占据了名人堂成员的很大比例,能够达到名人堂标准的海外人士并不多。

其二,名人堂的入门标准极其严格,球员想进入名人堂都必须等到退役后5年;教练的入选资格更为苛刻,必须执教25年以上的教练才有提名资格。

其三,获得提名之后,名人堂成员审核过程异常苛刻。7人初审小组中至少5人同意后,被提名者的资料才会递交复审委员会。这份递交的审核材料涵盖了该球员在球场内外的所有表现,此外还附有7人初审小组的书面意见。24名成员构成的复审委员会将定期或者不定期讨论初审名单,只有不少于18人通过,被提名者才能入选。

综上所述,名人堂资格的含金量远高于球衣号码退役或者"50大巨星"之类荣誉。伴随着岁月流逝,名人堂成员的数量仍然在不断壮大。对于球员来说,名人堂是伟大的丰碑,也是对于球员生涯的肯定,是除了冠军戒指之外最好的认可。

2016年入选名人堂人物:

姚明:7次入选NBA全明星,2002年NBA选秀第一顺位。他用高超的体育技能,在一个强手如林的国家运动项目中占有了一席之地,成就了很多人的梦想,更成为中国人的骄傲。对祖国的情感,对现在的把握和对未来的期待,都将使他成为中国体育和NBA的历史人物。

沙奎尔·奥尼尔(Shaquille O'Neal):绰号"大鲨鱼"。获得1次常规赛MVP、3次总决赛MVP和3次全明星赛MVP,4次获得总冠军,NBA"50大巨星"。

阿伦·艾弗森(Allen Iverson):绰号"答案",11次入选NBA全明星阵容,一次常规赛MVP,三次荣膺抢断王,四次荣膺得分王,比赛中永不言弃的精神令人鼓舞。

除姚明、奥尼尔与艾弗森外,其他入选本届名人堂的名宿还有:

杰里·雷斯多夫:芝加哥公牛队老板;

谢尔·斯沃普斯:三届奥运金牌得主,四届WNBA总冠军,三次WNBA总决赛MVP;

汤姆·伊佐:密歇根州立大学主教练;

泽尔姆·比蒂:ABA名宿,场均17.1分10.9篮板;

达雷尔·加里森:著名裁判;

约翰·麦克兰登:著名教练,三届 NAIA 冠军得主;

坎伯兰·波西:20 世纪 90 年代球星,同时也是棒球名人堂成员。

学以致用

1.简述篮球竞赛组织机构的组成部门。

2.请结合本校实际,制定出一份三人制校园篮球赛的竞赛规程。

第四章　篮球运动初级教与学

应知导航

　　本章着重传授篮球运动技术的基本知识,掌握以移动、运球、传接球、投篮为主的个人基本技术和简单技术动作的组合练习。介绍篮球基本技术的动作方法、易犯错误及纠正方法、练习方法与建议,以帮助初学者更好地理解篮球技术的构成,为进入中级班学习打下良好的基础。

第一节　移动技术分类及学练

一、移动技术分类

　　移动技术是通过各种快速、突然的脚步动作,达到进攻时摆脱防守,防守时防住对手,以争取攻守主动的一种手段。在篮球比赛中,是运动员控制自己身体和改变位置、方向、速度,争取高度所用的各种动作方法的总称。

　　在篮球运动中,快速和平衡是所有技术的基础。以平衡为例,要控制好身体并为突然的移动做好准备。没有合理的身体平衡,速度就快不起来。对于初学者来说,要提高平衡和快速移动的能力,必须先练习正确的脚步动作,也是实现篮球战术目的的重要因素。移动技术的分类如图 4-1-1 所示。

二、移动技术动作方法

（一）基本姿势

　　要合理地移动并控制身体平衡,初学者必须理解基本姿势的作用。在球场上保持一种较好的平衡状态,为随时完成快速的移动、变向、起跳和急停等动作做好准备。

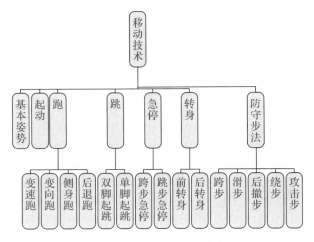

图 4-1-1　移动技术的分类

1.动作方法

如图 4-1-2,两脚平行或斜开立同肩宽,脚跟微微提起,两腿微屈降低重心,上体稍前倾,重心在两腿中间,后背保持正直,两臂微屈置于体侧或腹前,眼平视。

2.动作要点

两腿微屈,上体稍前倾,重心在两脚之间。

(二)起动

起动是进攻者摆脱防守,防守者堵截对手、抢占有利的防守位

图 4-1-2　基本姿势

置的有效手段。一般运用在守转攻时起动接应,起动快下;攻转守时起动快跑进入防守。

1.动作方法

从基本站立姿势开始,起动时跑动方向的异侧脚的前脚掌短促有力地蹬地,同时向跑的方向移动重心,两臂用力摆动,迅速跑出。起动后的前两三步要短促、快速。

2.动作要点

移重心,起动后的前两三步前脚掌蹬地要短促有力。

(三)跑

跑是队员为了改变位置、方向和提高速度的方法,是移动方法中运用最多的一种,包括变速跑、变向跑、侧身跑、后退跑等。

1.变速跑

变速跑是队员在跑动中利用速度变化完成攻守任务的一种方法。一般运用在对方紧逼或一对一攻守(徒手或运球)时,可利用变速跑摆脱防守。例如快跑(或快速运球)中突然减速,当对手准备调整重心和位置时,突然加速切入。

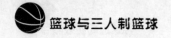

（1）动作方法

由慢跑变快跑时，上体前倾，用前脚掌短促有力地向后蹬地，同时迅速摆臂，前两三步要小，加快跑的频率。由快变慢时，上体抬起，步幅加大，用前脚掌抵地，减缓冲力，从而降低跑速。

（2）动作要点

由慢跑变快跑，步频加快；由快跑变慢跑，步幅变大。

2. 变向跑

变向跑是队员在跑动中利用方向的变化完成攻守任务的一种方法。一般运用在对付紧逼防守时，可用变方向（折线）跑摆脱防守接球。如中锋向底线空切变方向跑；中锋提上要球，转身折回跑等。

（1）动作方法

从右向左变向时，最后一步用右脚前脚掌内侧用力蹬地，同时脚尖稍加内扣，迅速屈膝降重心，腰部随之左转，上体向左前倾，移动重心，左脚向左前方跨出，加速前进。

（2）动作要点

变方向的瞬间屈膝降重心、移重心，异侧脚前脚掌内侧迅速蹬地，同侧方向的脚迅速跨出，蹬地脚及时跟上。

3. 侧身跑

侧身跑是队员在向前的跑动中，为观察场上的情况，侧转上体进行攻守行动的一种方法。一般运用在外线队员弧线跑纵切和内线队员弧线跑横切。

（1）动作方法

队员在向前跑动时，头部与上体侧转向球的方向，脚尖朝向跑动的前进方向。跑动时，既要保持奔跑速度，又要保持身体平衡，密切注意观察场上情况。

（2）动作要点

上体自然侧转，脚尖朝前。

4. 后退跑

后退跑是队员为了观察球场上攻守情况，背对前进方向的一种跑动方法。常与撤步、交叉步等结合运用。

（1）动作方法

后退跑时，用两脚的前脚掌交替蹬地向后跑动，同时上体放松挺直，两臂屈肘配合摆动，保持身体平衡，两眼平视，观察场上情况。

（2）动作要点

前脚掌蹬地，向后跑动，上体放松。

（四）跳

跳是队员在比赛中争取高度和远度的一种方法，包括双脚起跳和单脚起跳两种。

1. 双脚起跳

双脚起跳在原地或急停后运用较多,主要用于跳球、跳起投篮、跳起抢篮板球等。

(1)动作方法

起跳时,两脚开立,两膝快速下蹲,两臂相应后摆,上体前倾。同时两脚用力蹬地,伸膝,提腰,两臂迅速向前上提,使身体向上腾起。上体在空中自然伸展,收腰,下肢放松。落地时,前脚掌先着地,屈膝缓冲重力,保持身体平衡,以便衔接下一个动作。

(2)动作要点

起跳前屈膝降重心,起跳时的蹬地、提腰、伸臂动作要突然、协调。

2. 单脚起跳

单脚起跳多在行进间运用,主要用于行进间投篮、接球和冲抢篮板球等。一般情况下单脚起跳的高度比双脚起跳高。

(1)动作方法

起跳时,起跳腿屈膝前进,脚跟先着地并迅速屈膝过渡到前脚掌用力蹬地,同时提腰摆臂,另一腿提膝积极上抬,借以帮助重心上移。当身体上升到最高点时,摆动腿放膝向下与起跳腿自然合并,使腾空动作协调。落地时,双脚分开屈膝缓冲。

(2)动作要点

移动中起跳腿迅速屈膝蹬地,腰胯用力,把前冲力变为向上起跳的力量。

(五)急停

急停是队员在快速移动中突然制动速度的一种方法。急停方式可分为跨步(两步)急停、跳步(一步)急停两种。

1. 跳步急停

跳步急停是队员在中速和慢速移动时,用单脚或双脚紧贴地面跳起,并两脚同时落地,突然制动速度的一种方法。它可以任意脚作为中枢脚做转身跨步等动作。

(1)动作方法

如图4-1-3,跑动中用单脚或双脚起跳,使双脚稍有腾空。上体稍后仰,两脚平行或前后落地(略比肩宽),形成进攻基本站立姿势。

图 4-1-3   跳步急停

（2）动作要点

落地时动作要轻盈，身体在空中稍向任何一个方向自然侧转，以缓和前冲速度，落地后迅速降低重心，保持身体平衡。

2.跨步急停

跨步急停是队员在快速移动时，用双脚先后跨步着地，突然制动速度的一种方法。它只可以先落地脚为中枢脚做动作。

（1）动作方法

如图4-1-4，在快速跑动中急停，先向前跨出一大步。脚跟先着地，然后迅速地过渡到全脚掌抵住地面的同时，立即迅速屈膝降重心，身体微向后仰，后移重心，再跨出第二步。脚着地时，脚尖稍向内转，用脚前掌内侧蹬住地面，两膝弯曲（如先跨左脚后上右脚，则身体向左侧转），并微向前倾，重心落在两脚之间，两臂屈肘自然张开，保持身体平衡。

图 4-1-4　跨步急停

（2）动作要点

第一步要大，降重心；第二步要跟得快，用脚前掌内侧蹬住地。

（六）转身

转身是队员以一脚做中枢脚，另一只脚向前或向后跨出，以改变自己身体的站立方向的一种动作方法。它可与急停、跨步、持球突破结合运用。转身分为前转身和后转身两种。

1.前转身

前转身是移动脚向中枢脚前方跨步转动。一般运用在背向篮和防守人时，持球前转身突破、跳投和传球。

（1）动作方法

如图4-1-5，转身时，中枢脚脚跟稍提起，前脚掌要用力辗地，腰、肩转动和跨步要迅速，身体不要上下起伏，重心要平稳。

图 4-1-5　前转身

（2）动作要点

转身蹬跨有力，重心迅速转移，跨步后降低重心，不要起伏。

2. 后转身

后转身是移动脚向中枢脚后方撤步转动。一般运用于利用后转身摆脱防守或运球突破，必须贴紧防守人，中枢脚插在防守人两脚间，以便后转身之后获得有利位置。

（1）动作方法

如图 4-1-6，重心移向中枢脚，另一只脚的前脚掌蹬地，同时中枢脚以脚前掌为轴用力碾地，上体随着移动脚转动，移动脚蹬地并向自己身后撤步，同时腰胯主动用力旋转，来改变身体方向。保持身体重心平稳，转身后重心应转移到两脚之间。

图 4-1-6　后转身

（2）动作要点

中枢脚用力碾地，同时异侧脚用力蹬地、转胯，身体重心始终保持在一个水平上。

（七）跨步

跨步是在基本站立姿势的基础上，以一脚为轴，另一脚向侧方或前方跨出的技术方法。跨步的方法有同侧步（又称顺步）和异侧步（又称交叉步）两种。一般运用于徒手或持球正对防守人，利用跨步虚晃摆脱或突破；抢前场篮板球时，利用跨步虚晃，抢占有利的位置等。

1. 同侧步

同侧步是向移动脚的同侧跨出。

（1）动作方法

跨步时,两腿屈膝,重心降低,中枢脚的脚跟稍提起,用力碾地,另一脚向身体的侧方或前方跨出,跨出后要控制好身体重心,以便衔接下一个动作。

（2）动作要点

跨步动作要快。两腿屈膝,一脚跨出后,脚尖指向前进方向,以便蹬地加速起动或蹬地回收。突破时,注意中枢脚第二次蹬地加速起动。

2. 交叉步

交叉步是向移动脚的异侧跨出。交叉步是为了及时起步,抢占有利的防守位置所采用的移动步伐。

（1）动作方法

向右移动时,左脚用力蹬地后迅速向从右脚前向右迈出,上体稍向右转,左脚落地,右脚迅速地向右跨步。两脚交叉动作要快,身体不要上下起伏。交叉步后重心落在两脚之间,交叉步实质上是面对对手的侧身快跑动作。

（2）动作要点

两脚蹬转起动(脚尖要指向跑的方向),速度快,降重心,身体保持平稳。

（八）滑步

滑步用于抢占和堵截进攻队员的路线和位置。滑步是防守移动的一种主要方法,它易于保持身体平衡,可向任何方向移动,滑步可分为侧滑步(横滑步)、前滑步和后滑步。

1. 动作方法

如图 4-1-7 以侧滑步为例,两脚左右开立约肩宽,膝微屈,上体稍前倾,两臂侧伸,目平视盯住对手。向左滑步时,右脚前脚掌内侧用力蹬地,同时左脚脚尖指向移动方向跨步,在落地的同时,右脚迅速随同滑行,两脚始终保持跨步距离。然后依次重复上述动作,滑步时身体要保持平稳。

图 4-1-7　侧滑步

2.动作要点

重心平稳,身体不要上下起伏。移动时做到异侧脚先蹬,同侧脚同时跨出,异侧脚再跟,保持原来姿势。

(九)后撤步

后撤步是变前脚为后脚的一种起步方法。防守队员为了保持有利位置,特别是当进攻队员从自己前脚外侧持球突破或摆脱时,常用撤步,并与滑步、跑等结合运用。

1.动作方法

如图 4-1-8,撤步时前脚掌内侧用力蹬地,同时腰部用力向后转胯,前脚后撤,后脚的前脚掌碾地。当前脚后撤着地后,紧接着滑步,保持身体平衡与防守姿势。

图 4-1-8　后撤步

2.动作要点

前脚蹬地后撤要快,利用腰部力量带动转胯,后脚用力碾地。后撤步时撤步角度不易过大,身体不要起伏。

(十)攻击步

攻击步是防守队员突然向前跨出的一种动作。

1.动作方法

这种步法是利用后脚蹬地,前脚迅速向前跨出,逼近对手。运用攻击步时,用前脚的同侧手伸出抢球、打球或干扰对手。

2.动作要点

动作要迅速、突然,腰部要用力,重心要下降,身体不要前倾。

三、易犯错误与纠正方法(表 4-1-1)

表 4-1-1　移动易犯错误与纠正方法

易犯错误	纠正方法
跳步急停时停不稳,重心前移	落地时两腿要分大,上体稍后仰,屈膝下降重心

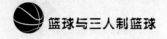

续表

易犯错误	纠正方法
跨步急停时身体前倾,重心不稳	慢做分解动作,强调一步大、二步小、三降重心
单脚起跳时摆动腿配合不协调	体会摆动腿加速摆动动作
转身时身体后仰、重心上下起伏	转身时保持屈膝降重心,上体稍前倾
滑步时重心高,身体上下起伏	降低重心,先蹬后滑,两脚保持与地面接触
撤步方向过于靠后	慢速体会蹬地转胯的发力动作和撤步时脚的位置

四、移动技术练习方法

(一)起动和跑的练习

1.由基本站立姿势开始,原地移动身体重心的练习。

2.由基本站立姿势开始,听或看信号向不同方向做起动跑的练习。

3.两人一组做侧身跑、变向跑、后退跑。

4.捉人游戏变向跑。

5.利用球场的圈、线做变向跑、后退跑、侧身跑、变速跑的综合练习。

(二)跳的练习

1.原地听信号向上或跨步向前、侧、后上方做双脚起跳练习。

2.助跑两三步后做单脚或双脚起跳。

3.助跑单脚起跳做手摸篮板、篮圈的练习。

4.结合跨步、转身、急停等动作练习起跳动作。

(三)急停的练习

1.呈基本站立姿势,慢跑两三步做跨步急停和跳步急停。

2.节奏加快跑三五步接做跨步急停和跳步急停。

3.快跑中听或看信号做跨步急停。

4.跑动中急停,接转身、跨步、起跳。

(四)转身的练习

1.呈基本站立姿势,以左、右脚为轴分别做前、后转身的练习。

2.慢跑中急停,接做前、后转身的练习。

3.原地持球,以左、右脚为轴分别做前、后转身的练习。

4.跳起接球后,做前、后转身的练习。

(五)防守步法的练习

1.听信号或看手势做向左、右、前、后滑步的练习。

2.向前滑步变后撤步接侧滑步的练习。

3.向前或向后滑步,接攻击步变后撤步接侧滑步的练习。

4."之"滑步、三角滑步的练习。

5.一对一摆脱与反摆脱的练习。

（六）移动技术组合练习

1.全场急起急停结合碎步移动练习（图 4-1-9）。

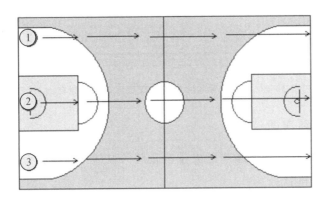

图 4-1-9　全场急起急停结合碎步移动练习

2.全场四线折回跑练习。

3.全场折线变向接侧身跑练习（图 4-1-10）。

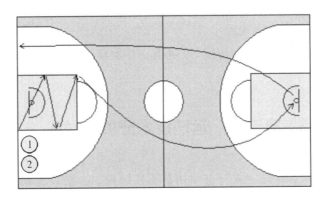

图 4-1-10　全场折线变向接侧身跑练习

4.全场变向交叉换位切入结合侧身练习。

方法:练习者站位如图 4-1-11 所示。练习时,练习者从端线外起动向侧前方内侧身快跑,看教师的信号后两人立即交叉换位;过中线后,再视教师的信号,两人交叉绕圈弧线跑切入底线,后转身沿边线侧身跑回排尾,然后两人交换位置。如此依次进行。

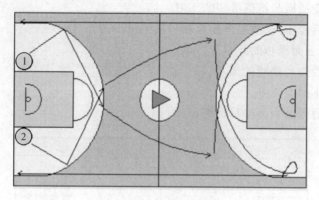

图 4-1-11　全场变向交叉换位切入结合侧身练习

五、移动技术练习建议

1.练习中应特别注意提高腰腹的力量及腰胯的灵活性。腰腹有力,腰胯灵活,带动躯干,能使动作协调配合。

2.一切移动都离不开腿部用力,而腿必须弯曲才能用力,所以必须要求练习者养成屈膝降低重心的习惯。

3.进行前脚掌蹬地、辗地动作(包括脚趾用力),前进或改变方向移动时,脚尖必须指向移动方向。

4.狠抓起动、急停、转身、变方向跑、防守滑步的基本技术练习,不断提高前脚掌蹬地、辗地和腰胯转动的技巧与速率。

5.注意观察和掌握全场攻守情况,以便做到每次移动都有明确的目的,做动作的时间合理而及时。

第二节　运球技术分类及学练

运球是指持球队员在原地或行进间用单手连续按、拍,借助地面反弹起来的球推进的一种动作技术。运球是控制球能力的标志之一,是篮球比赛中个人进攻的重要技术,也是组织球队实现进攻配合的桥梁。

一、运球技术分类

运球按动作位置变化可分为原地运球和行进间运球两大类。运球技术分类如图 4-2-1 所示。

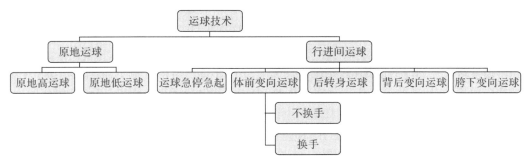

图 4-2-1　运球技术分类

二、运球技术动作分析

要想熟练掌握好运球技术,必须注意身体姿势、手型、手按拍球的动作和整体动作的协调。运球技术的关键是熟练的控制球技术与灵活多变的脚步动作协调配合。只有熟练地掌握运球技术,才能更好地控制球的反弹角度、高度、速度,做到得心应手,运用自如。

(一)基本姿势("三威胁"姿势)

练习者应该面对球篮采用基本的身体姿势或者"三威胁"姿势。采用这种姿势,有三种有效的选择途径——传球、投篮或运球突破。当准备运球时,这样可使练习者快速地移动、变向、变换节奏以及急停,整个过程要注意保护好球。

如图 4-2-2 所示,双脚与肩同宽,膝关节弯曲、背部伸直,身体重心落于两脚间,抬头注意场上情况。将球持于运球手一侧的腰和胸部之间,五指自然分开,用手指和手根部控制球,运球的手放在球的上方,非运球手放在球的侧下方。

(二)手按拍动作

运球主要是靠手指、手腕动作对球的控制与支配。所以说指腕动作是运球技术的重要环节。运球时,手腕和拇指放松,其余的手指自然分开,用手指和指根以上部位控制球(掌心不触球)。放松手

图 4-2-2　基本姿势

腕能使手随着运球动作上下移动,为拍球提供合理的力度。球应该在指端的控制下经过指腹离开手,当球在离手的瞬间,手腕和手指应该弯曲以加大力量。当球从地面弹起时,用手由下向上迎、引球,并自然屈伸小臂,以缓冲球的反弹力量,控制球的反弹方向、高度和速度。

(三)按拍球的部位和用力

运球时,球从地面反弹的方向是由按拍球的部位决定的。如按拍球的后侧上方,作

用力与球的纵轴有一定角度时,球向前上方反弹。球从地面反弹的高度和速度,是由往球上加力的大小决定的。因此运球中指、腕动作的速度和幅度,是调节运球力量的关键。

（四）球的落点

运球时要控制球的落点,首先应使球完全保持在自己所能控制的范围内。如:直线运球向前推进时,球的落点应控制在身体的侧前方,并保持适当的距离,以免脚踢球。

（五）脚步动作

运球时一般是脚尖正对运球方向,两脚前后开立,两膝弯曲,身体重心控制在两脚间,略偏向前脚掌上,以保持身体既平稳又能及时快速用力蹬地向不同方向移动。

（六）运球节奏

运球时要使移动速度和运球速度协调一致,就要保持合理的运球节奏,并注意身体重心的控制。脚步移动越快,按拍球的部位越是靠后下方,落点越远,反弹起来的力量越大。反之,部位越靠上,落点越近,力量越小。

三、运球技术动作方法

（一）低运球

如果运球接近防守队员或防守队员来抢球时,运球队员应用低运球突破对手,用身体保护球,并善于运用假动作摆脱防守。

1. 动作方法

如图 4-2-3 所示,两脚前后开立,两膝弯曲,上体稍前倾,抬头看前方,重心稍落在前脚掌上,手腕放松,手掌与地面平行,五指自然分开。用手指和指根按、拍球。手心空出,以肘关节为轴,前臂做上下伸压动作,结合手指、手腕缓冲球向上反弹力量,以控制球的高度和落点,一般运球落点应为运球手同侧脚的外侧稍前。运球高度在膝关节以下,为了保护球,运球者应该使球、自己和防守者三者保持在一条线上,不运球的手臂要抬起保护球。行进间低运球,向前时要拍球的后半部;向左变向时拍球的右半部;向右侧则反之。靠近防守队员的一侧,用身体、腿和非运球手保护球。

图 4-2-3　低运球

2.动作要点

两腿迅速弯曲,降低身体重心,上体前倾;手按拍球短促有力,控制球的高度;手脚配合协调一致。

(二)高运球

高运球多用于快速运球,提高运球高度加大反弹距离,与快速奔跑相结合。

1.动作方法

如图 4-2-4 所示,抬头目视前方,上体稍前倾,以肘关节为轴,用手按拍球的后侧上方,球的落点在身体侧前方,球反弹的高度在腰、胸之间,一般拍一次球跑两步。

图 4-2-4　高运球

2.动作要点

手按拍球的部位正确,手脚配合协调。

(三)行进间变换手运球

此技术动作不同于中级班教学的体前变向换手技术动作,无须做假动作,只是改变运球路线,变换运球手动作,是初学者提高运球控制能力的基础动作。

1.弧线运球("S"形运球)

(1)动作方法

以右手运球为例,拍球落点在身体右侧前方,重心稍高,身体稍转向运球手,当改变方向时,身体重心稍倾向弧心,运球手按拍在球的右后上方,使球经自己体前右侧反弹至左侧前方,同时右脚向左前方跨出,上体向左转,同时换左手按拍球的后上方,左脚跨出并用力蹬地加速前行。

(2)动作要点

运球变换手与跑动脚步动作协调配合。身体重心转移要平稳,按拍球部位正确。

2.折线运球("Z"形运球)

(1)动作方法

以右手运球为例,拍球落点在身体右侧前方,重心稍高,身体稍转向运球手,当改变方向时,向右脚移重心并降低运球高度,运球手按拍在球的右后上方,使球经自己体前右侧反弹至左侧前方,同时右脚快速蹬地向左前方跨出,上体向左转,同时换左手按拍球的后上方,左脚跨出并用力蹬地加速前行。

（2）动作要点

运球换手与跑动脚步动作协调配合。控制好身体重心的转移,按拍球部位正确。

（四）运球急起急停

当对方防守盯得很紧,不能用快速运球超越对手时,运用运球速度上的突然变化,急停、急起,摆脱对手;或原地静止状态运球,突然急起来超越对手。关键是动作突然,人球一致。

1.动作方法

如图 4-2-5 所示,运球急停要领与不持球急停相同。在快速运球中突然急停时,要采用两步急停动作。运球急停时,手拍按球的上方稍靠前,使球与地面成垂直反弹,用非运球手和身体保护球。起动时,两脚用力后蹬,上体前倾,重心前移,同时拍按球的后上方,利用起动速度,超越对手。

图 4-2-5　运球急起急停

2.动作要点

重心转移快,脚蹬、抵地要有力,按拍球的部位要正确,手、脚、躯干协调一致。

四、易犯错误与纠正方法(表 4-2-1)

表 4-2-1　运球易犯错误与纠正方法

易犯错误	纠正方法
高运球、低运球低头看球	采用让学生目视教师手势进行运球的方法;由慢到快进行高低运球,要求抬头看篮筐
用手掌拍击球,缺少迎、引球动作	强调运球手法、徒手做模仿练习,反复练习手、臂迎引球动作;当手举球到头前侧方,用手腕前屈、后仰和手指拨球动作连续做对墙运球练习
运球时控制不住球	讲解产生错误的原因,进行正确示范,反复进行按拍球的动作练习

续表

易犯错误	纠正方法
运球时掌心触球	明确手控制球的部位以及手指控制球的优点
运球急停急起时,停不稳、起不快	结合徒手急起急停练习,强调急停时运球手按拍在球的正上方;急起时,手按拍在球的后上方
运球的力度不够	运球时不要挥动手臂,强调屈腕和屈指以增加运球的力量,提高控球能力
直线高运球时带球跑	多做原地碎步跑运球和在慢速行进中运球的练习,熟练后再提高移动速度
变换手运球时出现携带球	体会拍按球的部位,改变方向时应把手放在球的侧面而不要放在球的下面

五、运球技术练习方法

(一)熟悉球性

1. 体前左右手快速拨球。

2. 体前向侧摆左右手传递球。

3. 大臂向前、向后绕体前左右手传递球。

4. 绕腰、并腿绕膝前后传递球。

5. 胯下绕"8"字传递球。

6. 头、腰、膝往返绕环(顺、逆向)。

7. 连续转体胯下抛接球。

8. 抬腿胯下左右手传递球。

(二)原地运球

1. 原地运球模仿练习,体会手、手臂动作。

2. 原地高运球或低运球练习,体会手指手腕上吸下按的动作,以及手触球的部位和控制球。

3. 原地体前左、右手交替运球,体会换手时推拨球的动作和按拍球的部位。

4. 原地胯下"8"字左、右手交替运球,体会随球移动按拍球的部位。

5. 原地对墙运球,体会手腕、手指的用力。

6. 原地坐地运球,体会按拍球的速度。

7. 原地双手运两个球,提高控制球能力。

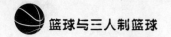

（三）行进间运球

1.看信号左、右、前、后移动运球练习,以提高控制球的能力。

2.全场直线运球。

3.全场"S"形运球。

4.全场"Z"形运球。

5.全场急停急起运球。

（四）结合游戏运球

1.两人面对面做运球"拍打"练习。

要求:注意闪躲并保护球,拍、打对方球时,自己必须控制好球。

2.半场运球"抓尾巴"练习。

方法:练习者每人一球,分散在半场内。练习时,互相在行进间运球中设法将别人的球打掉。如有谁的球被打掉则该练习者立即退场,直至最后一人。

要求:运球时视野要广,注意闪躲并保护好球。手上动作要快,不得失掉对球的控制,否则违例。

六、运球技术练习建议

1.手上功夫要经常练,以熟悉球性,提高控球、支配球的能力。同时要提高脚步动作的速度、灵活性。

2.加强弱手的练习,使左右手运球能力均衡发展。

3.强调运球时抬头并屈膝护球,注意养成观察场上情况的习惯。

4.在掌握正确运球动作的基础上,逐渐加大运球难度。

5.出现错误动作要及时纠正,多进行纠正错误动作的辅助练习。

第三节　传接球技术分类与学练

传接球是指在篮球比赛中进攻队员之间有目的地支配球、转移球的方法。传接球的好坏直接影响着进攻的效果和质量,在比赛或练习中,不仅要掌握好传接球的技术,而且要根据场上情况的变化选择合理的传接球方式。

一、传接球技术分类

依照篮球运动的基本特征,可分为传球技术和接球技术。分别做如下分类(图4-3-1,4-3-2):

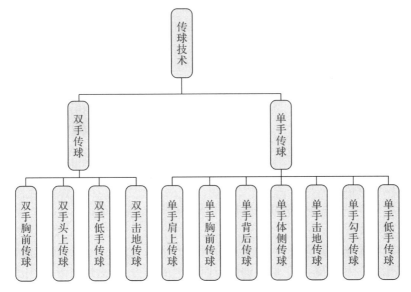

图 4-3-1　传球技术分类

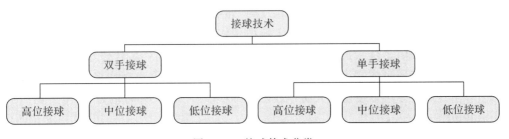

图 4-3-2　接球技术分类

二、传球技术的动作分析

（一）持球方法

持球方法是指手持握球的方法，分为双手和单手持球两种。持球是比赛中运用最多的动作之一。比赛中持球动作的要求是既要牢固，不易被防守人打掉，又要便于完成投、传、突等动作。

1.双手持球方法

如图 4-3-3 所示，双手自然分开，拇指相对呈"八"字形，用指根以上部位握住球的两侧后下方，手心空出，两臂弯曲，肘关节下垂，将球置于胸腹前。

图 4-3-3　双手持球方法

2.单手持球方法

手指自然分开,用手掌外沿和指根以上部位托住球,掌心空出。

(二)传球用力方法

通常短距离传球主要靠手指、手腕和手臂发力将球传出。中远距离传球时要靠下肢蹬地、跨步、腰腹发力以及上、下肢协调配合而产生的合力,最后通过手臂、手腕和手指快速拨球的力量将球传出。

(三)球的飞行路线

传球时,球的飞行可分为直线、折线(反弹)和弧线三种路线。直线传球主要用于中、近距离的一般性传球(不使球越过防守人的传球);弧线传球常用于较远距离的长传球或越过防守人的传球(吊传);折线(反弹)传球可用于中、近距离一般性传球,也可用于隐蔽性传球(使球贴近越过防守人到达同伴手中)。在比赛中,还会出现许多巧妙且攻击性很强的传球,这些传球可以使防守人防不胜防,使接球人直接得分,称之为"妙传"。

(四)球的落点

球的落点决定接球人能否接好球并及时完成进攻。当接球人站在原地无人防守时,球要传到他的胸腹之间、便于衔接下一动作的位置;当接球人被防守时,球要传到远离防守人的一侧;传给行进间接球人的球要有适当提前量。

三、传接球技术动作方法

传球技术动作除了在传球技术动作分类里提到的几种动作以外,还有许多创意性的传球动作,能做出反弹、吊传等线路方式的变化,也常常在比赛中起到很好的效果。

(一)传球技术动作方法

1.双手胸前传球

双手胸前传球是最基本、最常用的传球方法。其特点是传出的球迅速有力,准确性较高,而且便于结合突破、投篮动作。

（1）动作方法

如图 4-3-4 所示，斜步姿势站立，双手持球于胸腹之间，两肘自然弯曲于体侧。传球时，后脚蹬地身体重心前移，双手向传球方向伸臂发力，同时拇指下压、手腕翻转，通过拇指、食指和中指用力拨球将球传出。球出手后，手心和拇指向下，其余四指向传球方向。

图 4-3-4　双手胸前传球

（2）动作要点

手腕由内向外翻转，拇指下压，食指、中指拨球。

2.双手击地传球

在传球队员与接球队员之间如有防守队员时，或当进攻队员背切或其位置领先于防守者而跑向篮下时，运用击地传球效果较好。当运用假动作使防守队员将手抬高时，再运用击地传球效果最好。

（1）动作方法

如图 4-3-5 所示，将球置于腹前，持球方法与双手胸前传球相似。在传球出手前，注意两手腕略向上翻，出球时要用爆发力，手指向距接球者三分之一距离的击地点用力，两臂向击地点方向移动，动作幅度要短促有力，出球要快。

图 4-3-5　双手击地传球

（2）动作要点

击地点要准确，球反弹的高度在接球者的腹部。

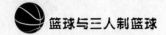

（二）接球技术动作方法

接球技术动作是获得球的动作,是抢篮板球和断球的基础。它可分为双手接球和单手接球。双手接球控球较稳,且便于衔接下一动作;单手接球控制范围大,能接不同方位的球,有利于队员接球后的快速行动,但不如双手接球稳定性好。

1.双手接中位球

（1）动作方法

如图 4-3-6 所示,这是最基本的接球方法,眼视来球,两臂迎球伸出,两手手指自然张开,拇指相对呈"八"字形,其他手指向前上方,两手成一个半圆形。当手指触球时,两臂顺势屈肘时后引缓冲来球的力量,两手持球于胸腹前,呈基本站立姿势。

图 4-3-6　双手接中位球

（2）动作要点

伸手迎球在手接触球时,收臂后引缓冲,握球于胸腹前,动作连贯一致。

2.双手接高位球

如图 4-3-7 所示的这种接球方法与双手接胸部高度的球相同,但要求两臂必须向前上方迎球伸出。

图 4-3-7　双手接高位球

3.双手接低位球(双手接击地球)

(1)动作方法

如图 4-3-8 所示,接球时一脚步要及时迎球跨步,上体前倾,眼睛注视来球方向,双手迎球向前下方伸出,掌心斜对来球的反弹方向,五指放松自然分开,当手指触球时,两臂顺势屈肘收回,引球于胸腹之间,保持身体平衡,呈基本站立姿势。在击地球的速度较快,旋转力较大而球的反弹点又低的情况下,两手可呈上下"八"字形接球。

图 4-3-8　双手接低位球

(2)动作要点

准确判断球的反弹起的方向,跨步迎球要及时,手臂下伸要快。

四、易犯错误与纠正方法(表 4-3-1)

表 4-3-1　传接球易犯错误与纠正方法

易犯错误	纠正方法
传球不到位	确保球出手时手指指向传球目标,球从食指和中指指端出手有利于把握方向
传球的力量小、速度慢	强调要用力屈腕拨指,脚部蹬地发力,利用跟随动作也可提高传球的力量。徒手模仿或在同伴协助下体会传球时腕翻转和指拨球的动作
双手胸前传球两肘外展过大,两臂用力不一	两人一组,面对站立,一人握球,一人做双手胸前传球的正确模仿练习
接球时双手不主动迎引球	徒手练习主动迎球动作,自抛自接体会"迎球"和"后引"缓冲动作
接球手形不正确,手指朝前,掌心触球	多做自抛自接球练习,养成张手、伸臂迎球和及时屈肘引臂的习惯
击地传球时用前臂甩球,或两肘外张用力推挤球,球的击地点不准	可反复做单、双手平传球练习。针对击地点不准的错误,进行两人用击地传球通过防守练习,体会球的击地点

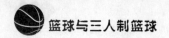

五、传接球技术练习方法

（一）原地传接球

1. 两人面对原地传接球练习

方法：两人一组一球，相距 3～5 米，做各种传接球练习。

要求：保持基本站立姿势，持、传、接球的手法正确。传接球动作由慢到快，距离由近到远。进行单手传球时要左右手交替练习。

2. 原地跨步、跳起接不同方向传球练习

方法：两人一组一球，相距 5～6 米，做各种传接球练习。

要求：接传球主动迎引，动作衔接连贯，用眼睛看传球目标。

3. 原地三角形传接球练习

方法：三人站成三角形，共用一球，相距 5～6 米，做原地传接球练习。

要求：接球时，转向来球方向，主动伸臂迎球；传球时，迅速面向传球目标，动作连贯，全身配合协调。

（二）移动传接球

1. 迎面上步传接球练习（图 4-3-9）

方法：练习者排成纵队，①持球面向纵队站立，相距 5～7 米。②上步接①传来的球，做急停后，再回传给①，然后跑回原来队伍的后面。接着③上步接①传球再回传给①。依次反复练习。传一定次数后，轮流替换①。

要求：上步接球手法正确；接球后要平稳，①传球的力量要柔和。

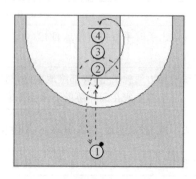

图 4-3-9　迎面上步传接球练习

2.横向移动换位传接球练习(图 4-3-10)

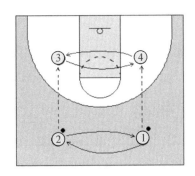

图 4-3-10　横向移动换位传接球练习

方法:练习者四人一组呈"口"字形,相距 3～5 米。①与②同时各持一球。开始①与②同时分别将球传给③和④,然后两人立即横向移动换位接③和④回传球,③和④传球后同样横向移动换位接球,依此反复练习。

要求:传球后移动换位要快,接球后要停稳,要用眼的余光观察人与球。

3.移动中接前、后、左、右的球练习(图 4-3-11)

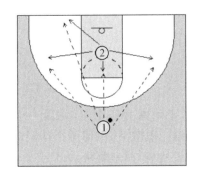

图 4-3-11　移动中接前、后、左、右的球练习

方法:两人一组,相距 4～6 米。①持球把球传给②,②根据①传出的球向前、后、左、右移动接球,并回传给①。规定一定次数后,由②传球。

要求:②移动中接传球要保持正确姿势,要判断好来球方向、路线,及时移动接球,接球停稳后迅速回传。

4.三角换位传接球练习(图 4-3-12)

方法:练习者分三路纵队,各相距 4～6 米。①持球传给②后跑到②队尾,②传给③后跑到③队尾,③传给①组后跑到①组队尾,依次进行练习。

要求:接球时要上步,传球要准确,球速要快,力量要柔和,传球后迅速起动。

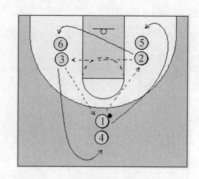

图 4-3-12　三角换位传接球练习

5.半场四角换位传接球练习(图 4-3-13)

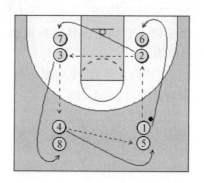

图 4-3-13　半场四角换位传接球练习

方法:练习者按人数分配,平均站立四个角,先用一个球,传球者依次向一个方向传球,然后快跑到接球者的队尾。熟练后,可用两个球同时进行,加快传球、跑动速度。

要求:接球时要上步,传球要准确,球速要快,力量要柔和,传球后迅速起动。

6.两人全场行进间传接球练习(图 4-3-14)

方法:两人一组一球,①传球给②后立即向前跑动接②的回传球,②传球后向前跑动接①的回传球,如此反复传接球至前场篮下,并再传球返回。人多时可在场地另一侧两组同时进行练习。

要求:传球时,注意观察同伴的跑进速度与位置,掌握好传球角度和时间,传球和跑动不停顿,不得带球跑。

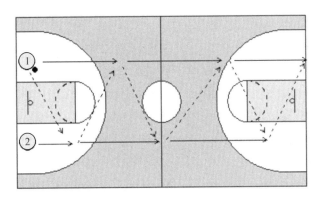

图 4-3-14　两人全场行进间传接球练习

7. 三人直线跑动传接球练习（图 4-3-15）

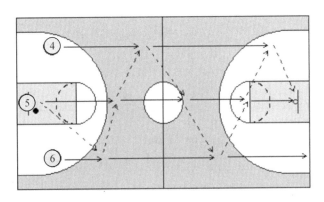

图 4-3-15　三人直线跑动传接球练习

方法：三人一组一球，开始由中间⑤持球，传球给向前跑动的⑥，⑥接球后立即回传给向前跑动的⑤，⑤接球后传给另一侧向前跑动的④，④回传给⑤，依次推进到篮下，并用同样的方法传接球返回。

要求：跑动传球始终在直线上完成。传球时，注意观察同伴的跑进速度与位置，掌握好传球角度和时间。

8. 全场直线跑动向左、右方向传接球练习（图 4-3-16）

方法：④⑤⑥为固定传球者，练习者依次直线跑动接左、右方向的传球，直至对面篮下，如此往返进行。

要求：传接球动作要连贯，出球要快，传球落点在对方胸前；身体转动与手脚要配合协调。

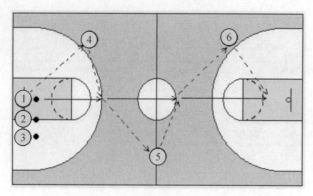

图 4-3-16　全场直线跑动向左、右方向传接球练习

9.全场侧身弧线插上传接球练习（图 4-3-17）

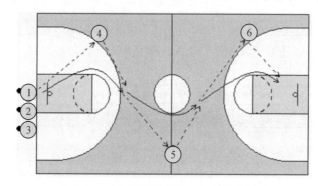

图 4-3-17　全场侧身弧线插上传接球练习

方法：④⑤⑥为固定传球者，练习者按图示路线侧身弧线插上传接球，直至对面篮下，如此往返进行。

要求：插上时，侧身压肩，伸手主动要球，向左、右回传球要迅速、到位，身体重心转移要配合协调，动作要连贯。可采用单手领接球，加快传接球的速度。

六、传接球技术练习建议

1.加强熟悉球性的练习，增强手对球的控制和支配能力。

2.初学者先从原地练习开始，掌握正确的传接球动作后，再与脚步动作配合，进行移动传接球练习，然后再将传接球与运球、投篮技术结合进行练习。

3.传接球练习要注意视野练习，加强传球的隐蔽性。

4.传和接是一对技术，有传必有接。所以练习中不能轻视接球技术的掌握。接球首先是眼接，其次是手迎引、控制和保护。

第四节　投篮技术分类与学练

　　投篮是进攻队员将球投入对方球篮而采用的各种专门动作方法的总称。它是篮球运动的关键技术,是篮球比赛中得分的唯一手段,是所有技术、战术配合运用的最终目的。正确的投篮手法、恰当的瞄准点、合适的飞行路线、球的旋转以及身体的协调用力,是投篮成功的重要因素。

一、投篮技术分类

　　投篮的动作方法很多,按照持球方法的不同可分为单手投篮和双手投篮(如图 4-4-1)。

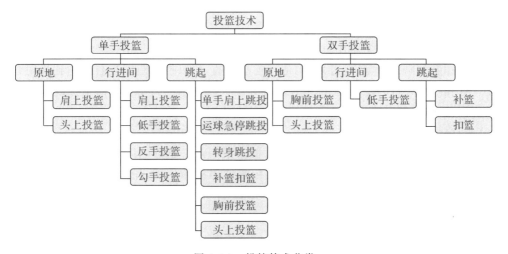

图 4-4-1　投篮技术分类

二、投篮技术动作分析

(一)直接命中(空心)投篮

　　在空心投篮时,主要考虑球的飞行弧度,即投射角(出手角度)和入射角的问题,以及球在旋转中偶尔发生的同篮筐碰撞的问题。投篮时的投射角越大,球的飞行弧度就越高,入射角就越大,入射截面就越大,所允许的误差范围就越大,投篮的命中率就越高。实际上,投篮的弧度以中等弧度或稍高一些为好。另外,投空心篮时,由于球的旋转作用,球偶尔会碰到篮筐的内侧,在篮筐给球的摩擦反作用力的作用下,球的反弹方向是向下的,容易滚入篮筐,因此,旋转的球比不旋转的球更容易命中。

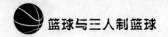

（二）碰板投篮

碰板投篮的首要问题是碰板点,而碰板点的正确与否则取决于投篮的位置、投篮的力量、球的飞行弧度以及球的旋转情况。

正面碰板投篮时,球的旋转力是向上作用于篮板的,而篮板的切向反作用力则向下反作用于球。这样在向下的篮板切向反作用力的作用下,一方面球的旋转速度减慢,另一方面球增加了一个向下的速度。所以做向后旋转的球,碰板后垂直下落的速度增加,从而反射角也增大了,我们可以利用旋转球的这一作用提高投篮命中率。同时可以看出,球向后旋转的正面碰板投篮,碰板点即使稍高一些,也不容易碰到篮筐前缘,相比不带旋转的球正面碰板投篮较为容易命中。

侧面碰板投篮以行进间单手低手投篮为最多。球出手后,由于腕部的转动和手指的拨球动作,球围绕矢状轴向球筐一侧旋转。碰板之后,球的反射角将明显大于入射角,且球的旋转速度越快,反射角越是明显增大。因此球的旋转速度越快,碰板点也应该越远离篮筐。

（三）投篮距离与出手速度的关系

出手速度和出手角度（投射角）也是相互制约的,所以投篮距离也会影响到投射角的变化。球在空中飞行的距离越远,最佳出手速度和投射角的微小偏差所造成的影响就越明显。因此,投篮的准确性是随着投篮距离的变化而变化的。

（四）瞄准点

瞄准点是指投篮时眼睛注视篮圈或篮板的某一点。正确的瞄准点能使练习者在瞬间精确地目测出投篮的方向、距离,从而决定投篮出手的角度、用力的大小、飞行弧线及球的落点等。

1.（空心）投篮的瞄准点

投空心球的瞄准点一般为篮圈前沿距练习者最近的一点,其优点是有实体目标,在场上任何地方投空心球都适用;也有人主张投空心球的瞄准点以篮圈的中心点为目标,因为这个目标与球的落点一致。

2.碰板投篮的瞄准点

碰板投篮的瞄准点是指在篮板上能够使球反弹进入篮圈的一个"点"。碰板投篮时,应根据投篮的位置、距离、球出手的力量、速度、球飞行的弧度和球的旋转等因素选择适宜的瞄准点。一般而言,角度越小,距离越远,弧度越高,碰板点（瞄准点）越高;反之,则越近越低。

三、投篮技术动作方法

（一）原地单手肩上投篮

比赛中主要运用在罚球时。注意调整呼吸、放松心情。

1.动作方法

如图 4-4-2 所示,以右手投篮为例。右脚在前,左脚稍后,两脚与肩同宽。两膝微屈,重心落在两脚掌上。右手五指自然分开,翻腕持球的后部稍下部位,左手扶在球的侧下面,将球举到头部右侧上方位置,眼睛从球下方看球篮,大臂与肩关节平行,大、小臂约 90 度角,肘关节内收。投篮时,由下肢蹬腿发力,身体随之向前上方伸展,同时抬肘向投篮方向伸臂,用手腕前屈和手指拨球动作,使球柔和地从食指、中指端线投出。球离手时,手臂要随球自然跟送,脚跟提起。

图 4-4-2 原地单手肩上投篮

2.动作要点

翻腕持球于肩上,抬肘伸臂充分,蹬、伸、屈腕、拨指要柔和,中指食指控制方向。上下肢协调用力。

(二)双手胸前投篮

双手胸前投篮由于出手低,突然性差,易受防守干扰,因此在现代篮球比赛中运用较少。但它具有投篮力量大,距离远,同时又便于同其他技术动作衔接的特点,一般女运动员在比赛中将其作为远距离投篮方式。

1.动作方法

如图 4-4-3 所示,投篮的准备姿势与双手胸前传球的准备姿势基本一致,投篮前将球置于胸前,目视球篮,两肘自然下垂,两脚前后或左右开立,两膝微屈,重心落在两脚掌

图 4-4-3 双手胸前投篮

上。投篮时,两脚蹬地,腰腹伸展,两臂向前上方伸出,两手腕同时外翻,拇指稍用力压球,使球通过拇指、食指、中指指端投出。投球出手后,脚跟提起,腿、腰、臂随出球方向自然伸展。

2.动作要点

两肘下垂要自然,双手用力要均匀,手腕外翻指拨球,蹬地伸踝、膝、髋。

(三)行进间单手肩上投篮

行进间单手肩上投篮是在比赛中切入到篮下时常用的一种投篮方法。

1.动作方法

如图4-4-4所示,以右手投篮为例。右脚向前跨出时接球,接着迅速上左脚起跳,右腿屈膝上抬,同时举球至头右侧,腾空后,上体稍后仰,当身体跳到最高点时,右手臂伸直,用手腕前屈和手指力量将球投出。

图 4-4-4　行进间单手肩上投篮

2.动作要点

一跨大步接球牢,二跨小步用力跳,三要翻腕托球举球高,四要指腕柔和用力巧。

(四)行进间单手低手投篮

行进间单手低手投篮是在快速跑动中超越对手后在篮下时最常用的一种快速投篮方法,具有伸展距离远,动作速度快,出手平稳的优点,多在快攻和突破后运用。

1.动作方法

如图4-4-5所示,跑动步法与行进间篮下单手肩上投篮基本相同,只是在接球后的第二步要继续加快速度,向前上方起跳,腾空时间要短。投篮手指五指自然分开,托球的下部,手心朝上,手臂向上伸展,接近球篮时,用手指上挑的动作,使球向前旋转投向球篮。

图 4-4-5　行进间单手低手投篮

2.动作要点

第二步用力蹬地向前方起跳,投篮出手前保持单手低手托球稳定性,用指腕上挑力量使球向前旋转投出。

(五)运球跳步(一步)急停投篮

在快速运球上篮时,采用跳步急停常可打乱追防者的封盖。

1.动作方法

如图 4-4-6 所示,行进中收身跳起拿球,两脚稍前伸落地制动缓冲。起跳同时举球至头前的侧上方,跳起后空中伸臂、拨腕指,连贯将球投出。球稍向后旋转。

图 4-4-6　运球跳步(一步)急停投篮

2.动作要点

举球同时起跳。停步和起跳投篮的衔接要起到助跳作用。

(六)运球跨步(两步)急停投篮

比赛中最常用的是跨步急停,它可以把急停和转体融为一体。在快速运球或突破中被防守者堵截时,可以突然起跳摆脱防守。也常用扣篮或后仰的方式完成投篮。

1.动作方法

如图 4-4-7 所示,行进中进攻方向的内侧脚大跨步稍斜撑拿球制动,或跃步前跨。后腿膝内扣并步转体。起跳同时举球至头前的侧上方,跳起后空中伸臂、拨腕指,连贯将球

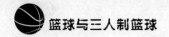

投出。球稍向后旋转。

图 4-4-7　运球跨步(两步)急停投篮

2.动作要点

注意前跨支撑缓冲与转体并步的协调连贯。

四、易犯错误与纠正方法(表 4-4-1)

表 4-4-1　投篮易犯错误与纠正方法

易犯错误	纠正方法
单手肩上投篮,持球时肘关节外展,手心触球	强调大臂与地面垂直,投篮时抬肘向上伸臂,手腕前扣,食指和中指拨球
双手胸前投篮,持球手法不正确,肘外张;投篮时两手用力不一致,伸臂不够充分	强调正确的持球方法,投篮时蹬地、腰腹伸展,手臂上伸。注意伸臂的同时手腕翻动、拇指压球,食指、中指拨球
投篮时,肘关节过早前伸,形成的抛物线偏低	让学生坐在地上持球做投篮动作,教师站在学生对面用手捂住球的上方,让学生体会投篮时先抬肘、后伸臂、压腕、指拨投篮出球的动作顺序
在球出手时,非投篮手用力推球	强调在投篮中,非投篮手仅仅参与引导保护球,要保持非投篮手的掌心向内,拇指对着自己的头部,这样可免于用力
投出的球距离较短,不能到达目标	投篮需要运用腿部力量,出手动作要连贯,要运用跟进动作,眼睛一定要集中在投篮目标上
行进间单手肩上投篮时,接球与举球动作衔接不好,投篮用力过大	慢做分解动作,第一步接球,第二步举球,起跳后手指柔和地拨球
低手上篮时,举球不稳,手臂伸展不够	反复练习举球和伸展手臂、拨球动作

续表

易犯错误	纠正方法
急停投篮时,急于起跳,造成落地的重力与起跳抵消	收身跳停拿球一拍完成;徒手练习拿球停步动作
运球上篮或急停投篮找不到合适的投篮点	养成运球时不看球的习惯,边运球边找合适的投篮点

五、投篮技术练习方法

(一)模拟投篮练习

1.徒手模仿练习

要求:体会投篮手法和用力过程。

2.持球模仿练习

方法:两人一组一球,互相对投(可采用坐地对投)。

要求:体会原地投篮的手法及身体各环节的协调配合。

(二)原地投篮练习

1.正面、侧面近距离定点投篮练习

方法:每人一球,在篮下 2～3 米处,自投自抢,依次练习。

要求:投篮时臂要向上伸直,最后使球经手指出手,要有适当的弧度。

2.正面升级投篮练习(图 4-4-8)

方法:每人一球,自投自抢,投篮点从 1 号点依次移动到 5 号点,凡进球向后移动一个点,如不中篮,前移一个点,直至完成 5 个点位的投篮。

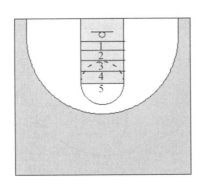

图 4-4-8　正面升级投篮练习

要求:投篮时,注意力要集中。根据不同距离调整投篮力度和角度。

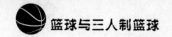

3.不同角度投篮练习(图 4-4-9)

方法:每人一球,自投自抢,投篮点从 1 号点依次移动到 5 号点,每个点投中再移动到下一个点位。

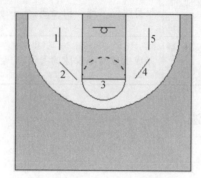

图 4-4-9　不同角度投篮练习

要求:投篮时,注意力要集中。根据不同投篮角度调整瞄篮点和投篮力度。

4.定点投篮连中三个球练习

方法:分两组纵队站位,罚球线为投篮点,要求连续三人中篮计完成一组。

要求:投篮时,集中精力,手法要正确。稳定情绪,不受外界干扰。

5.投得失分球(五分球)练习

方法:以第一位投篮者开始计算得失分,如第一位投球未中篮则得负 1 分,第二位如中篮则得 1 分,两名队员积分为 0 分,第三位如中篮则得 1 分,三名队员积分为 1 分,依次每人轮到一次投篮后,如此累计得失分,累计过 5 分完成。

要求:投篮时,集中精力,手法要正确。稳定情绪,不受外界干扰。

6.原地接侧面球投篮练习(图 4-4-10)

方法:依次接侧面来球做原地投篮,投篮后冲抢篮板球并立即传球给传球点上的⑤,然后回到排尾。

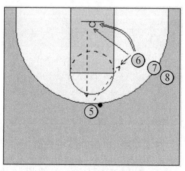

图 4-4-10　原地接侧面球投篮练习

要求:接球后迅速做好投篮动作,接、投、抢等动作要连贯;投篮时,注意力集中,手法要正确。

(三)移动投篮练习

1.半场运球上篮练习(图4-4-11)

方法:分两组,每人一球,持球于中线后,沿边线运球至篮下做行进间单手肩上投篮或单手低手投篮。

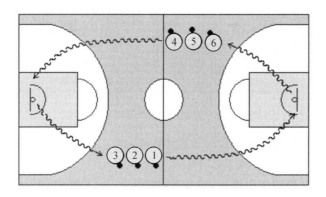

图 4-4-11　半场运球上篮练习

要求:运球速度由慢加快,距离由近到远。要注意步法正确,上篮时动作要充分伸展,手法要正确。

2.全场运球上篮练习(图4-4-12)

方法:分两组,每人一球,持球于两侧的端线后,沿边线运球至篮下做行进间单手肩上投篮或单手低手投篮。

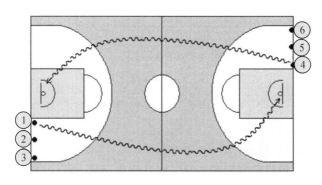

图 4-4-12　全场运球上篮练习

要求:运球速度要快,运球切入篮下时要加速。

3.全场绕"S"形运球上篮练习(图 4-4-13)

方法:按图示路线运球,变换手运球上篮。

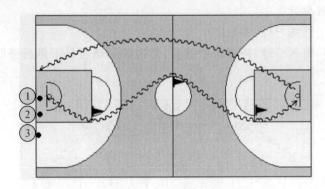

图 4-4-13　全场绕"S"形运球上篮练习

要求:运球时,控制好身体重心的平衡和转移,切入上篮速度要快。

4.行进间接球上篮练习(图 4-4-14)

方法:每人一球,持球于中线后,练习者将球传给⑤后,变向切入篮下,侧身接回传球上篮。

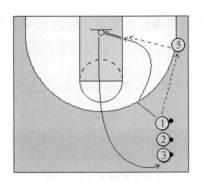

图 4-4-14　行进间接球上篮练习

要求:步法要正确、连贯、协调,接球后上步起跳要迅速有力,空中上篮动作要正确,着重注意手腕、手指的用力。

5.全场弧线跑动传接球上篮练习(图 4-4-15)

方法:练习者沿弧线跑动传接球上篮。如此依次进行。

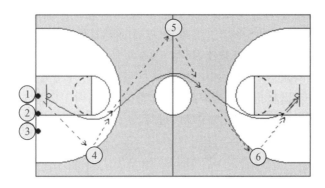

图 4-4-15　全场弧线跑动传接球上篮练习

要求:跑动中控制好身体重心的平衡和转移,传球后空切要快。

(四)急停投篮练习

1.半场运球急停投篮练习

方法:分两组,每人一球,持球于中线后,沿边线运球至篮下做急停投篮。

要求:运球速度由慢加快,距离由近到远。急停时,迅速调整重心和步法,起跳要快,投篮手法要正确。

2.绕弧线运球急停投篮练习

方法:按路线(同图 4-4-13)变换手运球急停投篮。

要求:运球时,控制好身体重心的平衡和转移。急停要面向球篮,迅速起跳投篮,动作要连贯、快速。

3.弧线移动接球急停投篮练习(图 4-4-16)

方法:除第一位练习者外每人一球,④向右侧篮下移动接⑤的传球急停投篮,自抢篮板球回到队尾;⑤传球后,向左侧篮下移动接⑥的传球急停投篮,然后自抢篮板球回到队尾。⑥继续进行。

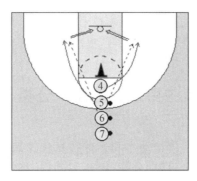

图 4-4-16　弧线移动接球急停投篮练习

要求:向篮下移动要侧身注视来球,判断好球的落点。传球要及时到位,要以球领人,人到球到,传到接球人的外侧手。接球后,迅速调整身体姿势和步法,快速投篮。

4.两侧底线移动接球急停投篮练习(图4-4-17)

方法:分两组在两侧篮下,除其中一组的第一位练习者外每人一球,④向右侧篮下移动接⑤的传球急停投篮,自抢篮板球回到队尾;⑤传球后,向左侧篮下接⑥的传球急停投篮,然后自抢篮板球回到队尾。⑥继续进行。

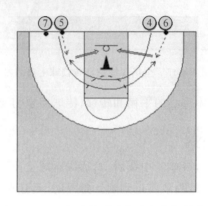

图4-4-17 两侧底线移动接球急停投篮练习

要求:向篮下移动要侧身注视来球,判断好球的落点。传球要及时到位,要以球领人,人到球到,传到接球人的外侧手。接球后,迅速调整身体姿势和步法,快速投篮。

六、投篮技术练习建议

1.在初学阶段,重点掌握正确的投篮方法和全身协调用力,及时发现并纠正错误动作,形成正确规范的投篮动作。

2.按照循序渐进原则,先学会原地单手肩上投篮,行进间单手肩上低手、高手投篮,再学运球急停投篮。

3.练习时,结合脚步动作、传球、运球等技术,以提高运用能力和应变能力。

4.有一定基础后,多进行投篮比赛练习,提高投篮心理稳定性。

第五节 持球突破技术分类与学练

持球突破是持球队员利用脚步动作和运球技术快速超越对手的一项攻击性很强的技术。运用时若能巧妙地结合投篮、分球、跨步等动作,将使进攻显得更加灵活机动,从而显示出突破技术的攻击性。

一、持球突破技术分类

持球突破技术依据动作结构可分为同侧步(顺步)突破、交叉步突破、前转身突破、后转身突破(如图 4-5-1)。

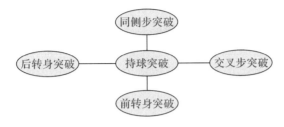

图 4-5-1　持球突破技术分类

二、持球突破技术动作分析

持球突破技术动作主要由熟练地支配球、假动作吸引、脚步动作、侧身探肩、推放球加速五个环节组成。

(一)熟练地支配球

这是完成突破的基础。只有熟练地支配球、控制和保护好球,才能保持与其他几个环节的结合运用。

(二)假动作吸引

这是运用突破的前提。突破前,利用逼真的假动作诱骗对方失去防守位置,抓住时机,及时摆脱。一般运用的假动作有:做投篮假动作、做传球假动作、做向一侧突然行动的假动作等。

(三)脚步动作

持球队员首先要保持低重心的"三威胁"姿势。突破时,中枢脚用力碾地发力,通过重心的快速前倾和积极有力的蹬地,获得超越对手的加速度。跨出的第一步要稍大,抢占有利的突破位置,紧贴对手侧面,脚尖指向进攻方向,以便第二步蹬地加速突破防守。

(四)侧身探肩

随着脚步的跨出,上体前移与侧身同时进行,重心向里靠,内侧手护球,迅速占据突破有利位置。

(五)推放球加速

在侧身探肩的同时,及时将球快速前推,推放球要做到球领人,球的落点应在跨步脚外侧稍前方,侧身保护球,球离手后,后脚迅速蹬地发力加速超越对手。

三、持球突破中枢脚的确立

1. 当双脚站立在地面上接球时,一脚抬起的瞬间,另一脚就成为中枢脚。
2. 移动中接球,如果一脚正接触着地面接住球时,该脚就成为中枢脚。
3. 如果跳步急停接球后,一脚抬起的瞬间,另一脚就成为中枢脚。
4. 如果跨步急停接球时,先落地的脚就成为中枢脚。
5. 如果跨步接球并跳起这只脚且双脚同时落地停步,那么哪只脚都不是中枢脚。

四、持球突破技术动作方法

(一)同侧步(顺步)突破

当从防守者的前脚内侧突破时多采用这项技术,也可以与交叉步突破、投篮、跨步等假动作结合应用。

1. 动作方法

如图 4-5-2 所示,以左脚做中枢脚为例。突破时,可做投篮假动作,假动作后重心稍左倾,左脚内侧用力蹬地,右脚迅速向右前方跨出,同时上体右转探肩用右手向前推放球。左脚蹬离地面后迅速向右前方跨出,继续运球前进,超越对手。

图 4-5-2 同侧步(顺步)突破

2. 动作要点

蹬跨积极有力,侧身探肩保护球,中枢脚蹬地要迅速。

(二)交叉步突破

当从防守者前脚外侧突破时多采用这项技术,应用时可结合投篮、跨步等假动作。与同侧步(顺步)突破相比,交叉步突破动作幅度较大,所以速度要慢些。

1. 动作方法

如图 4-5-3 所示,以右脚做中枢脚为例。由基本姿势开始,突破时,左脚向左前方跨出半步,做向左突破的假动作,当对手重心向右移动时,左脚前脚掌内侧用力蹬地,向对手左侧跨出一大步,同时上体右转探肩,左肩向前下压,球移至右手,右手迅速推放球于左脚侧前方,接着右脚蹬地上步运球超越对手。

图 4-5-3　交叉步突破

2.动作要点

假动作要逼真,重心降低,侧身探肩保护球,蹬跨积极,推放球要及时。

(三)跳步急停持球突破

利用向两侧或前面跳步急停,与防守队员错位,进行突破。这种突破攻击性强,动作突然,并且能在移动中突然急停,做变向突破。由于是跳步,一步急停,所以两脚任何一脚都可做中枢脚。

1.动作方法

如图 4-5-4 所示,跳步急停前,应清楚地了解防守者位置及同伴传球路线,随时做好向两侧或向前做跳步急停的思想准备。看到同伴传来球应迅速伸臂向来球方向迎球,同时用异侧脚蹬地,两脚稍腾空,向侧方或前方跳起接球,然后两脚平行落地(任何一脚均可做中枢脚),落地后两腿屈膝,重心降低,然后再根据防守者错位情况,迅速用交叉步突破对手。

图 4-5-4　跳步急停持球突破

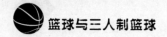

2.动作要点

清楚防守者位置及同伴传球路线,跳步急停接球和假动作的衔接要娴熟。

五、易犯错误与纠正方法(表4-5-1)

表4-5-1　持球突破易犯错误与纠正方法

易犯错误	纠正方法
突破时,没有侧身探肩,重心过高,加速不快	借助一同学手臂侧平举,突破时从手臂下通过
突破时,跨步脚尖方向不对,造成绕过防守队员	多做徒手模仿练习,体会正确的要领,再在慢速中做持球突破练习,逐步提高突破速度
突破时,球的落点靠后,加速困难	多做侧身上步推放球动作练习
中枢脚提前非法移动	徒手或结合慢动作练习,体会中枢脚蹬地动作

六、持球突破技术练习方法

(一)模仿练习

1.徒手做持球突破的脚步动作。

2.持球利用假动作做突破的脚步动作。

3.两人对面持球做突破动作。

4.一人站立做防守姿势,另一人做突破动作。

5.一人传球,另一人跳步急停接球做突破动作。

要求:主动体会假动作、蹬跨、侧身探肩、推放球加速几个技术环节的衔接和连贯动作。

(二)结合球篮无防守情况下的突破练习

1.自抛自接球后在障碍物前做交叉步、同侧步突破练习。

方法:每人一球,在离障碍物1~2米处持球站立,自抛自接球到障碍物前,运用假动作做突破上篮练习。

要求:假动作要逼真,突破时注意中枢脚的确定,不要带球跑违例。

2.传球后跳步急停接球在障碍物前做交叉步、同侧步突破练习(图4-5-5)。

方法:每人一球,在右侧三分线外持球站立,④将球传给固定点⑤,跑动到障碍物▲前接球跳步急停,运用假动作做突破上篮练习。

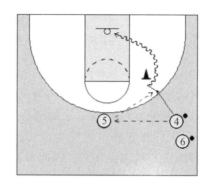

图 4-5-5　传球后跳步急停接球在障碍物前做交叉步、同侧步突破练习

要求:假动作要逼真,突破时注意中枢脚的确定,不要带球跑违例。

(三)消极防守的突破练习

1.传球后跳步急停接球做交叉步、同侧步突破练习(图 4-5-6)

方法:每人一球,在右侧三分线外持球站立,④将球传给固定点⑥,跑动到防守者△面前接球跳步急停,及时判断防守者的位置,运用假动作做突破上篮练习。

要求:假动作要逼真,主动贴近防守者,侧身探肩保护球,加速推进球要快。

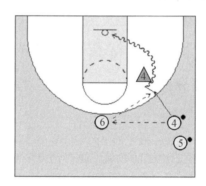

图 4-5-6　传球后跳步急停接球做交叉步、同侧步突破练习

七、持球突破技术练习建议

1.持球突破时,要与传球、投篮结合运用。

2.对反应快、移动灵活的防守者可多利用假动作。对反应较慢、移动能力稍差的防守者可多用突然的起动突破防守者。

3.突破前的重心要低而稳。

4.突破时要敢于贴近防守者,进行合理的身体接触。

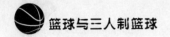

第六节　个人防守技术分类与学练

　　个人防守技术是队员合理运用防守动作,积极抢占有利位置,破坏和阻挠对手进攻,以争夺控制球权为目的所采取的各种专门动作方法的总称。个人防守是全队防守的基础,全队防守的质量取决于每个队员防守技术的优劣。从技术动作来看,它比进攻技术要简单得多,只是一些跑动、移动技术和选位方法。因此对初学者来说,只要掌握脚步移动技术动作,了解防守站位的原则,在练习中提高防守的意识。

一、个人防守技术分类

　　个人防守技术可分为防有球队员和防无球队员(如图 4-6-1 所示)。

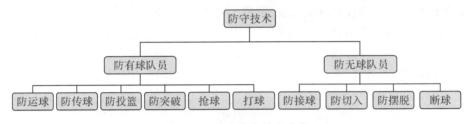

图 4-6-1　个人防守技术分类

二、个人防守技术动作分析

(一)基本姿势

1.斜步防守

如图 4-6-2 所示,斜步防守适用于防投篮。这种防守姿势便于前后移动。

图 4-6-2　斜步防守

动作方法：两脚左右分开，一脚前跨半步，双膝微屈，收腹含胸，重心在两脚之间，前脚同侧手臂稍屈肘指向球，另一手臂自然屈肘侧伸。

2. 平步防守

如图 4-6-3 所示，平步防守适用于防运球和运球突破。这种防守姿势占据面积大，攻击性强，便于向左右移动。

动作方法：两脚左右开立，双膝微屈，收腹含胸，重心在两脚间和前脚掌，两臂屈肘在身体两侧以利于手的突然伸屈。

图 4-6-3　平步防守

（二）步法

防守时，防守者要根据球和人的移动，合理运用上步、撤步、滑步、交叉步等步法，并配合身体动作抢占有利防守位置，堵截其摆脱防守的移动路线。

三、个人防守技术的动作方法

（一）防有球队员

防有球队员的选位通常要求防守人站在持球人和球篮之间，使持球人、自己与球篮保持在一条直线上。一般对手离篮近则防守者应离对手近些，反之远些。特殊情况有时是偏右或偏左的侧防，以配合整体防守战术的要求，或限制对手的习惯动作。

1. 防运球

"球—我—篮"是防运球的位置。"一对一"防守时要保持距离，半场防守时可以靠近，甚至采用"贴身防守法"迫使其向两侧运球。一般情况下，防守者的躯干对着球，身体重心下降，使对手的球处于自己两脚之间，可以两臂侧伸，也可以一臂前伸干扰，一臂侧伸阻截避免其改变方向。

2. 防传球

比赛中根据传球队员的视线、持球部位，分析其传球方向和出球点。防守外围队员时要积极挥动手臂，采用掏、打等动作迫使其无法及时将球传出。同时，可以用突上急撤步法，破坏其传球意图，使其无法准确地做出判断。掌握"宁横不竖"的原则即宁愿让其横传，也不让其传球到内线，迫使对方长传、高吊等。防守内线持球队员传球时，要做到"宁外不里"，即对方得到球后，要迫使对方回传给外线队员，不让其传给其他内线队员或向里空切的队员。

3. 防投篮

防守的距离根据对手离篮的远近而定，一般是以伸臂能触及球为宜。站在对手与球之间时采用斜步防守。对手在篮下得球后，一般要贴近对手，微屈膝，两臂微伸于肩上，准备跳起封盖。切忌过早举起双臂，以防对手转身投篮或突破。

4.防突破

根据对手习惯突破方向和同伴协防的情况,站在对手与球篮之间。防守时一般采用平步防守,及时向对手突破方向撤步,迅速滑步堵截。

5.抢球

抢球就是从进攻队员手中夺球。抢球时要判断好时机,在持球队员没有保护好球而使球暴露得比较明显时,迅速接近对手,以快速敏捷有力的动作,把球夺取过来。

6.打球

打球即击落对方手中的球。在对方接球的一刹那突然上前,手臂前伸,掌心向上(对方持球较高)或向下(对方持球较低),快速短促发力,以掌干净利落地击落对方手中的球。对行进间投篮队员手中的球采用手心向后的方法。

(二)防无球队员

根据球和对手所处的位置,防守无球队员可分为强侧(有球侧)防守和弱侧(无球侧)防守。

1.选位

一般选择在球、对手、球篮三点的夹角中间,并根据对手离球和球篮的远近不断调整与防守对象的距离。一般来说,对手离球近则近,离球远则远。如对手离球近又在篮下,要贴近对手防守,还可采用绕前防守。

2.动作方法

(1)防强侧时动作方法(图4-6-4)

防守离球较近的对手时,经常采用面向对手侧向球的斜前站立姿势,靠近球侧的脚在前,两腿稍屈,重心在两脚之间,两臂自然侧伸,随时起动,堵截对手的接球路线。

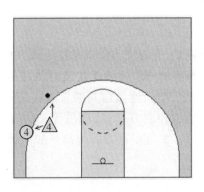

图 4-6-4　防强侧时动作方法

(2)防弱侧时动作方法(图4-6-5)

防守离球较远的对手时,为了便于人球兼顾和协防,经常采用面向球侧向对手的站立姿势,两腿开立,两腿稍屈,重心在两脚之间,两臂自然侧伸,密切观察球和人的动向,随时准备出击抢断与阻截。

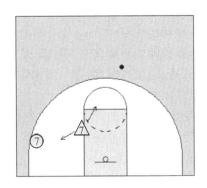

图 4-6-5 防弱侧时动作方法

(3)防空切

为防止对手顺利切入,防守对方时首先要堵截卡位。当对手向篮下切入时,要用手臂和身体合理挤压对手,迫使其反复摆脱和绕道变向。同时要用手臂在其体前或体侧挥动,干扰其接球,使切入队员不能及时得到球,也迫使传球队员犹豫而不敢贸然传球。

四、易犯错误与纠正方法(表 4-6-1)

表 4-6-1 个人防守易犯错误与纠正方法

易犯错误	纠正方法
防守时的位置、距离的选择不恰当;防守者没有根据对手运球和原地持球动作而采取合理的防守动作;防守时重心太高,不便于随时移动	在练习中及时提示和纠正防守位置、距离选择不恰当的错误; 减慢攻守速度练习及提高练习难度,纠正防守姿势和选位
防守位置的选择不正确,没有随时抢占"人球兼顾"的有利位置;防守时"松"与"紧"的结合不好;防对手摆脱空切时,没有及时堵截	通过讲解、演示,建立正确的防守概念;重点强调"人球兼顾"的防守原则;及时提示练习者调整防守位置和姿势,积极移动,堵截对手空切路线,并做好协防、补防

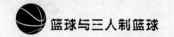
五、个人防守技术的练习方法

（一）防守基本姿势与移动步法练习

1.基本姿势的保持与慢速移动的练习

方法：做防守的基本姿势，看教师的手势向左、右、前、后的慢速移动。

要求：防守的基本姿势要正确，边做边喊"防守"，增加防守练习的兴奋性。

2.基本姿势的快速碎步接移动练习

方法：保持好防守的基本姿势，听教师的口令两脚快速做原地碎步蹬地；再看教师的手势向左滑三步，接原地碎步蹬地；再看教师的手势向右滑三步，接原地碎步蹬地。如此往返练习。

要求：动作之间的衔接要快速，重心平稳，不要上下起伏。

（二）动作的组合练习

1.半场防守步法的组合练习（图 4-6-6）

方法：练习者依次按照图示路线和顺序做：①快跑；②撤步、滑步；③快跑；④追防；⑤撤步、滑步。

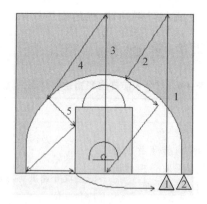

图 4-6-6　半场防守步法的组合练习

要求：追防时，要面向边线，到位后立即成防守姿势，动作衔接要快，控制好身体平衡。

2.全场防守步法的组合练习（图 4-6-7）

方法：练习者依次按照图示路线和顺序做：①快跑；②后退跑；③背对球篮做滑步；④撤步、滑步；⑤横滑步。

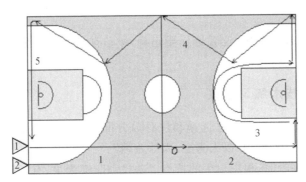

图 4-6-7　全场防守步法的组合练习

要求:动作衔接要连贯,防守姿势要正确。

(三) 对抗练习

1.一对一防守步法练习

方法:两人一组,沿边线一对一进行练习。进攻队员利用短促多变的摆脱步法设法甩掉对方,防守队员要如影随形地力争不让对方摆脱,积极跟随移动。一轮后交换攻防练习。

要求:防守队员始终保持低姿势移动,手要不停挥摆,用手触摸对方。

2.原地传球的防守移动练习

方法:三人一组一球,两人面对面(距离 5~6 米)传接球,中间一人来回防守。

要求:传球方式变化要快而多,善于利用假动作在防守队员的防守范围内把球传出。防守队员积极移动,如触到球即攻守交换。

3.连续移动选位防守持球者练习(图 4-6-8)

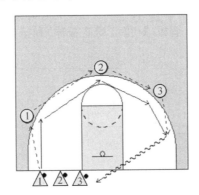

图 4-6-8　连续移动选位防守持球者练习

方法:①②③为固定持球者。练习者依次传球给①,接着快跑到①面前做平步防守 3 秒;当①传球给②时,防守者又跑到②面前做平步防守 3 秒;②又传球给③,防守者又跑到③面前做平步防守,当③将球抛向空中或地面时,防守者立即快跑抢球,然后回到队尾。如此连续反复进行。

要求:快跑选位起动要快,位置选择要正确,平步防守时脚步移动不要停顿,手要不停挥摆,以干扰对方的持球动作。

六、个人防守技术练习建议

1.防无球队员练习时,在位置选择和注意力分配上先看住自己的对手,然后兼顾球的活动和帮助同伴协防,做到"以人为主,人球兼顾"。

2.防有球队员练习时,根据对手的特点以防投和防突为主,有所侧重。

3.在练习防守时,按照由简到繁、由易到难的原则,增加防守内容,设定不同区域,限定相关条件,逐步增加练习难度。

4.在练习防守时,不断扩大练习者的视野范围,提高防守的预见性。要特别重视加强从防无球到防有球,从防有球到防无球,增强应变意识和反应能力。

第七节　抢篮板球技术分类与学练

篮球比赛中双方队员在空中争抢投篮未中的球称为抢篮板球。当进攻队员投篮未中,自己或本方队员争抢在空中的球,称为抢进攻篮板球(抢前场篮板球)。对方投篮未中,防守队员争抢在空中的球,称为抢防守篮板球(抢后场篮板球)。

一、抢篮板球技术分类

抢篮板球技术分为抢进攻篮板球(抢前场篮板球)和抢防守篮板球(抢后场篮板球),如图 4-7-1 所示。

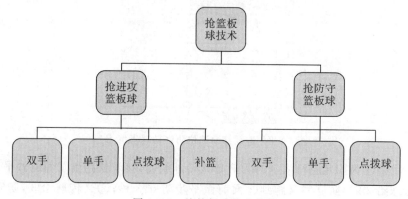

图 4-7-1　抢篮板球技术分类

二、篮板球分布的规律

经大量实战统计,发现每场篮球比赛篮板球的分布有一定的规律性,掌握它的规律性,对判断篮板球的落点、积极拼抢篮板球有重要的意义。

(一)投篮角度与篮板球的落点有密切的关系

大量实验证明,投篮的角度与篮板球的落点有密切的关系,一侧投篮对侧区域篮板球最多。如果把篮下分为 5 个区域(图 4-7-2),就会发现在 1 区投篮,5 区的篮板球落点最多,其次是 4 区和 3 区,2 区最少;如果在 2 区投篮,4 区的篮板球落点最多,其次是 2 区,最少是 1 区;如果在 3 区投篮,3 区的篮板球落点最多,1 区和 5 区最少。同理可得若在 4 区和 5 区投篮,篮板球落点的区域可能性。

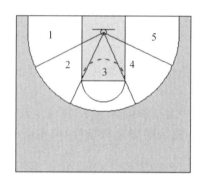

图 4-7-2 篮下区域划分

(二)投篮距离与篮板球的远近有密切的关系

实战中发现,投篮距离近,篮板球的落点也近;反之投篮距离远,篮板球的落点也远。例如,中近距离投篮,篮板球的落点一般都在限制区内;远距离(如投三分球)投篮,有许多篮板球会落在限制区外,篮圈下方极少。这些分布特点对攻守双方拼抢篮板球都十分重要。

三、抢篮板球技术动作分析

抢篮板球技术是由抢占位置、起跳动作、空中抢球动作、获球后动作等四个环节组成。

(一)抢占位置

不论是抢进攻篮板球还是抢防守篮板球,都要设法抢占对手与球篮之间的有利位置。抢进攻篮板球时,要判断球的落点,利用各种假动作摆脱防守队员的阻截进行冲抢。抢防守篮板球时,要注意用转身挡人的动作,做到先挡人后抢篮板球。

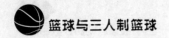

（二）起跳动作

起跳时机的选择十分关键。抢占有利位置后，要注意观察判断球的反弹方向、大致落点和球的高度，及时起跳。起跳时两脚用力蹬地，身体充分伸展，力求在腾空的最高点以手触球。

（三）空中抢球动作

空中抢球动作分双手、单手、点拨球三种。

1.双手抢篮板球

双手抢篮板球时，指端触球的瞬间，双手用力握球，腰腹发力，迅速将球拉到胸腹部位，同时两肘外展，以保护球。

2.单手抢篮板球

当跳起达到最高点时，指端触球后迅速屈指，屈腕，屈肘收臂，将球下拉，另一只手扶球，护球于胸腹前。

3.点拨球

当起跳达到最高点时，用指端拨球，将球拨给自己的同伴。

（四）获球后动作

抢进攻篮板球时，可在空中直接补篮，也可用假动作晃过防守队员后继续投篮，或迅速传球给同伴重新组织进攻。抢到防守篮板球后，可在空中或落地后将球传出，也可运球突破后及时传给同伴。

四、抢篮板球技术的动作方法

（一）抢进攻篮板球

1.动作方法

抢进攻篮板球首先要判断同伴是否将要投篮，及时跟进，保持冲抢距离。其次要判断球的落点与时间，快速冲抢。要在防守队员起跳前抢占空间，使防守队员难以起跳或打乱防守队员的动作节奏。一旦被对手贴身挡住，可通过假动作挤绕向前。

如抢到篮板球，则争取二次进攻，二次进攻的杀伤力往往很大；如没有强行投篮得分或造成对方犯规的把握，应立即将球转移到外线，重新组织进攻。

2.动作要点

抢进攻篮板球强调"冲"字。准确判断来球，然后向相反方向侧跨步，抢占有利位置，及时起跳，跳至最高点补篮或抢篮板球。

（二）抢防守篮板球

1.动作方法

抢防守篮板球的任务首先是要转身挡人，抢占对手与球篮之间的有利位置。通常采用后转身或前转身方法。其次是判断并及时下降重心挤位、摆臂以扩大空间。第三步是抢篮板球,方法是双腿用力起跳,通过单手、双手、点拨形式拼抢篮板球。

2.动作要点

判断球的方向和落点,抢占有利位置,运用移动和转身动作,合理挡住对手冲抢。

五、易犯错误与纠正方法(表 4-7-1)

表 4-7-1　抢篮板球易犯错误与纠正方法

易犯错误	纠正方法
对球反弹点与落点判断不准,不会抢占有利位置	强调篮板球反弹的一般规律,可多做投篮后向球的方向快速移动到位接球的练习,提高学生的预判能力和快速移动的能力
起跳不及时	多做自抛自抢的空中练习,体会把握起跳时机,提高判断的准确性;练习时可用语言提示来帮助练习者体会动作
抢篮板球时只顾球不挡人或只顾抢位挡人而不顾球	向练习者讲明挡人抢位与抢球是相辅相成的,缺一不可;在练习时可用语言提醒练习者注意挡人或抬头看球
抢到球后,保护球意识差,易被人打掉或抢走	强调保护好球的重要性和抢篮板球的最终目的,进行保护技术和保护能力的练习

六、抢篮板球技术的练习方法

(一)单个技术动作练习

1.原地跳起空中抢球动作练习

方法:练习者每人一球。自抛球(高度 3 米),然后起跳用单手或双手抢球,落地后保持身体平衡。如此反复进行。

要求:尽力向上跳,跳到最高点时,手臂要伸直;抢球时,屈腕、收肘,用手指用力控制住球,然后双手护球。

2.上步起跳抢空中球练习

方法:两人一组一球。持球者向前上方抛球(高度 3 米),另一人上步起跳用单手或双手抢球,落地后保持身体平衡。两人轮流练习。

要求:判断球在空中的位置,起跳要及时,上步要快,抢球动作要正确。

3.自碰篮板的抢球练习

方法:每人一球,向篮板抛球后,上步起跳,用单手或双手抢球,落地后保持身体平衡。如此反复进行。

要求:判断球在空中的位置,起跳要及时,上步要快,抢球动作要正确。

（二）辅助与技术动作组合练习

1.多人连续空中打板练习

方法:练习者成纵队面向球篮,依次助跑单脚起跳托球碰板,连续进行。可规定连续托球 50 次为一组,完成数组,或规定失误者罚做俯卧撑 5 次。

要求:判断好起跳时间,跳到最高点托球,碰板点要合适,在空中注意控制好身体平衡,前冲力不要过大,尽量向上往高处跳。

2.上步转身挡人练习（图 4-7-3）

方法:练习者在球篮两侧 45°角呈纵队站立,两位排头背对球篮。练习时,教师 C 向篮板掷球,两排头迅速转身挡人起跳抢篮板球,抢到球后将球传给教师,然后站到各自队尾,如此依次练习。

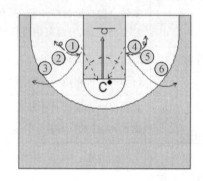

图 4-7-3　上步转身挡人练习

要求:上步转身时要降低身体重心,要快、稳,看准对方移动的方向,及时向后侧转身挡人,动作衔接要快;挡人时,身体向后靠。

（三）抢篮板球综合练习

1.一对一抢篮板球练习

方法:教师在篮圈一侧投篮,进攻队员摆脱防守冲抢篮板球,防守队员转身堵挡,双方争抢攻守篮板球。进攻队员抢到篮板球则继续投篮,防守队员抢到篮板球迅速一传给教师。换一组做同样的练习。

要求:两人注意观察教师投篮时机,抢篮板球的意识要强,动作要快。

2.两人抢后场篮板球结合短传推进练习（图 4-7-4）

方法:④和⑤先做防守,教师投篮后,④和⑤抢到后场篮板球,接着两人短传推进到前场篮下投篮,然后再回到队尾。

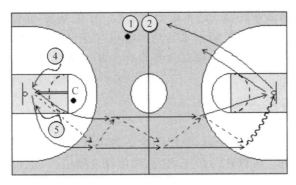

图 4-7-4 两人抢后场篮板球结合短传推进练习

要求：一传要快，短传推进要迅速。

七、抢篮板球技术的练习建议

1. 加强抢篮板球意识，要求做到每球必抢。

2. 准确的判断比高跳重要得多，加强空中抢球动作的练习，体会起跳时机。

3. 抢到篮板球后，不仅要用身体保护好球，而且要迅速衔接下一步进攻动作。

4. 要主动运用对抗性力量进行合理的身体接触。注意加强身体素质和控球能力的练习，为在激烈的对抗中争抢篮板球打好基础。

第八节 常用基础战术配合简介

篮球基础战术配合是指队员在进攻或防守时两三人之间有组织有目的的协同行动，可分为进攻基础配合和防守基础配合（如图 4-8-1 所示）。它是全队战术的基础，能否熟练掌握篮球基础战术配合直接关系到全队战术的质量。

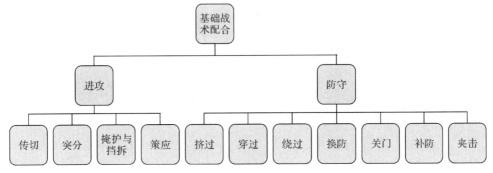

图 4-8-1 常用基础战术配合分类

对于初学者来说,要掌握基础战术配合还是有一定的难度,它需要较好的个人技能、同伴之间相互协同配合,更要了解战术行动的时机与变化等。因此,初学者只要初步了解常用基础战术配合的组织形式,提高自身欣赏比赛的能力,并为进入中级班学习提供良好的基础。

一、进攻战术基础配合

进攻中几个人之间的基础配合,是组织全队进攻战术的基础,常用的有传切、突分、掩护与挡拆、策应四种。可以在两后卫之间、两前锋之间进行,也可以前锋与后卫、前锋或后卫与中锋之间进行配合。只有熟练地掌握各种基础配合,全队进攻才能灵活多变,具有较大的攻击力。

（一）传切配合

传切配合是利用传球和切入技术组成的简单配合。它包括一传一切和空切两种配合。传切配合是一种最基本的简单易行的进攻方法,一般在对方采用扩大盯人防守战术或区域联防时运用。

示例1:一传一切配合。是指持球者传球后,利用起动速度或假动作摆脱防守,向篮下切入接回传球并投篮的配合。

如图4-8-2所示,④传球给⑤后利用速度和假动作摆脱△的防守,切入篮下接⑤的回传球上篮。⑤接球前,用假动作摆脱防守,接球后做投篮或突破的动作吸引△的防守,并及时将球传给切入的④上篮。

示例2:空切配合。是指无球队员掌握时机摆脱对手,切向防守空隙区域接球投篮与其他进攻配合。

如图4-8-3所示,④传球给上提接球的⑤,⑤接球后以假动作吸引防守△,此时另一侧⑥做假动作摆脱△,空切篮下接⑤传球上篮,⑤去冲抢篮板球。

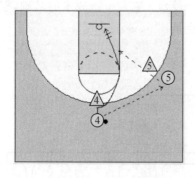

图4-8-2　一传一切配合

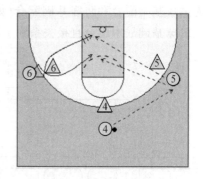

图4-8-3　空切配合

配合要点:

1.根据情况,切入队员掌握切入时机果断摆脱对手,同时随时注意接同伴的传球;

2.传球队员首先要运用假动作吸引牵制对手,当切入队员处于有利位置时传球队员应及时、准确地把球传给切入队员。

(二)突分配合

进攻队员持球或运球突破,遇到对方协防或"关门"时,及时将球传给插入防守空隙地带接应的同伴,这种突破中根据情况及时传球的配合叫突分配合。突分配合主要在对方采用缩小盯人和松动盯人防守战术,而已方外围投篮又不准的情况下使用。

示例1:如图4-8-4所示,④运球突破△的防守,△上移补防,④将球传给插入篮下的⑤,⑤立即投篮,如遇△的回防,由于已抢占篮下有利位置,应该强攻。

示例2:如图4-8-5所示,④传球给⑤,⑤突破△进入篮下,△进行补防,⑤可将球传给从不同方向插入的⑥,⑥接到⑤的分球后立即投篮,如遇到△的回防,争取强攻。

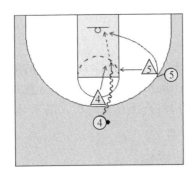 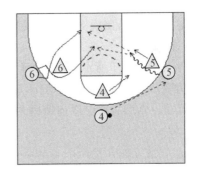

图 4-8-4　突分配合一　　　　　　　图 4-8-5　突分配合二

配合要点:

1.突破要突然、快速,突破中随时做好投篮准备;

2.随时注意观察场上攻守队员的位置和行动,抓住有利战机,及时、准确地把球传给有利进攻的同伴。

(三)掩护与挡拆配合

掩护配合是进攻者以合理的行为,用身体挡住同伴防守者的路线,为同伴摆脱防守,创造接球和投篮的机会。掩护的形式:根据身体位置和方向的不同,有前掩护、侧掩护和后掩护三种。根据掩护者的人数、移动路线、方法和变化,可分位定位掩护、行进间掩护、反掩护、假掩护、运球掩护、连续掩护、双人掩护等。挡拆配合是掩护配合的延续,是利用掩护时对手交换防守的时机,迅速拆开和抢占有利位置的配合。

1.掩护配合

示例(以侧掩护为例):如图4-8-6所示,④传球给⑤后跑到△的侧面做掩护,⑤接球

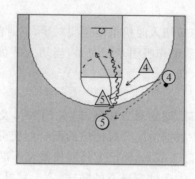

图 4-8-6　掩护配合

后做投篮或突破的动作,吸引△,当④到达掩护位置时,⑤持球从△的右侧突破投篮。④掩护后及时移动到有利的位置去接球或抢篮板球。

　　配合要点:掩护队员的行动要隐蔽快速;被掩护队员要注意用假动作吸引对手,当同伴到达掩护位置时,摆脱对手动作要突然、快速。

　　2.挡拆配合

　　示例:如图 4-8-7 所示,以给持球者做侧掩护为例。④传球给⑤后跑到△的侧面做掩护,⑤接球后做投篮或突破的动作,吸引△,当④到达掩护位置时,⑤持球从△的右侧向中路突破。④掩护后及时以内侧脚为轴,紧靠△转身,将△挡在外侧切入篮下,接⑤传球投篮。

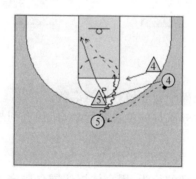

图 4-8-7　挡拆配合

　　配合要点:要观察防守者的位置和行动意图,掌握好配合时机,并及时转入挡拆动作。

　　(四)策应配合

　　策应配合是内线队员背对或侧对球篮接球,并作为进攻的枢纽,与同伴的空切或绕过相结合,借以摆脱防守,形成里应外合的打法,创造各种进攻机会的一种配合方法。根据策应的区域和位置的不同,策应配合通常可分为内策应、外策应、高策应、低策应等,配合方法基本相似。

示例1:如图4-8-8所示,④传球给插上策应的⑤,④用假动作摆脱△的防守插入篮下要球,⑤可视情况将球回传④或自己运球进攻篮下,或转身跳投。

示例2:如图4-8-9所示,④传球给插上策应的⑤后切入篮下要球或抢篮板球,⑤接球后准备进攻△,△此时去补防④,⑤将球传给出现更好机会的⑥进攻投篮。

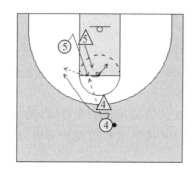

图4-8-8　策应配合一

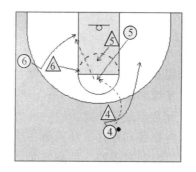

图4-8-9　策应配合二

配合要点:

1.策应者要及时抢位要球;

2.外线持球队员要根据策应者的位置和机会,及时将球传给策应者,争取做到人到球到;

3.策应时,要用转身、跨步等动作协助同伴摆脱防守或者个人攻击;

4.配合结束(投篮)后,两人立即跟进抢篮板球。

二、防守战术基础配合

防守战术基础配合是由挤过、穿过、绕过、换防、关门、夹击、补防、围守中锋等方法所形成的协同防守配合。

(一)挤过配合

挤过配合是指当对方采用掩护进攻时,防守者为了破坏对方的掩护,当对方掩护者临近的一刹那,被掩护者的防守队员主动靠近自己的对手,从两个进攻者之间侧身挤过去,继续防住自己的对手的一种防守配合手段。

示例:如图4-8-10所示,④跑去给⑤做掩护,△发现及时提醒同伴△,△在④临近的瞬间,迅速抢在④之前继续防守⑤。

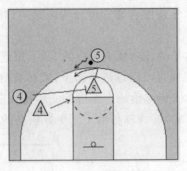

图 4-8-10　挤过配合

配合要点：挤过时，要贴近进攻者，上前侧抢步的动作要及时，要主动说话提醒同伴。

（二）穿过配合

穿过配合也是破坏掩护的一种方法，是指当进攻队员运用掩护配合时，防守掩护者的队员及时提醒同伴并主动后撤一步，让同伴能及时从掩护者和被掩护者中间穿过去，继续防守自己的对手的一种防守配合手段。

示例：如图 4-8-11 所示，④跑去给⑤做掩护，△发现及时提醒同伴△，并远离④一点。当④掩护到位前一刹那，△主动后撤一步，从④和△之间穿过去，继续防守⑤。

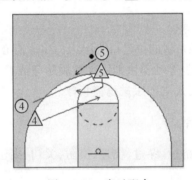

图 4-8-11　穿过配合

配合要点：防守掩护的队员要及时提醒同伴并主动让路，穿过队员要迅速，并立即调整防守位置的距离。

（三）绕过配合

绕过配合也是破坏掩护的一种方法，是指当进攻队员运用掩护配合时，防守掩护者的队员要主动斜上步干扰，让同伴能及时从自己身后绕过，继续防住他的对手的一种防守配合手段。

示例：如图 4-8-12 所示，④跑去给⑤做掩护，△发现及时提醒同伴△，如△无法及时调整，△主动斜上步干扰④。当④掩护到位前一刹那，△绕过△身后继续防守⑤。

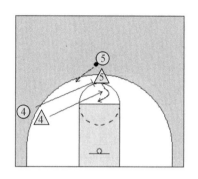

图 4-8-12　绕过配合

配合要点：防守掩护者的队员要主动斜上步干扰，让同伴能及时从身后绕过。

（四）交换防守配合

交换防守配合也是破坏掩护配合的一种方法，是指进攻队员利用掩护已经摆脱防守时，防守掩护者的队员及时发出换防的信号，与同伴互换各自对手的一种防守方法。

示例：如图 4-8-13 所示，④跑去给⑤做掩护，⚠要主动发出"换防"信号，及时封堵⑤向篮下突破的路线，此时⚠应及时调整自己的防守位置，防止④向篮下空切。

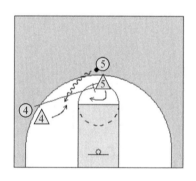

图 4-8-13　交换防守配合

要点：防守掩护者的队员要主动发出换人信号，双方准备换防。两防守队员要到位，及时换，在适当的时候再换防原来的对手。

（五）关门配合

关门配合是临近的两个防守队员协同防守突破的配合方法。当进攻队员运球突破时，防守突破者的队员向侧后方移动挡住其移动路线，临近突破一侧的防守队员，应及时快速向突破队员的前进方向移动，与防守突破的队员靠拢，像两扇门一样关起来，堵住进攻者的前进路线。

示例：如图 4-8-14 所示，当⑤从正面突破时，⚠与⚠或⚠与⚠进行关门配合。

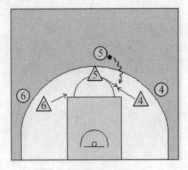

图 4-8-14　关门配合

配合要点:在防守队员积极堵截持球队员的突破路线的同时,临近突破一侧的防守队员要及时快速地向同伴靠拢进行关门配合。

(六)补防配合

补防配合是指当防守队员失去位置,进攻队员持球突破,有直接得分的可能时,临近的防守队员必须立即放弃自己的对手进行补防的一种防守配合方法。

示例:如图 4-8-15 所示,当④传球给⑤,⑤接球后运球直接向篮下突破时,△则要果断地放弃防守⑥,上前补防⑤。同时,△要及时换防⑥,△要及时换防△。

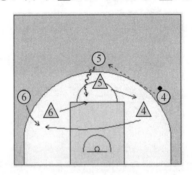

图 4-8-15　补防配合

配合要点:补防时,动作要迅速、果断,其他队员也要注意观察突破队员的分球意图,以便及时抢占有利位置,争取断球。

(七)夹击配合

夹击配合是指两个以上的防守队员,当对方向边角运球或在边角停球时,临近的防守队员突然上前封堵传球角度,限制持球队员的正常传球和活动范围,其他队员积极补防并组织断球,造成对方失误或违例的一种协作防守方式。

示例:如图 4-8-16 所示,⑥运球从底线突破,△迫使⑥运球到底线边缘,△及时放弃自己防守的⑤,迅速从右面跑去与△协同夹击⑥,△和△分别封阻⑥向篮下或外线传球的路线,迫使其五秒违例或传球失误,⚠则向夹击区移动,准备断球。

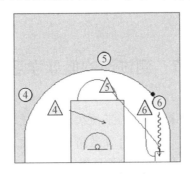

图 4-8-16　夹击配合

配合要点:

1.对方运球停止以及持球队员处于边角时是夹击配合的最好时机。要果断夹击、积极挥动手臂,封阻其传球路线。

2.为避免不必要的犯规,不要盲目抢、打球。

(八)围守中锋配合

围守中锋配合是指外围防守队员协同内线防守队员,共同围守对方中锋的一种配合方法。若对方中锋的攻击力较强,为减小内线防守压力,削弱中锋的进攻威力,常采用围守中锋的防守方法。

示例:如图 4-8-17 所示,④持球时,⚠紧逼防守④,⚠位于⑥的外侧防守,⚠后撤与⚠围守⑥;当⑤持球时,⚠紧逼防守⑤,⚠移动至内侧防守⑥,⚠后撤与⚠围守⑥;当④或⑤传球给⑥时,⚠或⚠迅速后撤围夹⑥。

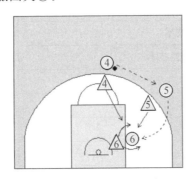

图 4-8-17　围守中锋配合

配合要点:

1.紧逼持球队员,切断内外联系,迫使他不能准确、及时地传球给中锋。防守中锋的队员根据球的转移,积极移动阻截对手接球。

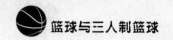

2.当对方中锋接球或转身向篮下运球进攻时,临近中锋一侧的防守队员应迅速进行围夹,迫使中锋将球传给外围。

第九节 测试你的篮球学习水平

经过一学期的篮球运动技术学习,为了使初学者能比较客观地评价自己的水平,根据篮球运动的基本规律与特点,本节结合普通高校大学生篮球技术水平的现状,制定了篮球选项课(初级班)的评价标准,供初学者自评。

一、主要学习内容及学时分配

表 4-9-1   主要学习内容与学时分配(初级班)

主要内容		学时与比重	
		学时	比重(%)
理论部分	1.体育安全与健康教育	2	11.11
	1.认识篮球运动 2.篮球运动的常见运动损伤及预防措施 3.简单篮球规则介绍	2	
技能部分	传接球技术	22	61.11
	运球技术		
	原地单手肩上投篮技术		
	行进间运球上篮技术		
	跳步、跨步急停投篮技术		
	抢篮板球技术		
	攻防脚步移动技术		
	原地持球突破技术		
其他	身体素质考试	10	27.78
	专项技术考试		
	理论考试		
	机动		
合 计		36	100%

二、测评内容和比例

表 4-9-2　测评内容和比例(初级班)

序号	考试内容	百分比
1	专项技能一:1分钟自投自抢	10%
2	专项技能二:技术动作规定套路	30%
3	理论	10%
4	身体素质	25%
5	学习过程	10%
6	课外锻炼	15%

三、专项技能测评内容和评分标准

(一)1分钟自投自抢(10%)

1.测评要求

男生在篮圈中心投影点4米外半径(女生在3米外半径)任何一点自投自抢,记1分钟投中的个数。球出手前脚踩线中篮无效,自抢到球时必须运球至投篮点外。本项测评共两次机会,取最好成绩。

2.评分标准

表 4-9-3　1分钟自投自抢考试评分标准(初级班)

男、女生标准	得分
命中8个	100
命中7个	90
命中6个	80
命中5个	70
命中4个	60

(二)技术动作规定套路测评(30%)

1.技术方法

测试者持球于一侧篮下,将球投掷篮板后,跳起在空中抢获篮板球转身落地,按图4-9-1

路线绕三个障碍物快速运球突破推进。在接近球篮时,运用跳步或跨步急停,在近距离投球入篮。投篮后,自抢篮板球,向另一侧球篮快速直线运球突破上篮,记完成整套动作时间。

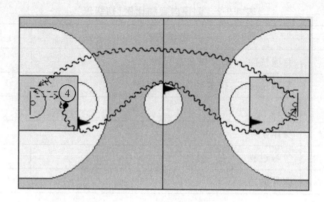

图 4-9-1 技术动作规定套路路线

2.测评要求

用单手或双手将球投掷篮板,抢篮板球可单手或双手。绕第一个障碍物时用右手运球;绕第二个障碍物时换左手;绕第三个障碍物再换右手。如球未中篮,补中篮为止。如出现未按技术考核方法及要求完成或出现违例动作等,每出现一次加时 2 秒。

3.评分标准

表 4-9-4 技术动作规定套路考试评分标准(初级班)

男生完成时间(秒)	女生完成时间(秒)	得分
15	18	100
16	19	98
17	20	96
18	21	94
19	22	92
20	23	90
21	24	88
22	25	86
23	26	84
24	27	82

续表

男生完成时间(秒)	女生完成时间(秒)	得分
25	28	80
26	29	78
27	30	76
28	31	74
29	32	72
30	33	70
31	34	68
32	35	66
33	36	64
34	37	62
35	38	60

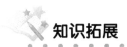 **知识拓展**

篮球选购与保养

生产篮球的厂家不下百余家,而尤以三瀛、斯伯丁和摩腾三个品牌在篮球市场上占有较大份额。市场上各种篮球名目繁多,因此选择品质好的篮球就相当重要了,因为品质好的篮球在使用时手感舒适,而且弹跳和旋转性能稳定的篮球会培养良好的运球习惯,有助于做出标准而到位的技术动作。品质精良的品牌篮球还可以增强您的自信心,提高训练质量和运动乐趣,当然,优质篮球的使用寿命更长。

球分手缝球和胶粘球,常用的是胶粘篮球,由内胆、表皮、球嘴等制作而成。内胆即球胆,是球的心脏,在球的最里层,由黑色橡胶制成;表皮分为合成皮(超细强力纤维、PU、PVC 等)以及真皮;球嘴用于给球充气。球有大小之分,篮球分 7、6、5 号三个规格。

一、如何选购好品质的球

品质好的球在使用时感觉很舒适,而且弹跳性能稳定,容易培养良好的运球习惯,有助于做出标准而到位的技术动作;品质精良的品牌球还可以增强自信心,提高训练质量和运动乐趣,一次充气可使用多次,使用寿命更长些。要想购买到好品质的球,需要从以

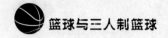

下几方面考虑：

1.购买正规企业生产的球。拥有较知名品牌的企业生产规范，管理严格，注重工艺和产品质量，其产品相对稳定可靠。

2.先将球充进适当气压，找一块平整的硬质地面，然后将球托起，使球的底部处于1.8米的高度，放手使其自由跌落到地面，观看球的弹性，好的球弹性在1.2～1.4米，品质不好的球弹跳或高或低。

3.外观检查皮革应无龟纹、裂面、刀伤等，目测皮纹是否细腻，表面是否圆滑，球壳缝线是否整齐均匀，露线不能超过1.5毫米，胶粘篮球的球梗要平直，没有开胶现象。

4.气密性检查。各种球要着重检查气密性，球体要求无漏气、慢撒气等现象。常用的检查办法是，将球体充到一定的压力后用清水滴在气嘴上，如有小气泡则说明球体漏气。

二、球的使用方法

1.充气工具最好选用专用气针，使用前先将气针润滑，不要使用变形的气针或其他替代品，以防损伤气嘴。

2.每种球都要充到其规定的气压，篮球标准气压为0.06MPa，在标准气压下，球的性能发挥最好，否则容易变形。

3.注意根据不同的场地选择不同材质、系列的球，可延长使用寿命。

4.使用完毕后，要清洁球的表面，真皮球请勿用湿布擦拭，以防发霉，要存放在阴凉干燥的地方。

5.不要坐在球上，以免球体变形。

6.球体不要接触尖锐物体，以免被刺破漏气。

【世界十大篮球品牌】

1.斯伯丁 Spalding（始创于1891年，美国）

2.STAR 世达（韩国）

3.优能火车牌（火车头）（上海制球联合公司出品，中国）

4.耐克 Nike（始创于1972年，美国）

5.阿迪达斯 Adidas（始创于1948年，德国）

6.乔丹 Jordan（耐克旗下高端篮球品牌，以迈克尔·乔丹命名）

7.匡威 Converse（始创于1908年，美国）

8.李宁 Lining（始建于1990年，中国）

9.锐步 Reebok（始创于1895年，英国）

10.摩腾 molten（始创于1958年，日本）

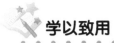 **学以致用**

1.双手胸前传接球技术的方法和要求是什么？

2.初学原地单手肩上投篮技术时常犯的典型错误有哪些？

3.试列举出五种熟悉球性的练习方法。

4.试述运球急停急起的动作方法及动作要点。

5.防无球队员应该怎样选位？

6.攻守战术基础配合包括哪些内容？

第五章　篮球运动中级教与学

应知导航

　　在学习和掌握了篮球运动的移动、运球、传接球、投篮、抢篮板球和个人防守等基本技术后,接下来应学习如何将单一的技术动作有机地衔接起来,形成组合技术。篮球中级班的教学强调技术动作的全面性和实践性,通过组合技术动作的教学、个人、多人对抗及半场三对三教学比赛等内容,培养学生在攻守对抗中掌握篮球技术动作的能力及战术运用的能力。

第一节　跳起投篮技术运用与练习

　　在掌握了原地单手肩上投篮、行进间运球上篮、运球急停投篮等投篮技术的基础上,中级班进一步学习掌握跳起投篮技术动作。因为它是一种非常有效的投篮方法,具有出球点高、突然性强等特点,便于与移动、传接球、运球突破等动作结合运用,可在原地、行进间急停或背对球篮接球后转身等情况下运用,防守队员很难封盖。但是,也要求练习者必须具备很好的腰腹力量。

一、跳起投篮技术动作分析

　　要想学好跳起投篮技术,必须掌握好跳起投篮技术的两个关键环节,第一是跳起投篮的准备动作环节;第二是完成跳起投篮的动作环节。不管你是接到同伴的球,还是运球停止,都要在最短的时间内完成持球"三威胁"姿势,最具威胁的是抬手就可投篮。所以,"三威胁"姿势实际就是投篮的准备姿势,养成这种攻击习惯非常重要。

　　1.准备姿势

　　准备跳起投篮时,练习者应该采取一种较好的平衡姿势,两脚间距与肩同宽,后背伸直,抬头,两肩正对球篮。在起跳姿势中,两膝弯曲的程度比原地投篮更低一些。这种较低的姿势可为练习者的投篮用力和身体腾空提供更多的准备时间。

2.瞄准投篮目标

练习者应该瞄准篮筐。如果练习者处在与篮板呈 45°夹角的区域,瞄准点就是篮板上面矩形框的一侧上角。在所有投篮中,练习者要把注意力集中在瞄准点上,在球进入篮筐之前不要急于看球。

3.手和手臂姿势

开始跳起投篮时,练习者双手的位置与原地投篮中双手的位置相同。投球手要自然伸展,非投篮手放在球的侧面。在起跳时,把球从肩膀前面举到前额的上方,投球手的前臂与地面保持正确的角度,上臂与地面平行,非投球手要用来维持球的平衡。

4.起跳动作

跳起的高度在很大程度上取决于投篮的范围。然而,练习者只要达到一个舒适的高度即可,保持平衡和对身体的控制比跳起的高度更加重要。

5.出手动作

练习者应该在跳起的最高点出手,手臂、手腕和手指应该为投篮提供足够的力量。同时,向前上方弯曲手腕,用手指拨球使其向后旋转。出手的瞬间感觉自己像吊在空中。当落地时,应该双脚着地落在原处,要和起跳时一样保持较好的平衡姿势。

二、跳起投篮技术动作方法

跳起投篮分为原地跳投、移动接球急停跳投和运球急停跳投。跳起投篮是练习者具备一定技术水平后所采用的一种投篮技术,除了球的出手位置高一些和练习者在跳起后投篮之外,它与原地投篮相似。

(一)原地跳投

1.动作方法

如图 5-1-1 所示,以右手投篮为例。从持球基本姿势开始,右脚稍上前或左右分开自

图 5-1-1　原地跳投

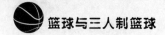

然站立,上体略前倾。在两脚用力蹬地向上起跳的同时,举球至头前右侧上方,当身体达到最高点时,右臂抬肘向上伸直,最后用手腕、手指的力量将球投出。球稍向后旋转,落地时屈膝缓冲。

2.动作要点

举球同时起跳。最高点时出手,伸臂、拨腕指动作应协调。

(二)移动接球急停跳投和运球急停跳投

1.动作方法

移动接球急停跳投和运球急停跳投与原地跳投没有太大不同,只要做好移动接球急停和运球急停动作与起跳的衔接就行了。例如向右做跨步急停时,左脚先着地,左腿弯曲并支撑身体重量,紧接着右腿向前跨出,右脚落地向外下方蹬地,身体重心移到两脚之间,两膝靠近,身体由下沉转蹬地—起跳—举球、腾空、投篮一系列动作,球出手后落地缓冲维持平衡并做好冲抢篮板球及其他行动的准备。急停接球起跳要使身体保持垂直、平衡与稳定,起跳前的持球姿势也要正确。其后的投篮动作就与原地跳投相同了。如图 5-1-2 所示,接不同角度球急停跳投技术动作。

图 5-1-2　接不同角度球急停跳投

2.动作要点

注意前跨步支撑缓冲与转体并步的协调连贯配合。

(三)运球转身急停跳投

1.动作方法

如图 5-1-3 所示,以右手运球投篮为例,变向时用左脚在前为轴,身体左后转同时右手将球拉至身体的后侧方,右脚后撤脚尖指向投篮方向,落地同时双手持球停步,紧接左脚跟进在右脚边,两膝微屈,两脚迅速蹬地起跳两手举球。当身体接近最高点时,左手离球,右臂向上方伸直,手腕前屈,食、中指用力拨球,通过指端将球投出。

2.动作要求

转身蹬地起跳举球要连贯衔接。

图 5-1-3　运球转身急停跳投

三、跳起投篮技术的特点

1.突然性强。跳投时,防守者处于被动地位,可根据这一特点,选择急停时的时机和位置,采取适宜的方式,突然跳起投篮,防守者由于反应和惯性的作用,来不及上来封盖,便于投球者提高命中率。

2.不易防守。跳投中,投篮者利用时差,空间距离先于对手起跳,起跳后在最高点将球投出,出手时的绝对高度优于对手的防守高度,可以从容出手,不易封盖。

3.可与其他动作灵活运用。跳投中包括的运球急停跳投和接球急停跳投与其他动作结合使用会取得很好的效果。

四、跳起投篮技术的运用时机

在比赛中准确地跳投,除了要正确掌握跳投技术,具有坚定的自信心,还要善于捕捉和掌握良好的投篮时机,要根据战术配合及技术运用等情况选择跳投的合理时机,与对手造成"时间差""位置差",并保持良好的稳定性。

（一）时间差

所谓时间差是指投篮者投篮出手的时机能否掌握在防守干扰之前或干扰较小时。

1.加快投篮动作速度,提高动作的突然性,减少投篮动作的准备时间,抢在防守干扰前完成投篮。

2.利用时间差错开防守封盖进行投篮。如利用假动作吸引对手起跳,在对手的第一个封盖或干扰动作完成而第二个封盖动作尚未做出时投篮,或在对手防守动作出现停顿时突然进行投篮,从而减小防守的干扰。

（二）位置差

所谓位置差是指投篮者所占据的空间位置与地面位置能否远离防守者,或者利用身体把防守者与出手点隔开,使其不能干扰投篮。

1.动作快,在创造时间差的同时获得位置差。

2.利用个人技术动作摆脱对手获得投篮空间。

3.利用投篮方式或出手位置来获取投篮空间。

4.利用假动作引起防守者做防守动作,然后争取投篮空间。

5.通过积极配合创造良好投篮空间。如用掩护、突分、策应等配合创造投篮空间。

(三)动作稳定性

所谓动作稳定性是指在对抗条件下保持出手动作稳定、不变形。

决定投篮动作稳定性的因素如下:一是在对抗中利用身体的能力;二是顽强的意志品质和充满信心的良好心理状态;三是比赛经验的运用和保持冷静的头脑;四是投篮者投篮技术的熟练程度。

在比赛中可以通过以下几方面获得投篮动作的稳定性:

1.力争创造出时间和空间的良好投篮机会,以便从容投篮。

2.主动与对手进行对抗,利用对抗产生的合力保持身体平衡,在对抗中寻求稳定性。由于这是一种主动的、有意识的对抗过程,所以容易保持动作的稳定性。

3.加强对防守者动作的判断,随时注意对手的情况,以便能够及时采用变换动作的方法避开防守,并在有准备的情况下保持腕指动作的稳定性。

4.保持头脑的冷静,正确判断自己当时所处情况,采用合理的方法投篮。

五、易犯错误与纠正方法(表 5-1-1)

表 5-1-1　跳起投篮

易犯错误	纠正方法
起跳与举球动作脱节	身体重心降低,反复练习跳举动作
抬肘伸臂不充分,球飞行弧度过低	反复练习举球和伸展手臂、拨球动作;做降低起跳高度和缩短投篮距离的投篮练习
跳起投篮时身体前冲或后仰	借助外部条件做限制练习。如让练习者面对墙壁做原地跳起投篮的模仿练习,或在地面上做记号,要求练习者从何处向上起跳再落回何处
投篮出手时间掌握不好,上下肢配合不协调	自己根据信号"跳、投",做原地跳起投篮的模仿练习,使练习者体会协调用力和掌握动作节奏

六、跳起投篮技术的练习方法

1.徒手模拟跳投练习

方法:练习者面对面站成距离 3 米的两列横队,两两相对,间隔 1 米,一列做徒手模拟跳投动作,一列观察纠正,做 5 次之后交换,至少循环 3 组练习。

要求:明确肢体动作顺序,体会动作节奏感觉。

2.两人相对跳投练习

方法:练习者面对面站成距离 3 米的两列横队,两两相对,间隔 1 米,一列有球,一列徒手,持球一列先做跳投练习,徒手一列观察纠正,做 5 次之后交换,至少循环 3 组练习。

要求:规范持球、举球、投篮手臂动作,体会动作节奏感觉。

3.近距离跳投(直接入篮)练习(图 5-1-4)

方法:在距离球篮 2 米处练习,分 5 个投篮点(1 和篮板呈 90°;2、3 和篮板呈左、右 45°;4、5 和篮板呈左、右 0°),每个投篮点每人累计投中 3 个方可到下一投篮点练习,还可要求连续投中 3 次才能到下一个投篮点练习;在上述练习熟练的基础上,采取逐步增加投篮距离的练习:距篮 3 米练习,距篮 4 米练习,距篮 5 米练习。

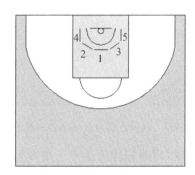

图 5-1-4 近距离跳投(直接入篮)练习

要求:体会近距离跳投(直接入篮)的动作,提高动作的连续性与稳定性。

4.近距离跳投(碰板入篮)练习

方法:在距离球篮 2 米处练习,分 3 个投篮点(1 和篮板成 90°;2、3 和篮板成左、右 45°)。方法同练习 3。

要求:体会近距离跳投(碰板入篮)的动作以及与直接入篮投篮的动作差异,提高动作的连续性与稳定性。

5.原地接球跳投练习

方法:三人一组两球,一人投篮,两人供球,两个辅助练习的人必须做到投篮人球出手落地后下一个球就传到,依此巩固跳投的动作感觉。练习完成 10 次后交换投篮者。

要求:必须保证练习的连续性,投篮者练习时重点考虑动作的协调、连贯以及保证投篮在方向上的正确。

6.移动接球急停跳投练习

方法:三人一组两球,一人投篮,两人供球,投篮距离在 3～4 米,投篮者要在相距 3

米的两点上移动接球跳投。练习完成 10 次后交换投篮者。在前一个距离投篮的动作巩固之后,则可逐步将投篮距离加大。

要求:体会移动接球急停跳投的"接球—急停—举球起跳—手臂投篮—落地平衡"动作的连续性、节奏感。

7. 侧身跑插角接球急停跳投练习(图 5-1-5)

方法:除④外每人一球,④向右场角侧身下插接⑤的传球急停、转身面对球篮跳投,自抢篮板球回到队尾;⑤传球后向左场角侧身下插接⑥的传球急停、转身面对球篮跳投,自抢篮板球回到队尾;⑥继续进行。

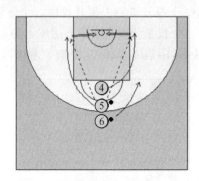

图 5-1-5　侧身跑插角接球急停跳投练习

要求:下插时侧身注视来球,判断好球的落点。传球要及时到位,要以球领人,人到球到,传到接球者的外侧手。接球后,迅速调整身体姿势和步法,快速投篮。

8. 不同角度的运球急停跳投练习(图 5-1-6)

方法:练习者按图示路线运球急停跳投。左、中、右轮换练习。

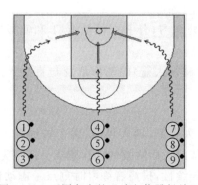

图 5-1-6　不同角度的运球急停跳投练习

要求:运球速度要快;急停时,迅速调整身体姿势与步法,起跳要突然。两侧的练习者必须用外侧手运球,注意保护球的动作。

9.变向换手运球急停跳投练习(图5-1-7)

方法:练习者按图示路线两人同时做变向换手运球急停跳投练习。左、右两侧轮换进行。

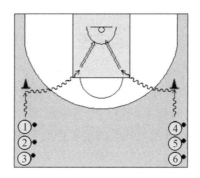

图 5-1-7　变向换手运球急停跳投练习

要求:变向换手要突然,起跳投篮动作要快速、突然。

10.横切、溜底接球转身跳投练习(图5-1-8)

方法:④和⑤为固定传球者,△为防守者,有意给⑥造成横切、溜底接球的机会。当⑥接球转身跳投时,△上前防守干扰⑥的投篮。⑥投篮后,自己抢篮板球,然后回到队尾。如此依次进行。练习一定时间后,再轮换④和⑤。

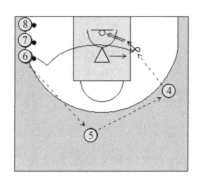

图 5-1-8　横切、溜底接球转身跳投练习

要求:转身跳投要果断;外线传球要及时、到位。

七、跳起投篮技术的练习建议

1.除抓好跳起投篮动作的正确性外,还应注意与脚步动作、传球、运球等其他技术结合练习,使动作连贯、快速、准确。

2.不同的跳投技术采用不同的练习方法,考虑投篮距离、位置、速度等变化,逐渐增加难度。

3.加强跳投的心理稳定性的训练,不断提高跳投的命中率。

4.安排对抗条件下的跳投练习,提高在有防守情况下运用技术的能力。

第二节　变向运球技术运用与练习

熟练的运球技术,在比赛中对球队的控制球、组织进攻、突破防守等都起着重要的作用。中级班教学须掌握体前变向换手(不换手)运球技术、后转身变向运球技术等内容,注重多种运球技术的组合运用,以及与其他技术动作的合理衔接。

一、变向运球技术动作分析

(一)身体姿势

练习者应该尽量保持一种较好的平衡姿势,两脚间距与肩同宽,运球手对侧的脚略微靠前,使身体处于球和防守队员之间。

(二)保护球

在体前变向运球过程中,当球从体前经过时,很容易被动作迅速的防守者抢断。因此,练习者应该把球控制在较低、离自己较近的位置,还应该用身体和非运球手保护球。

(三)保持抬头观察

在做体前变向运球时,练习者在任何时候都要看着防守队员、球篮和同伴,以便能看到处于空位的同伴以及防守队员的位置。如采用后转身运球,特别是向后转身或换手时,练习者一定要避免看球的现象发生。这种姿势会导致练习者暂时看不到球场,所以抬头观察便显得尤为重要。

(四)假动作的合理运用

运球的基本功好,其控制球、支配球和突破能力就强。但是,如能善用假动作,如虎添翼,攻击力无疑将会倍增。当对手松动防守(距离较大)时,采用体前换手变向运球或体前不换手变向运球突破,结合假动作过人是常用且有良效的办法。

(五)超越防守

进攻队员用有效的假动作再加上快速的变向运球,使得防守队员滞后对进攻队员的动作变化做出反应。这时,进攻队员应该快速运球并随球跑动,以最快的速度超越防守队员,注意用身体和非运球手保护球。

二、变向运球技术动作方法

(一)体前变向换手(不换手)运球

当对手堵截运球的前进路线并且还有一定距离时,可利用体前变向换手(不换手)运球技术,以摆脱和突破防守。

1.体前变向换手运球

体前变向换手运球是指当对手堵截运球前进路线时,突然换手运球向左或向右改变运球方向,借以摆脱防守的一种运球方法。

(1)动作方法

如图5-2-1所示,以右手运球为例。运球队员从对手右侧突破时,先向防守左侧做变向运球假动作。当对手向左侧移动堵截运球时,运球队员突然按拍球的右后上方,使球经自己体前右侧反弹至左侧前方,同时右脚向左前方跨出,上体向左转,侧肩挡住对手,同时换左手按拍球的后上方,左脚跨出并用力蹬地加速,从对手的右侧突破。

图5-2-1 体前变向换手运球

(2)动作要点

变向时重心降低,转体探肩,蹬跨突然,换手变向后加速要快。

2.体前变向不换手运球

体前变向不换手运球是指当运球队员与防守队员接近时,为了摆脱和突破对手,运用上体的虚晃和左、右拨球动作不换手变向突破防守的一种运球方法。

(1)动作方法

如图5-2-2所示,以右手运球为例。当持球者做体前变向时,向左侧上一小步,上体向左侧做探肩动作、右手吸附从右侧地面反弹球等一系列佯攻动作,诱使防守者的身体重心偏至持球者的左侧。此时,左脚蹬地,右脚迅速向右前方跨出一步,左脚再次发力蹬地并向右前方跨出一大步,与此同时,右手拍击球的左后上,向右侧前方变方向运球突破。

图 5-2-2　体前变向不换手运球

（2）动作要点

身体重心转移迅速，按拍球部位正确、熟练。

（二）后转身变向运球

当对手封堵住运球队员的一侧，而且距离又很近，不能用直线运球或体前变向运球突破时，可采用后转身变向运球摆脱防守。

1.动作方法

如图 5-2-3 所示，以右手运球为例。变向时，用左脚在前为轴，左后转身的同时，右手将球拉至身体的后侧方，并按拍球落在身体的外侧方，然后换左手运球，加速前进。

图 5-2-3　后转身变向运球

2.动作要点

最后一次运球要用力，转身迅速，重心不要起伏，按拍球的部位正确，转、蹬、转拍，协调连贯。

三、变向运球技术的运用时机

有目的地变向运球可以加强行动的攻击性，但盲目地变向运球则只会浪费时间或贻误战机。变向运球技术的运用时机有：

1.当防守者未占据合理位置或出现位置偏差时；

2.当防守者的身体重心随持球者虚晃动作而偏向非突破位置时；

3.当防守者对某一变方向运球技术极不适应时；

4.当防守者对某一侧或某一持球突破技术的防守特别擅长时。

因此，在实战练习中，要根据对手的防守位置、战术意图及对手的防守能力等因素，合理有效地运用变向运球技术。

四、易犯错误与纠正方法（表 5-2-1）

表 5-2-1　变向运球易犯错误与纠正方法

易犯错误	纠正方法
体前变向时低头看球	要强调始终看着球篮,这样会知道何时传球、何时投篮以及何时运球上篮
体前变向时运球过高	接近对手时要运球低并贴近自身身体,保持低重心的基本姿势
体前变向动作不及时、假动作不明显	徒手练习变向动作,体会身体虚晃以及脚掌蹬地方向
运球转身时,身体重心上下起伏	做原地、行进间徒手模仿练习,体会转身时身体重心的控制
转身时,易绕圈子,变向速度慢	转身时必须固定前脚,以此为轴转身,后脚要对准新的方向迈一大步
非运球手不保护球,易被抢断	多进行掏球的对抗练习

五、变向运球技术练习方法

（一）球性练习

1.原地拍起静止不动的球,随后再把球拍至地上静止。

2.固定手臂运球,把运球手的肘关节放在膝盖上固定不动,利用腕、指力量低运球。

3.双手体侧运两球（同时或依次运）。

要求:熟悉球性,增强"球感"。

（二）原地运球练习

1.原地体前左右变换手运球。

2.原地胯下左右变换手运球。

3.原地单手体前左右运球。

4.原地单手体侧左右运球。

5.原地胯下"8"字运球。

6.原地前、后转身运球。

要求:保持正确的运球姿势,运球手法要正确;运球时抬头不看球;左、右手交换进行。

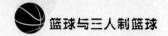

(三)行进间变向运球练习

1.半场转身、变向运球练习(图 5-2-4)

方法:练习者按图示路线做运球后转身和变向换手运球。如此依次进行。

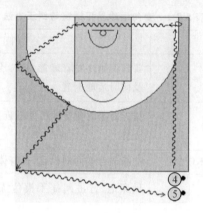

图 5-2-4　半场转身、变向运球练习

要求:转身"拉球"动作要迅速,身体不要上下起伏;换手变向运球要快,要有明显的加速动作。

2.全场变向运球练习(图 5-2-5)

方法:练习者按图示路线在第一个障碍物前做体前变向换手运球,第二个障碍物前做体前变向不换手运球后接上篮。另一侧重复练习。

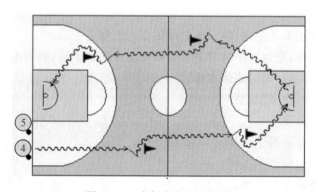

图 5-2-5　全场变向运球练习

要求:变向时,运球降低重心,保护好球。上篮加速要快。

3.跑动中接空中球做变向运球练习(图 5-2-6)

方法:练习者持球向前上方抛球,接着起动前跑接球,并快速沿边线运球,在后场第一个障碍物前做体前变向换手或不换手运球,前场篮下第二个障碍物前做后转身急停投篮。另一侧重复练习。

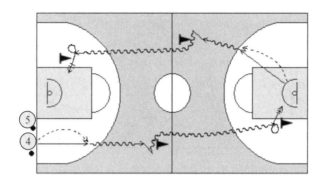

图 5-2-6　跑动中接空中球做变向运球练习

要求:接球与运球动作之间要连贯,放球要快。变向运球动作要突然。

(四)综合变向运球练习

1.全场变向运、传球练习(图 5-2-7)

方法:④和⑤为固定传球者,一侧练习者从后场变向运球,将球传给④,回接球后运球至篮下后转身急停投篮。另一侧练习者从后场变向运球,将球传给⑤,回接球后运球至篮下后转身急停投篮。两侧同时进行,练习者完成后排在另一组的队尾。

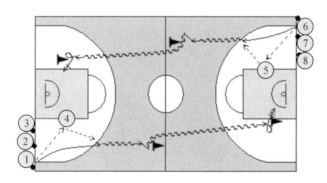

图 5-2-7　全场变向运、传球练习

要求:视野要广,传球要及时、到位;接回传球后,运球要快,动作衔接要连贯。

2.结合持球突破的变向运球练习(图 5-2-8)

方法:④和⑤为固定传球者,一侧练习者将球传给④,然后跑到④的身前接球急停,再持球突破,运球过中线做体前变向不换手运球,运球至篮下做后转身急停投篮。另一侧同样练习。两侧同时开始,练习者完成后排在另一组的队尾。

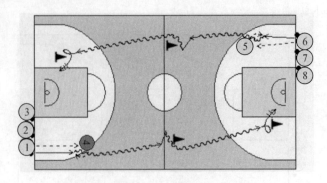

图 5-2-8　结合持球突破的变向运球练习

　　要求:持球突破时,接球队员要根据④和⑤传球者的手势或脚步动作选择突破方向,以锻炼练习者的观察、反应能力。

　　(五)运球对抗练习

　　1.半场一对一攻守练习

　　方法:除第一位练习者外每人一球,第一位练习者先防守,半场内进行一攻一守。

　　要求:进攻方投进篮,算防守方失误,继续防守;进攻方未进球并抢到篮板球,继续进攻;进攻方未进球,防守方抢到篮板球,防守方排到队尾,进攻方防守下一位练习者。

　　2.连续一对一攻守练习(图 5-2-9)

　　方法:两人一球为一组,一攻一守。两人半场一对一运球突破上篮后,抢到篮板球的队员立即向对面篮下运球突破,另一人则立即追防,直到对方投篮为止,然后两人换位回到对方的队尾。如此依次进行。

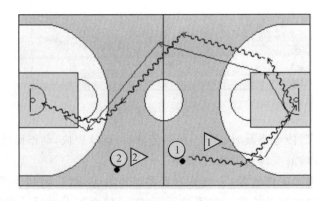

图 5-2-9　连续一对一攻守练习

　　要求:开始时,防守人可背手移动堵位,逐渐过渡到正常的积极防守。

3.有防守下的传、运、突练习(图 5-2-10)

方法:两人一球为一组,一攻一守。进攻者运球中传球给教师 C,再接教师 C 的策应球,运球摆脱防守,突破上篮。如此依次进行。

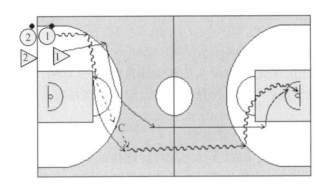

图 5-2-10   有防守下的传、运、突练习

要求:防守人积极堵位,抢打球,增加进攻者的运球难度。

六、变向运球技术练习建议

1.加强手脚配合的球性基本功练习,提高控制球、支配球的能力。

2.合理运用假动作是有效完成变向运球的技术关键,平时加强头肩、蹬跨以及用球的假动作练习。

3.按照比赛的实际需要,把变向运球和突破、投篮等动作结合起来练习,提高变向运球的应变能力和战术意识。

4.在攻守对抗的情况下,提高变向运球选择的运用时机和运用能力,提高在对手堵截、抢断、干扰等情况下的运球能力。

第三节   传接球技术运用与练习

传接球是进攻队员之间相互联系、相互配合和组织进攻的具体手段。传接球的好坏直接影响着进攻的效果和质量。在比赛或练习中,不仅要掌握好传接球的技术,而且要根据场上情况的变化选择合理的传接球方式。在初级班教学中已学习各种原地传接球技术基本动作,在此基础上,进一步掌握远距离传接球、移动传接球以及摆脱防守的传球等的运用时机和方法。

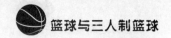

一、传接球技术分析

传接球技术的练习应遵循传接球动作的结构和运用规律,从理解动作要领,掌握动作方法,到各种传接球动作之间的转换,最后学习在对抗中如何运用及提高应变能力,加强运用的谋略,提升运用效果。

(一)把握形势

因为传球总是比运球快,比赛中队员要估计比赛形势,对同伴与防守队员的位置有所把握,在运球前观察是否有机会传球。当做出传球的选择时,应该保持抬头,做"眼睛看球篮"的假姿势。

(二)传球的准确性和时机的判断

所有的传球要准确到位,要避开防守队员传球给处于空位的同伴,传球队员起决定性的作用。对传球者来说,选择传球时机的关键是预判同伴的速度,把球传到同伴略偏前方位置。

(三)传球前的假动作

练习者应该学会在传球前有效地运用假动作使防守队员保持一种警觉状态。持球队员应该把注意力集中在球篮方向,使自己能观察整个球场,了解同伴和对手的位置,不要看着传球的目标或者通过其他方式暴露传球意图。传球前的假动作有:利用摆头和面部表情的假动作;利用摆球的假动作;利用瞄篮做投篮的假动作;利用跨步做突破的假动作;利用转体移位,诱使防守人跟随移动,突然向其移动的反方向一侧传球的假动作等。

(四)接球技术

接球队员在接球前要提前用眼睛看球,直至接住球为止。接球队员应该采用跨步或跳步急停向来球的方向移动,主动接球便于接球队员在接球时保持一种较好的平衡姿势。

二、传接球技术动作方法

(一)传球技术动作方法

1.单手肩上传球

单手肩上传球是一种常用于中远距离传球的方法,传球时用力大,球飞行速度快,常在发动长传快攻时运用。

(1)动作方法

如图 5-3-1 所示,双手持球于胸前,双脚平行站立。右手传球时,左脚向传球方向迈出半步,左肩对着传球方向,同时将球引到右肩上方,手腕后屈,重心落在右脚上。传球时,右脚蹬地,转体,上臂随之向前挥摆,手腕迅速前屈,通过食指、中指拨球将球传出。

图 5-3-1　单手肩上传球

（2）动作要点

蹬地、转体、挥臂和屈腕动作连贯。

2.单手体侧传球

单手体侧传球是一种近距离隐蔽传球的方法。外围队员传球给内线同伴时常用这种方法。与跨步、突破等假动作结合运用效果较好。

（1）动作方法

如图 5-3-2 所示，两脚开立，双手持球于胸前。右手传球时，左脚向右侧前方跨步（或右脚向右侧前方跨步）的同时将球引至身体右侧呈右手单手持球，出球前的一刹那，持球手的拇指在上，手心向前，手腕后屈。传球时，前臂向前作弧线摆动，手腕前屈，食指、中指、无名指拨球将球传出。

图 5-3-2　单手体侧传球

（2）动作要点

跨步与向体侧引球同时进行，前臂摆动要快，传球手腕用力。

3.单手击地传球

一般运用在需要快而准地将球传给切入的同伴或内线队员，而用双手传球不方便时。

（1）动作方法

如图 5-3-3 所示，两脚开立，双手持球于胸腹前。右手击地传球时，将球引至身体右侧，右手单手持球，出球前的一瞬间，手和小臂稍微斜向击地点，在传球发力时可辅助运用小臂的力量。

图 5-3-3　单手击地传球

（2）动作要点

击地点要准确，球反弹的高度在接球者的腹部。

（二）接球技术动作方法

1.单手接球

控制范围大、可接不同方向的来球是单手接球的优势，不如双手接球牢稳则是它的劣势。单手接球利于队员快速、灵活地发挥技术，但一般应尽量运用双手接球。

（1）动作方法

如图 5-3-4 所示，原地单手接球时，接球手向来球伸出，五指自然分开，掌心正对来

图 5-3-4　原地单手接球

球,腕、指放松。当手指触球时,顺球的来势迅速收臂置球于身前或体侧,另一手迅速扶球,保持身体平衡,做好下一步进攻的准备姿势。移动接球时,判断准来球的时间和落点,及时向来球方向跨步移动,接球后要迅速降低重心,衔接下一个进攻动作。

（2）动作要点

手指自然张开伸臂迎球,当手指触球时,顺势后引,另一手及时扶球。

2.摆脱接球

无球进攻队员利用脚步动作（变向跑、转身、停步等）或同伴的掩护摆脱防守后接同伴传来的球,并采用相应的停步动作以衔接下一个攻击动作。摆脱接球是阵地进攻中为了摆脱对手抢占有利持球进攻位置而经常采用的获得球的方法。摆脱接球具体分为摆脱迎上接球、摆脱反跑接球、摆脱插上接球。

（1）动作方法

如图 5-3-5 所示,利用停步或假动作虚晃摆脱防守队员,上体快速侧转面向来球方向,双臂伸出,主动迎接来球。接球后可通过突破过人或投、传等动作来衔接下面的进攻技术。

图 5-3-5 摆脱接球

（2）动作要点

需要传球队员配合,在摆脱的同时向同伴传出引导球,保证人到球到。

三、传接球技术的运用时机

（一）根据接球人位置的运用

1.传给站立不动的接球人时,要传到远离他的防守者的一侧,球的落点高度在他的胸腹之间。

2.传给移动的接球人时,要根据他移动的速度传到他的前面两米左右处,球的落点高度要在他的胸部,以球领人。

3.传给内线插上队员时,如果他的位置便于接球投篮,就要传到他的肩部高度处,使他接球后即可顺利投篮。

4.做远距离传球时,要传得快速有力。

5.做近距离传球时,要隐蔽、突然、及时、到位。

6.传给近距离迎面跑来的接球人时,传出的球要柔和。

7.传给顺着球飞行方向向前跑的接球人时,传出的球既要快速有力,又要有适当弧度。

8.在阵地进攻时,先传给近篮的同伴,再传给远篮的同伴。先看远处,再看近处,及时抓住每一个有利战机。

9.切忌横传球。除非有特别好的战机或战术需要(例如进攻区域联防时),应尽量避免横传球。特别在快攻推进阶段和球在前场处于边线一侧时,必须避免横传球,以免被对方断球反击。

10.尽量减少无把握的跳起传球。除了突破分球、有高度默契或者被对方夹击围守迫不得已的情况,一般不应跳起传球,以免失误、违例或被对方断球。

(二)根据战术配合的运用

1.由后场向前场推进的传接球

一般有长传、短传或短传结合运球等三种方式。向前场推进,首先要有追着对方进攻的传球意识,得球后先看前场快下队员,运用适当传球方式,快速准确地传给同伴,使之接球后能紧密衔接下一动作。减少传球次数,尽量向前转移球,不要无目的地回传球。

2.半场外线队员之间的传接球

传球时要有目的地调动对方,当在一侧传接球发动进攻配合不成功时,及时把球转移到另一侧,传球距离不要太长,要减少隔人传球。外线队员的传球,一定要与投篮、运球突破相结合。外线队员之间的传接球应当与内线队员的活动相配合。

3.外线队员与内线队员的传接球

外线队员向内线队员传球,最理想的是在球动人动的情况下进行,即外线队员传球过程中,内线队员通过移动,寻找接球时机,做到人到球到,在动中接球。

4.内线队员的传球

内线队员一旦接到球,要尽快攻击对方。当接到球察觉无法投篮或突破,必须立即将球传出。

四、易犯错误与纠正方法(表 5-3-1)

表 5-3-1　传接球易犯错误与纠正方法

易犯错误	纠正方法
传球力量小、速度慢	强调要用力屈腕拨指,腿部蹬地发力,利用跟随动作也可提高传球的力量。徒手模仿或在同伴协助下体会传球时腕翻转和指拨球的动作

续表

易犯错误	纠正方法
传球不到位	确保球出手时手指指向传球目标,球从食指、中指、无名指指端出手有利于把握方向
传接球容易被对方抢断球	强调传球时不能紧盯传球方向,利用头部、眼神假动作转移对手视线,发挥好护球手的作用。接球时主动做迎引动作,及时准确判断同伴传球路线和方向。多练习结合假动作的两三人传接球
传球容易出现带球跑	明确中枢脚的概念,反复练习移动一步的传球以及有防守情况下的传接球

五、传接球技术练习方法

（一）原地传接球练习

1.原地单手肩上传接球、体侧传接球练习

方法:两人一组一球,相距5～6米,做单手肩上传接球、体侧传接球练习。照此反复进行。

要求:逐渐变换传球距离做练习,或持球时可先做瞄篮和突破等动作,然后再传球。上、下肢配合要协调。练习中,球的飞行路线要有弧线的变化。

2.原地传两个球的练习

方法:两人一组,各持一球。练习时,两人同时做同侧的单手肩上传接球和体侧传接球等练习。如此反复进行。

要求:事先选择好传球的方式和传球路线,传接球动作要快速、连贯,反应要迅速,传球要到位。

3.两人空中跳传球练习

方法:两人一球。练习者相互跳起做空中传接球练习。连续进行15～20次为一组。

要求:起跳要及时、快速,判断好对方的传球动作;跳、接、传等动作要协调、连贯,手上动作要快。

（二）移动传接球练习

1.三人穿梭换位传接球练习(图5-3-6)

方法:④⑤与⑥相距5～6米,三人共用一球。练习时,④传球给⑥,然后立即起动快跑到⑥的位置;⑥接球后立即传给⑤,并迅速跑到⑤的位置;⑤接球后,再立即传给已跑到原⑥位置上的④,传球之后,再立即跑向对面,三人如此连续穿梭换位传接球。

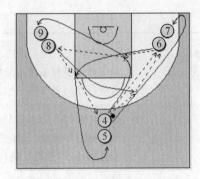

图 5-3-6　三人穿梭换位传接球练习

要求:传球不停顿;传球后起动换位要快,到位后迅速急停转身面向来球方向。

2.半场三角插上传接球练习(图 5-3-7)

方法:如图所示三角站位。练习开始时,④传球给⑥,并插上接⑥的回传球,再传球给⑧,然后跑到⑧号组的队尾;当④传球给⑧时,⑥紧跟着起动插上接⑧的传球,再传给⑤,然后跑到⑤组的队尾。如此连续进行。

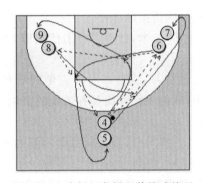

图 5-3-7　半场三角插上传接球练习

要求:插入切入要及时、快速,接、传球动作要连贯,球传到接球人的胸前。

3.半场四角移动跟进传接球练习(图 5-3-8)

方法:练习者分四组各成纵队成四方队形,相距 5～6 米。开始①持球传给③球后,切入接③的回传球后并把球传给另一组⑤,然后跑到⑤排尾。当③传球给①时,③紧跟着起动从①身后切入接⑤的传球并传给⑦,然后跑到⑦排尾。⑤传球给③也从③身后切入接⑦传球并传给原①排的排头②,然后跑到原①排的排尾,依次进行练习。

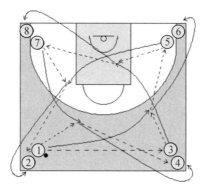

图 5-3-8　半场四角移动跟进传接球练习

要求:跟进切入要弧线侧身快跑。传与接动作连贯、准确,熟练后可用两个球同时进行练习。

4.三人"8"字行进间传接球练习(图 5-3-9)

方法:练习者三人一组。每组从端线开始练习,④将球传给向斜前方跑动的⑤并从⑤身后切入,⑤再传给向斜前方跑动的⑥,然后从⑥身后切入。通过三人"8"字形围绕传

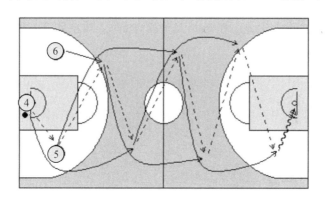

图 5-3-9　三人"8"字行进间传接球练习

球向前推进,球不能落地。最后,⑤接④的传球上篮,④和⑥抢篮板球,然后立即组织三人"8"字形围绕行进间传球返回。下一组练习者接上一组投篮的球开始练习。全体练习者用同一个球练习,且不准球落地。

要求:在传球后一定要从接球队员的身后切入,每个人都按大"S"形移动。传球要迅速、准确。

5.结合快攻上篮的六角传接球练习(图 5-3-10)

方法:将练习者平均分成六组,②抢篮板球传给插中接应的①,①传给快下的③上

篮;⑤抢篮板球传给插中接应的④,④传给快下的⑥,连续循环进行,每个练习者传球后跑到接球队员的队尾,依次循环。

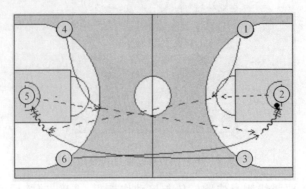

图 5-3-10　结合快攻上篮的六角传接球练习

要求:用双手胸前传接球方式,传球到位,人球相遇,不准运球。插中队员插上不能过早,上篮队员力争上篮命中。

(三)有防守的传接球练习

1.三传二防守练习(图 5-3-11)

方法:五人一组,三人站成三角形相互传接球,两人居中防守,积极抢、断球,触到球的防守者即与传球者互换防守。

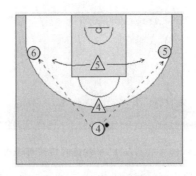

图 5-3-11　三传二防守练习

要求:防守者要积极移动抢断球。传球时,注意观察对方的防守位置,传球要迅速;持球不得超过五秒钟。对持球者必须有一人防守。

2.行进间越过防守的传接球练习(图 5-3-12)

方法:在全场三个圆圈内各站一人防守,封堵、抢断球,传球者要设法避开防守者的封堵与阻拦,选好传接时机和运用合理巧妙的传球方式。

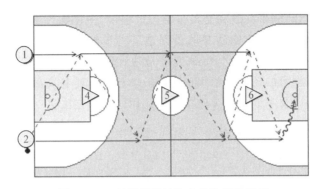

图 5-3-12　行进间越过防守的传接球练习

要求:传球时,注意观察同伴的跑进速度与位置,掌握好传球角度和时间,避开防守者的干扰;传球、跑动不得停顿,不得走步。

3.半场或全场传接球比赛

方法:半场或全场分两组对抗。规定进攻队员只能传接球,防守队员采用盯人防守。进攻队员持球后,尽快地寻找摆脱了防守的同伴,并立即将球传给他,计进攻队员传接球的次数。若被防守队员抢断得球,交换攻守,看哪组传接球次数多。

要求:防守队采用一对一的盯人防守;持球队员找人要快,观察要快,传球要隐蔽、快速、准确。

六、传接球技术练习建议

1.要重视传球意识的培养,扩大练习者视野,提高观察判断能力。

2.要尽快提高传球动作的速度,减小传球幅度,并结合传球的假动作进行练习。

3.要提高与其他技术的结合能力,尤其是与脚步动作的衔接,与运传、突传相结合。

4.在传球中不断提高用球领人的意识和技巧。

5.要掌握各种传球技术和左右手传球能力,加强传球的隐蔽性,增多出球点。

6.要在全面掌握传球技术的基础上,结合练习者个人特点和比赛位置,逐步形成个人的传球特点。

7.要在接近实战的情况下进行练习,提高传接球的运用能力。

第四节　持球突破技术运用与练习

持球突破是摆脱防守获得进攻机会的重要手段,在篮球对抗中具有很强的杀伤力。持球突破技术本身并不难,难点是与假动作的结合和对突破时机的把握,将技术转化为

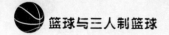

能力。在初级班教学同侧步突破和交叉步突破过程中,往往练习者持球突破不敢贴身超越,喜欢绕着防守队员过人,这给防守队员创造了脚步调整时间。有的练习者离成功只差一步了,却停止脚步加速。因此,持球突破是须大胆练习的技术,只要获得几次成功,就能找到感觉,增强学习的动力。中级班阶段教学包括前转身突破和后转身突破等难度较大的动作的学习,以及掌握持球突破技术的运用时机和方法。

一、持球突破技术动作方法

(一)后转身持球突破

后转身持球突破是内线队员背对球篮接球,而防守者贴身较近时运用的有效突破技术。

1. 动作方法

如图 5-4-1 所示,以左脚做中枢脚为例。背对球篮和防守者,突破时,左晃重心落在左脚上,左脚蹬回右脚后撤跨步同时身体后靠向右转,右脚随着转身向右后方的球篮方向跨出,脚尖指向侧后方,右肩向防守者的一侧空当下压前探,左手向右脚前方推放球后左脚蹬离地面向前跨出,超越对手。

图 5-4-1 后转身持球突破

2. 动作要点

右脚后撤跨步与转身时身体后靠与前探结合,脚步动作、身体姿势与运球协调配合。

(二)前转身持球突破

前转身持球突破也是内线队员背对球篮持球时运用较多,是效果较好的突破方式。突破前的准备姿势与后转身持球突破的准备姿势相同。

1. 动作方法

如图 5-4-2 所示,以左脚做中枢脚为例。背对球篮和防守者,突破时,右脚向右跨步,身体右晃重心落在右脚上。右脚蹬回重心落在左脚,以左脚为轴做向左转身,右脚随着转身向球篮方向跨出,左肩向防守者的一侧空当下压前探,右手推放球后左脚蹬离地面向前跨出,超越对手。

图 5-4-2　前转身持球突破

2.动作要点

转身与身体前探结合,脚步动作、身体姿势与运球协调配合。

二、持球突破技术的运用时机

突破前要及时分析防守队员和同伴的情况,有针对性地选择突破方向。要掌握好突破时机,篮下没有空当时不要盲目向篮下突破。和个人摆脱一样,运用突破,一要靠速度,二要用假动作。

(一)利用速度突破防守

比赛中,与对手一交手,就要观察他的特点,一旦发现他的速度比自己慢,就要利用速度突破。要反应快、动作快,机智果断,争取比对手快一拍或半拍来超越防守。

(二)利用假动作使防守队员失去重心和防守位置

1.如用瞄篮或向上举球投篮假动作,引诱防守队员封投篮,一旦对手身体重心向上或向前移动,立即突破。

2.利用传球假动作,引诱防守队员防传球而失去重心或失去防突破的有利位置而突破。

3.利用跨步或腰部虚晃等假动作,使防守队员失去重心和防守位置。

(三)利用时间差突破

1.如以假跳投引诱防守队员跳起封盖,在对方落地前,及时突破。

2.利用摆动腿向侧前方蹬跨收回,使防守队员撤步、上步,在对方上步但脚还未落地时,马上突破(多用于同侧步突破时)。

(四)利用对方错误的防守姿势和方法突破

常见的错误防守姿势如两腿直立或重心过高,错误的方法如急抢、掏、打球而失去重心。

(五)合理运用组合技术

如中锋背对篮接球,当距篮较远时,可采用运球移动向后压,然后突然后撤步转身突

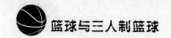

破投篮;也可用转身假跳投篮,诱骗对手跳起封盖,然后插步靠住对手提起中枢脚上篮。又如将各种运球变向技术组合运用,寻找突破机会或找准突破方向。

三、易犯错误与纠正方法(表 5-4-1)

表 5-4-1　持球突破技术易犯错误与纠正方法

易犯错误	纠正方法
转身突破时,身体重心过高,突破速度慢	借助一同学手臂侧平举,突破时从手臂下通过
转身突破时,跨步脚或后撤脚的脚尖方向不对,造成转体过大	多做徒手模仿练习,体会正确的要领,再在慢速中做持球突破练习,逐步提高突破速度
转身突破时,容易被对手掏球	注意非运球手保护球
后转身突破时,后侧跨步和拍球不同步,致使中枢脚提前非法移动	做徒手或结合慢动作练习,体会中枢脚蹬地动作

四、持球突破技术练习方法

(一)单个持球突破步法练习

1.持球反复体会前转身和后转身突破跨步拍球练习。

2.接球急停,背对防守做转身突破跨步拍球练习。

3.接球急停,背对防守做转身突破假动作与跨步拍球练习。

要求:反复体会转身突破的跨步拍球动作,以便熟练掌握技术动作,不要出现带球跑违例。

(二)持球突破组合技术练习

1.前转身与交叉步组合跨步拍球练习

方法:练习者背对进攻方向或防守者,右晃向左做前转身跨步不拍球,右脚立即蹬回跨交叉步左手拍球。

要求:球从右到左可从腰腹间变换,侧身探肩保护球。

2.前转身与同侧步组合跨步拍球练习

方法:练习者背对进攻方向或防守者,右晃向左做前转身紧接左晃,跨同侧步拍球。

要求:重心转移要快,假动作要逼真。

(三)有防守配合的持球突破练习

1.底线接球突破练习(图 5-4-3)

方法:三人一组一球,△为防守者。④将球传给底线的⑤,⑤紧贴△接球后做转身突破。三人轮流交换位置练习。

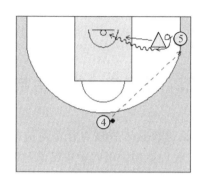

图 5-4-3　底线接球突破练习

要求:防守队员从消极到积极防守,突破队员要完成突破上篮动作。

2.插上接球后突破练习(图 5-4-4)

方法:三人一组一球,△为防守者。④将球传给底线插上的⑤,⑤背对△接球后,根据防守位置情况,可直接做转身突破或转身接交叉步或同侧步突破上篮。三人轮流交换位置练习。

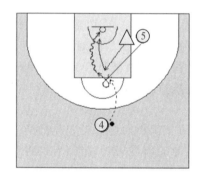

图 5-4-4　插上接球后突破练习

要求:防守队员从消极到积极防守,突破队员要完成突破上篮动作。

五、持球突破技术练习建议

1.持球突破技术是在快速移动中,同防守队员激烈地抢占有利位置的一项攻击性技术。因此,在练习中要注意培养积极主动、勇猛顽强、敢于突破对手的风格和勇气。

2.在掌握原地持球突破技术的基础上,要提高摆脱接球急停后,能及时地向不同方向突破的能力,以及将持球突破与突破分球、急停跳投等动作连贯运用的能力。

3.一定要把持球突破技术与传接球、投篮假动作等技术结合起来练习,特别要强调

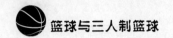

动作之间的衔接和连贯性,以便提高其运用能力。

4.从实战出发进行对抗性练习,善于正确判断和掌握各种突破时机,在比赛中合理运用。

第五节　防守技术的运用与练习

从对抗的角度出发,有什么进攻技术就该有什么对应的防守技术。所以,防守技术分防有球技术和防无球技术。我们在初级班教学中已学过防守步法、防有球和无球队员的选位。在此基础上,中级班教学进一步掌握防守技术的实际运用与各种练习。

一、防守技术运用分析

(一)防守有球队员

1.防投篮技术

根据进攻者投篮的运用规律,防守投篮分为防直接投篮技术、防假动作接投篮技术、防运球急停跳投技术、防运球突破上篮技术。无论防守哪种投篮都分为两个阶段,第一个阶段是防对手准备投篮阶段,第二个阶段是防对手实施投篮阶段。防对手准备投篮阶段要防守两点:一是对其假动作的正确应对,控制好身体体位,不要上当贸然跳起;二是当其突破运球急停跳投时不要被对手甩开。防对手实施投篮阶段也要注意两点:一是判断对手球是否举到真的投篮的位置,其腰髋是否完全伸展开,如是则果断快速起跳封盖;二是对方突破上篮的防守应先压挤路线,加速抢占制高点封住对手出球路线。

2.防运球技术

当持球队员运球突破时,防守队员始终保持领先的防守位置,不断逼迫对手改变运球方向。当对手右手(左手)运球的球领先时,防守人也将右手(左手)伸向球的内侧,阻止其体前变向;当运球人上体领先时,防守人用胸贴靠上去,逼迫其降速。当对手运球变向时,防守队员应采用滑步、撤步堵截其前进;当对手突然加速时,防守者亦应通过撤步、交叉步加速拦截。总之,防守对手运球突破就是要迫使对手多变向,降低向前推进速度,增加其失误的可能性;其次是逼近防守,缠住对手,使其陷入盲目粘球的状态中,破坏其进攻配合。

3.防传球技术

传球虽然不能直接得分,但传球却可以创造投篮机会,从防守来说,加强对传球的防守,可间接降低进攻得分的可能性。尤其是带有攻击性的传球,更是防守的重点。但由于传球的自由度很大,防守有很大困难;有传球就必然有接球,所以防传球必须同时有同伴在防接球,这样才能较好地破坏进攻方的传球。一般要求对持球人的防守须保持一臂之内的距离或贴身防守,而对无球队员的防守则遵循人球兼顾的原则,选择在持球人和对手之间偏向球篮一侧的位置,有利于控制对手任意接球。

(二)防守无球队员

1.防无球队员原地抢位要球

这种情况主要发生在靠近球篮的区域。由于接近球篮,进攻者一旦接到球,就会对防守者产生极大的威胁,所以篮下位置的争夺总是处于白热化的状态。防守内线队员有三种防守选位:背后防守、侧前压挤伸臂防守、绕前贴背防守。背后防守是最消极的防守,等于是准备让对手接球攻击自己,这需要本身具有较高的防内线有球攻击能力,或寄希望于外围收缩协助防守。

2.防无球队员移动摆脱接球

防守无球进攻队员有四项任务:①抢断来球;②迫使其队员不向其传球;③让其在威胁性小的区域接球;④在其接到球的瞬间防守到位。防守无球队员要贯彻下述行动原则:"有球紧,无球松;近球紧,远球松;人向球走,我向球走,卡(位)、挤(压)、送(使对手远离危险区);人背球走,我向篮下收缩,控(控制住附近区域)、补(同伴漏防就近补防)、断(对传向附近的球进行抢断)。"无论对手怎样移动摆脱都保持以球为圆心,他走大圈,自己走小圈。

二、抢、打、断球技术动作方法

抢球、打球、断球是防守中具有攻击性的技术。

(一)抢球技术

抢球技术是带有攻击性防守的重要技术之一,在对方动作迟缓,精神不集中或球保护不好的情况下,防守者都可以大胆地抢球。

1.动作方法

抢球动作可分为两种:一种是拉抢,防守者看准对手的持球空隙部位,迅速用两手抓住球后突然猛拉,将球抢过来。另一种是转抢,如图5-5-1所示,防守者抓住球的同时,迅速用手臂后拉和两手转动的力量,将球从对方手中抢过来。

图 5-5-1　转抢抢球

2.动作要点

要看准对方持球转身、跳起接球下落、运球停止时的瞬间机会,果断快速地抢球。

(二)打球技术

当对方队员持球、运球、投篮时,防守队员都可以出其不意地突然打球,也可以在集体防守的配合过程中,通过堵截、夹击、关门等方法打掉持球队员手中的球。

1.动作方法

如图 5-5-2 所示,打持球者手中的球时,要根据持球者持球部位的高低。持球高时,打球时掌心向上,用手指和指根击球的下部;持球低时,打球时的掌心向下,用手指和手掌外侧击球的上部。

图 5-5-2　打球技术

打运球中的球时,以持球者右手运球为例。防守者边侧后滑步移动,边用右手臂堵住运球者的左侧,左手臂干扰运球。当球刚从地面弹起还未触及运球者的手时,防守者以短促的手指、手腕和前臂动作从侧面将球打出,并及时上前抢球。

打运球上篮者手中的球时,防守者要伴随运球者移动。当运球者在跨出第一步接球时,防守者要主动靠近他;当运球者跨出第二步起跳举球时,防守者应迅速移动到他的侧前方,将球打掉,并及时上前抢球。

2.动作要点

打球时选准时机,动作隐蔽。

（三）断球技术

1.动作方法

如图5-5-3所示，横断球时，要准确判断对方的传球意图和球的飞行路线，与对手有一定距离，使其同伴感到可以传球。准备断球时要降低重心，与传球人、接球人保持一定角度，位置要靠近传球一侧。注意观察持球队员的动作，当持球者传球出手时，迅速向来球方向起跳。充分伸展腰腹和手臂，当截获来球，立即收腹双脚落地保持平衡，及时与运球、传球相接。

图 5-5-3　横断球

如图5-5-4所示，纵断球时，以从对手右侧断球为例。纵断球时，右脚应向右前方（从对手侧后绕出断球时）或右侧前方（从对手身后绕出断球时）跨出，左腿从侧面绕过对手，同时右脚用力蹬地（或两脚蹬地）侧身向来球方向迅速跃出，两臂伸直将球断获。其他动作要领同横断球。

图 5-5-4　纵断球

封断球时，是当持球者暴露了自己的传球意图，或传球动作较大或较慢时，防守者可在对方球出手的一瞬间，突然起动，两臂封盖或将球截获。

2.动作要点

掌握好起动时机，动作突然、迅速。

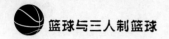

三、易犯错误与纠正方法(表 5-5-1)

表 5-5-1　防守易犯错误与纠正方法

易犯错误	纠正方法
防守队员过早起跳给进攻队员突破投篮的机会	强调防守队员在封盖投篮时不要过早起跳,必须等到对方离开地面再跳起封盖
防守队员在封盖投篮时犯规	当准备封盖时,防守队员要运用两步起跳技术,手臂充分伸直,用手指轻轻击球
防守队员在封盖投篮时起跳太晚	强调对投篮者起跳与出手时机的预判,要把双手放在与眼睛相同或更高的位置
防守队员不能成功防守对手的传切配合	强调防守队员需要向传球者移动,注意抢断球(如跳起干扰传球)
防守队员防守对方的快切失误	强调防守队员要保持"球—你—对手"的三角形落位形式,防守队员要始终观察所防守的对手和球
防守队员不能成功防守对方抢位要球	强调防守队员要先采取侧前防守,在进攻队员抢位要球时,迅速调整防守姿势,使自己正对来球方向
进攻队员有效地利用球或头部做假动作	告诉防守队员眼睛要盯住对手的躯干而不要盯着球或对手的头

四、防守技术练习方法

(一)抢、打、断球练习

1.两人一组一球,一攻一守。进攻队员持球原地做瞄、切的假动作,协助防守队员体会抢球动作。练习数次后交换。

2.两人一组一球,一攻一守。进攻队员运球,防守队员找准机会打掉进攻队员的球。练习数次后交换。

3.四人一组一球。两人传球,另两人在侧面或后面练习断球。练习数次后交换。

要求:不要接触对方身体,看准机会,出手迅速。打球时,要控制好身体平衡,重心要低,避免犯规。

4.横断球后快速运球上篮练习(图 5-5-5)

方法:△和△为传球队员,在中线附近站立。其他练习者分成两组,除了①不拿球,其他每人一球成纵队站立。④将球传给△,△接球后立即将球传给△,与此同时①要及时上前横断△给△的传球,并立即快速运球到前场上篮。此时②将球传给△,△立即将球传给△,与此同时⑤要及时上前横断△给△的传球,并立即快速运球到前场上篮。后面的练习者依次进行练习。

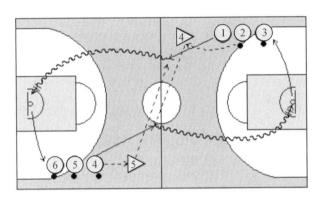

图 5-5-5　横断球后快速运球上篮练习

要求:①和④投完篮后要抢篮板球,并持球到对方队尾等下一轮练习。

(二)防守各种技术练习

1.防运球急停跳投练习

方法:练习者分为两大组,一组持球,另一组防守。保持较大间隔,不必使用球篮。练习开始,持球队员做运球突破,防守队员防运球。进攻者可以运1次球急停跳投,也可以运2～3次球急停跳投,看防守者对急停跳投的反应如何。进攻者共做5组,进攻者急停跳投时,防守者贴近跳起来封盖,手臂伸到投篮者的头上方的得2分,盖帽得3分,跳起来但手的高度没超过眼睛的得1分;防守者没有反应或被对手甩开的,投篮者得2分。得分多者为胜。得分差即是负者做俯卧撑的次数。攻守交替进行。还可以轮换攻守对象,以熟悉不同对手的特点。

要求:熟悉运球急停跳投的动作节奏,初步建立应对反应的感觉。

2.防溜底接球练习(图5-5-6)

方法:教师C持球。进攻队员设法摆脱对手在45°区域内接球,如未成功,则立即反跑溜底到另一侧,以锻炼防守队员防摆脱和防溜底的能力。然后两人交换回到对方的队尾。下一组继续进行。

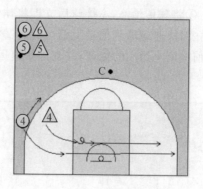

图 5-5-6　防溜底接球练习

要求：防守者要错位防守，切断对方的接球路线；防溜底时，应及时撤步背对对手，面向球，两手向后触摸对手，利用滑步把对手逼出篮下。

3.防守纵切练习（图 5-5-7）

方法：教师 C 持球，▲防④；当④向篮下纵切时，▲抢先移动至对手与球之间，堵截④的接球路线，阻止对手接球。④进攻后变为防守，▲防守后到队尾。

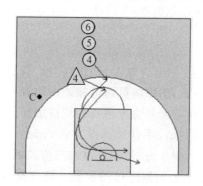

图 5-5-7　防守纵切练习

要求：防守者站在对手与球之间，人球兼顾，对手向球区切入时抢位在前，始终保持"球—我—他"的位置关系。

4.防守横切练习（图 5-5-8）

方法：教师 C 在圈顶外持球，④为传接球队员，▲防⑤。当教师将球传给④时，▲及时调整防守位置；当⑤下压横切要球时，▲抢先堵截其接球路线，阻止其接球；如⑤溜底线接球，▲撤左脚面向球贴近对手，防④传球给⑤。⑤进攻之后去担任防守，防守者去替换④传球，④将球回传给教师后到右侧队尾。然后进行下一组练习。

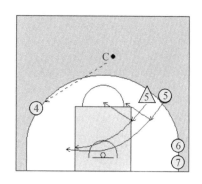

图 5-5-8　防守横切练习

要求:防守者随球转移及时到位,人球兼顾,防对手横切时抢先堵截其接球路线,对手溜底线时要撤步后转身面向球跟防。

5.强侧、弱侧防守练习(图 5-5-9)

方法:进行半场四对四练习,进攻队员在外围传球倒手,防守队员根据球和对手的位置,及时调整防守位置和距离。进攻传球 10 次以上,可寻找机会投篮,投篮后,双方拼抢篮板球,抢到球的一方则进攻。如投篮球中,则继续进攻。

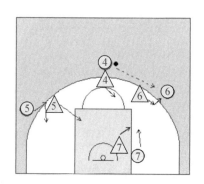

图 5-5-9　强侧、弱侧防守练习

要求:进攻队员不得空切、掩护等,只能在自己位置做摆脱接球,最后投篮、抢篮板球。开始时,进攻队员传球稍慢一点,接球后先做瞄篮、突破假动作,待防守队员上前防守后再传球。

6.提高反应、追防堵位能力的防守练习(图 5-5-10)

方法:④传球给⑥,接着向⑥跑去,⑥待④快临近之时,突然向左或向右运球突破,④则立即追防堵位防守⑥的运球突破。然后两人交换到对方的队尾。下一组继续进行。

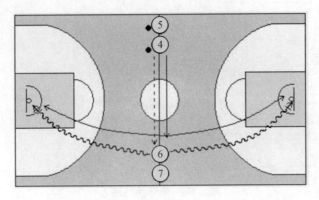

图 5-5-10　提高反应、追防堵位能力的防守练习

　　要求：④向⑥跑要快，跑动中注意观察⑥的行动；追防时，反应要及时，动作要快。
　　7.全场一防二练习（图 5-5-11）
　　方法：两人一组一球。④和⑤两人短传快攻向前场推进，对侧的⑥去堵截④，④及时传球给⑤投篮。⑥抢到篮板球后和⑦以同样的方法从后场传球到前场进攻。依次轮流练习。

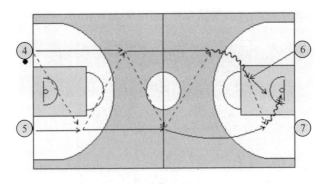

图 5-5-11　全场一防二练习

　　要求：防守者抢位意识要强，主要防守有球队员，兼顾无球队员，抢堵运球路线要快，防守动作要有攻击性，对方转移球时，移动要迅速。

五、防守技术练习建议

　　1.首先要认识防守的重要性，要使练习者掌握以球为主，人、球、区三者兼顾的整体防守观点和正确的站位。
　　2.其次要掌握移动和控制人、球的具体方法，不断提高观察判断能力。
　　3.要努力提高防守技术的运用能力，学会有策略、有意识、有配合地进行防守，不断提高实战中个人防守的效果。

第六节 抢篮板球技术运用与练习

抢篮板球是获得控制球权的重要来源之一。进攻时抢到篮板球,不仅可以在篮下直接得分,增强本队投篮的信心,而且还能够减少对方发动快攻的机会。防守时抢到篮板球,不仅能为快攻创造有利条件,而且还能给对方进攻队员投篮造成心理压力。初级班教学中我们已学习了抢篮板球技术的动作方法,它由抢占位置、起跳动作、抢球动作和获球后的动作组成。本节重点介绍抢篮板球技术在实战中的运用,以及练习提高抢篮板球的意识。

一、抢篮板球技术的运用

抢篮板球是对抗动作,技术要求较高,主要有三个因素:一是要狠。抢就必须狠,表现在动作上、力量上、意志上,不能斯斯文文。二是要动。动才能争取主动,先动、会动就有可能占据有利位置。这靠的是判断和积极性,及时、果断地做出准确的应答行动。三是要灵。能否获球在于灵巧,抢篮板球时的起动、连续起跳。争夺球的方法以及获球后的转身、摆脱等,都需要灵活机动。缺少任何一点,都难以在对抗中抢到篮板球。

(一)抢防守篮板球

1.先挡再抢

近篮区用后转身挡人。要强调挡人质量,不要过早松开,给对方留下移动空间。半蹲、张肘,做好用力起跳的准备。远篮区先用上步前、后转身和撤步挡住对手再去抢球,也可以适时运用合理的直接冲抢。落地前一刹那要观察到同伴,尽量面对进攻方向,迅速传出或运出,发动快攻。

2.配合抢防守篮板球

始终保持三名队员(中锋和前锋)抢占限制区两侧和罚球线前三角区域,形成控制圈,或要求每名队员分别盯人挡住对手冲抢路线。有时用点拨方法将球点拨给固定接应点的同伴,及时发动快攻。

3.防守抢到篮板球后要迅速组织反击

这是守转攻的良好时机,以最快速度、最短时间运球突破或一传发动反击快攻。反击的方法因各队特点不同而有所不同,但一般采用长传偷袭、短传、运球突破推进较多,这就要求其他队员及时做出反应,同时起动、分散、摆脱、接应、快下或跟进把握机会,提高成功率,创造比赛高潮。

(二)抢进攻篮板球

1.快速冲抢

每当投篮出手,要善于利用对手转身观察球的瞬间,趁其不备,运用上步或助跑起跳,突然冲向球反弹方向抢球;遇到对方阻截,要运用假动作摆脱和快速移动脚步(上前挤、绕或转身)争取抢占有利位置。

2.配合抢进攻篮板球

锋线队员主要是积极抢占篮下三角区域,外围队员要有组织地跟进和冲抢,但必须保证攻守平衡。

3.抢投结合

当同伴投篮时,左右两侧、罚球线附近的队员都要冲向篮下全力抢球。可让擅长外围中远投篮的队员和擅长拼抢篮板球的队员采取外围投篮与内线积极拼抢篮板相结合的外投里抢战术,凭着抢篮板球的实力力争比赛的胜利。这种战术虽然打法简单,却有实效。

4.补篮

补篮是进攻时抢篮板球技术运用的最佳效果。在运用时起跳时间要稍早一些,这样才能主动占据空间位置,使对方争夺篮板球起跳晚从而起跳困难,以利于补篮。在国际大赛中经常看到一些队员在投篮不中时,跳起凌空将球扣入篮内,这就是抢篮板球运用的绝妙手段。特别是高大中锋更应如此,他具有直接得分和造成对方犯规的威胁。或者落地后直接投篮;如果不能投出,要及时外传,重新组织二次进攻。

二、抢篮板球技术练习方法

(一)无球练习

1.抢进攻篮板球练习

(1)虚晃变向:练习者在三分线附近,利用假动作摆脱防守,冲向篮下。

(2)绕、跨步:练习者在限制区外,利用脚步动作绕过防守队员,冲向篮下。

(3)转身:队员在罚球线前或限制区两腰(指中锋)利用前、后转身摆脱防守,冲向篮下。

要求:重点练习脚步动作的变化,快速摆脱防守。

2.抢防守篮板球练习

(1)上步转身挡人练习。

方法:两人一组,一攻一守。防守者面对进攻者,听教师信号,进攻者消极移动,防守者上步转身挡人阻止进攻者向前移动。两人轮换进行。

要求:防守者要看准对方移动的方向,降低重心,上步要稳、快,及时向后侧转身挡人,动作衔接要快;挡人时,上体向后靠。

(2)"互顶"练习。

方法:两人一组,面对面站在圈内。听教师信号,两人迅速转身背对背,低姿势用背部和臀部互相顶挤,用力将对方顶出圈外。如此反复进行。

要求:不得有附加动作,"互顶"时不得随便松动,以免造成对方跌倒;同时,身体重心不得降得过低,保证正常的挡人姿势。

(3)圆圈挡人练习。

方法:两人一组,一攻一守。防守者背对圆圈,面对进攻者,圈内放一球。开始时,听教师信号,防守者转身挡住对手,进攻者向内移动,防守者力争在五秒钟内不让对手摸到圈内的球。攻守交换练习。

要求:转身挡人的动作要正确,运用要合理,挡人后要用上体靠住对手,并利用碎步移动和身体动作堵住对手的冲抢路线。

(二)有球练习

1.个人练习

(1)判断:让练习者在不同角度连续投篮,体会、判断反弹方位的一般规律并做出反应。

(2)自抛自抢:练习者将球向空中抛出(约 3 米高度),原地或绕步侧身起跑做单、双手抢球。

(3)自投自抢:练习者投篮出手后,采用假动作虚晃变向或绕步冲向篮下抢篮板球。

(4)单手拨球补篮:练习者将球打板后,冲向篮下,跳起用单手拨球或空中托球补篮。

要求:练习判断球的落点,及时起跳冲抢。

2.二人练习

(1)两人在篮下两侧站立,轮流跳起在空中用单、双手托球打板传给同伴。

(2)两人一组,A 在篮左(右)侧投篮,B 在另一侧抢篮板球,A 投篮后也向篮下冲抢。

(3)教师在不同位置投篮,两名练习者在两侧冲抢篮板球。

要求:练习判断球的落点,及时起跳冲抢。

(三)对抗性练习

1.一对一的攻防抢篮板球练习(图 5-6-1)

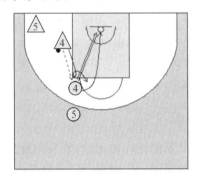

图 5-6-1　一对一的攻防抢篮板球练习

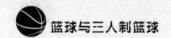

方法:两人一组一球,一攻一守。△将球传给④,立即迎前防守,④投篮,△立即转身挡人,④则设法绕过对方的防守冲抢篮板球;如④抢到篮板球则可继续进攻或补篮,△继续防守,直到△抢到篮板球或对方投中篮。下一组轮换练习。

要求:防守队员抢球前要积极地挡人抢位,进攻队员要利用虚晃摆脱冲抢篮板球。

2.结合实战抢罚球不中的篮板球练习

方法:教师投篮,双方队员争拼篮板球。练习数次后,规定进攻队员抢到球可做补篮,防守队员抢到球则立即发动快攻,看哪方成功的次数多。

要求:双方对抗要积极、认真,要有实战气氛。

3.三对三移动抢篮板球练习

方法:六人一组,三攻三守,教师投篮。攻守队员在移动中拼抢篮板球。如此反复进行。

要求:练习者在移动中注意观察教师投篮时机,抢篮板球的意识要强,动作要快。

三、抢篮板球技术练习建议

1.增强抢篮板球的意识和愿望,做到有投必抢,才能取得抢篮板球的主动权。抢篮板球时必须具备勇猛、顽强、敢拼、敢抢的作风。

2.掌握球反弹的基本规律、准确判断,快速移动及时抢占有利位置,为抢篮板球创造有利条件。攻守篮板球的关键是"冲"与"挡"。

3.及时起跳,伸展充分扩大空间控制范围,得球落地后要在注意保护球的同时迅速转入下一个攻击动作。

4.重视抢到篮板球后的攻守时机,以发挥篮板球在比赛中的作用。

第七节　进攻基础战术配合的运用与练习

进攻基础战术配合可以在两后卫之间、两前锋之间进行,也可以在前锋与后卫、前锋或后卫与中锋之间进行配合。只有熟练地掌握各种基础配合,全队进攻才能灵活多变,具有较大的攻击力。在初级班教学中已初步介绍基础战术配合的概念和方法,在此基础上,中级班教学要求通过战术配合练习,提高练习者的战术配合意识和能力。

一、传切配合的运用与练习

在传切配合过程中,切入队员的动作要突然,要利用速度和假动作摆脱防守,持球队员则要有攻击性,能够以投篮和突破动作吸引防守队员的注意力,以便能及时、准确地用不同的传球方式,从防守空隙中将球传给切入的同伴。

（一）传切配合的运用

1.在防守者严密防守传球队员却没有断球企图的情况下,传切配合效果最为明显。它迫使防守队员到篮下去阻止回传球,从而为外线队员留出很大空间。如果防守队员在切入过程中绕前防守想要断球,那么进攻队员可以空切。

2.切入队员首先要掌握好切入时机,根据对方的防守情况,利用假动作摆脱,及时、快速切入篮下,并随时准备接球。

3.传球队员要利用假动作吸引、牵制对手,并采用合理的传球方法及时、准确地将球传出。

（二）传切配合易犯错误及纠正方法

1.进攻选位距离近,进攻配合的范围小,配合难以成功。

纠正方法:应反复讲解、示范传切配合的位置要求,规定进攻位置,明确进攻队形和配合方法。

2.假动作的运用不逼真,真假变化慢。

纠正方法:在练习中对合理运用假动作提出要求和给予方法上的指导,可采用模仿性的练习,并抓住重点、难点反复练习,帮助提高运用假动作的能力。

3.切入跑动时不选捷径,跑动中不侧身、不看球。

纠正方法:可采用画出切入跑动路线的方法,并给予"看球"信号的刺激和条件限制,逐渐改进动作,提高切入技术。

4.配合队员传球准确性、隐蔽性差。

纠正方法:加强练习各种传球技术,增加传球的多变性,并在配合中对传球提出明确的要求和给予方法上的指导、示范,如指出传球时机、位置、方式。

（三）传切配合的练习方法

练习一:如图 5-7-1 所示,练习者分成两组,④传球给⑦后向左侧做切入的假动作,然后变向从右侧纵向切入,⑦接球后回传给⑤,并向底线做切入假动作,然后变向从左侧横切。⑦切入后到④队尾,④切入后到⑦队尾,依次进行练习。

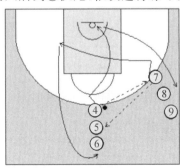

图 5-7-1　传切配合练习一

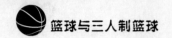

要求:假动作要逼真,变向切入动作迅速,侧身看球。

练习二:如图 5-7-2 所示,练习者分成两组,④传球给⑦后向左侧做切入假动作,然后变向从右侧纵向切入接⑦的回传球投篮。⑦传球后跟进抢篮板球,④与⑦交换位置,依次进行练习。在此基础上,可做横切、纵切或对切入队员增设消极防守,最后过渡到增设积极防守进行二对二的对抗练习。

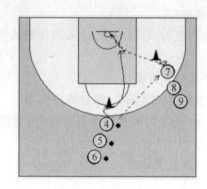

图 5-7-2 传切配合练习二

要求:切入动作快,传球及时到位,投篮准确。

练习三:如图 5-7-3 所示,练习者分成三组,⑤⑥两组每人一球,⑤传球给④后反方向切入接⑥的球投篮,⑥传球后快速横切接④的传球投篮。④⑥抢篮板球后按顺时针方向换位,依次进行练习。

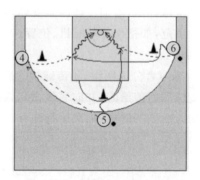

图 5-7-3 传切配合练习三

要求:切入动作规范,速度快,传、投准确,换位及时。

二、突分配合的运用与练习

突破队员在突破过程中,要随时注意观察攻守队员的位置变化,做好投篮或分球的两种准备。其他进攻队员则要在持球同伴突破的一刹那,及时摆脱防守,占据有利位置,以便接球投篮。

(一)突分配合的运用

1.突分配合适用于区域联防和进攻人盯人防守。利用突破配合吸引协防,为球队的最佳投手创造投篮得分的机会,从而打乱对手的防守策略。

2.运用突破压缩对方守区,传球给外围队员投篮。突破队员要有直接得分能力,迫使对方频繁补漏。同时无球队员要及时找好角度空插接应,以便顺利接回传球投篮。

3.突破后传球给空插队员或中锋投篮。队员突破时要快速、突然,在突破过程中要随时观察场上队员位置的变化,及时准确地传球。接球队员要把握时机,及时摆脱对手,马上抢占有利位置接球投篮。

(二)突分配合易犯错误与纠正方法

1.突破队员只看球,没有随时观察场上攻守队员的位置与行动,分球不及时。

纠正方法:练习中强调突破队员在快速突破中既要做好投篮的准备,又要随时观察场上攻守队员的位置与行动。

2.配合队员选位摆脱时间、位置与距离不当。

纠正方法:对无球进攻的同伴即配合队员要求也很高,要学会主动观察,一旦同伴持球突破时,配合队员一定要移动,及时拉开防区,不让对方协防,跑到最有利的进攻位置上去接球,这样才能打出成功的突分配合。

(三)突分配合的练习方法

练习一:如图 5-7-4 所示,④将球传给⑦,⑦沿底线突破,当遇到固定防守队员△的阻截时,及时传球给下插的④投篮,⑦抢篮板球并与④交换位置,依次进行练习。

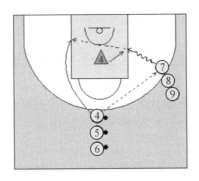

图 5-7-4　突分配合练习一

要求:无球队员可向不同方向移动,持球队员传球动作要隐蔽、及时、准确。

练习二:如图 5-7-5 所示,④接⑦的传球后,中路突破,当△补防时将球传给⑦投篮,防守队员抢篮板球排到队尾，④和⑦换位到原防守位置，防守下一组⑤和⑧，依次进行练习。

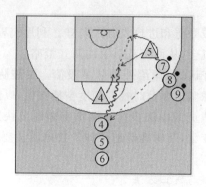

图 5-7-5　突分配合练习二

　　要求：突破时用身体保护球，无球队员不要过早移动，进攻结束后快速回原位防守，确保练习的连续性。

三、掩护、挡拆配合的运用与练习

　　掩护配合有许多形式和方法，根据掩护和被掩护队员身体位置的不同，有前掩护、侧掩护、后掩护三种形式。根据不同情况，还可进行多种变化，如反掩护、假掩护、运球掩护、定位掩护、行进间掩护、双人掩护、连续掩护等。掩护配合能否成功，要看在掩护者挡位的同时，摆脱者是否及时利用同伴摆脱。而挡拆配合是掩护配合的延伸，掩护配合强调掩护队员的动作、位置、方向，而忽视了拆的重要性，而很多的进攻机会则在拆开之后出现的。因此，在实战中应根据战术变化灵活运用掩护与挡拆配合。

　　（一）掩护与挡拆配合的运用

　　1. 配合时，进攻方应让最强的外线队员和最强的内线队员站在同侧，这样在传球时就可以进行两个人之间的配合。

　　2. 选择正确掩护位置，掌握最佳阻挡时间，过早或过晚都不会成功。

　　3. 同伴之间的配合要有突然性，掩护者移动的距离不要太长，以免过早暴露掩护的意图。

　　4. 不要给在球场角上的持球队员做掩护，以免对方包夹。

　　5. 运用掩护配合时，要随机变化，掩护队员的掩护应做到动作连续和跟进。

　　6. 挡拆配合一般在防守者对带球队员施加压力的时候运用，做掩护后，对方交换了防守，一般都是矮小的防守队员去防守高大的掩护队员，就会产生"不平衡"。运球者应立即将球传给向篮下转身的掩护队员，挡拆就很容易打成。

（二）易犯错误与纠正方法

1.掩护的位置、距离及掩护动作不合理。

纠正方法：在练习中应强调掩护队员给同伴做掩护时应根据不同的方向和位置合理地运用跳步急停并且保持不动，站在同伴防守者必经之路上。掩护需较宽的位置，使自己的身体与对手保持一定的夹角以阻止对方通过。

2.被掩护者没有运用假动作吸引防守者，没有等到掩护到位就采取行动。

纠正方法：强调要"肩挨肩"地通过掩护。被掩护者要观察掩护的进展情况，把对手引到掩护位置，等掩护形成后再采取行动，要掌握好动作的节奏、摆脱的时机和移动的路线，摆脱防守时要有突然性。

3.掩护队员做掩护后没有及时转身护送或参与配合进攻。

纠正方法：强调掩护队员要注意拆分时机，同伴运球突破时，掩护队员要及时转身，与其形成传球角度。

（三）掩护与挡拆配合的练习方法

练习一：如图5-7-6所示，练习者分为两组，分别站在障碍物后面，以障碍物代防守。练习开始时，⑥移动给④做侧掩护，当⑥掩护到位时，④从右侧切入，⑥做后转身跟进，④⑥互换位置，依次进行练习。

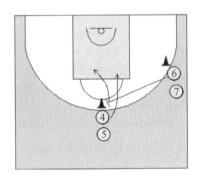

图 5-7-6　掩护与挡拆配合练习一

此练习可在障碍物侧面画两个脚印和掩护后转身的方向，帮助练习者掌握掩护时的站位及掩护后转身跟进的方向。

练习二：如图5-7-7所示，练习者分为两组，分别站在障碍物后面，以障碍物代防守。练习开始时，⑦将球传给④，④瞄篮或向左侧虚晃，当⑦掩护到位时，④突然向右运球突破投篮或传球给⑦，⑦后转身跟进接回传球或抢篮板球。④和⑦交换位置，依次进行练习。

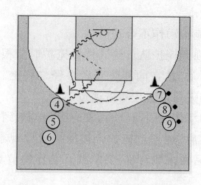

图 5-7-7　掩护与挡拆配合练习二

要求：④突破时不要低头，把握好第一进攻机会直接投篮或伺机传球给⑦。

练习三：如图 5-7-8 所示，练习者分为三组，分别站在障碍物后面，以障碍物代防守。练习开始时，④传球给⑥后，反方向移动给⑤做掩护，⑤横切，④掩护后转身切入篮下，⑥将球传给⑤或④投篮，抢篮板球后，三人逆时针方向互换位置，依次进行练习。

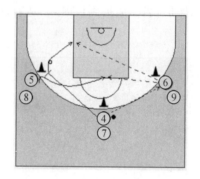

图 5-7-8　掩护与挡拆配合练习三

要求：④不能过早转身，④给⑤掩护后，左右应拉开一定距离，不要和球在一条线上。

四、策应配合运用与练习

进行策应的范围较广，在半场范围内应用时，一般分为内策应和外策应两种：靠底线的限制区两侧做策应通称为内策应，在罚球线附近和罚球线的延长线附近做策应通称为外策应。当对方用全场紧逼防守时，可在中场一带，甚至在对方前场运用策应配合来破坏防守。

（一）策应配合的运用

1.策应队员传球给空切队员投篮。策应队员及时抢位要球，传球队员要及时地将球传到策应队员远离防守的一侧。接球后两手持球护于胸前，身材较高的策应队员可将球持于头上。策应队员应结合转身、跨步等动作协助同伴摆脱防守,用手、眼等示意同伴传球的方向和落点。掌握先内后外,先异侧后同侧的传球原则,在给空切队员传球时,应主要采用低手、体侧或肩上向后传球。传球力量要柔和,便于同伴接球后连续完成下一个动作。

2.策应队员接球后,自己投篮或突破。策应队员接球后的个人攻击动作,主要是接球之后转身突破、后撤步挤投、转身跳投等。

3.策应队员传球给外围队员进行中远距离投篮。策应队员要在策应过程中,利用转身、跨步等动作,及时调整自己位置,协助同伴摆脱防守队员和进行更安全的传球。若没有个人攻击机会时,要尽快把球回传给外围队员。在给外围队员传球时,应主要采用头上传球、反弹传球等方法。传球幅度不要太大,传球要及时、快速,做到人到球到。

(二)策应配合易犯错误与纠正方法

1.策应队员摆脱抢位不及时、不主动。

纠正方法:加强练习突然起动的速度,迅速摆脱对手占据有利位置。

2.策应队员接球后重心太高,策应的位置、距离不适宜。

纠正方法:利用场地画线跑动接球练习,加强接球后保持合理的护球姿势的能力。外围传球队员根据策应队员的位置和机会,及时准确传球给策应队员,做到人到球到,传球后迅速摆脱防守切入到篮下。

3.策应队员没有随时注意观察场上情况,不能及时地将球传给获得有利进攻机会的同伴或自己寻找机会进攻。

纠正方法:看信号做出反应。结合转身、跨步等动作协助同伴摆脱防守,用手、眼等示意同伴传球的方向和落点。

(三)策应配合的练习方法

练习一:如图 5-7-9 所示,练习者分成两组,④⑤⑥持球。练习开始时,⑦移动至罚球

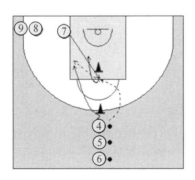

图 5-7-9　策应配合练习一

线前做策应,④传球给⑦后移动到⑦面前接球投篮,或运球突破投篮。⑦策应后转身跟进抢篮板球。④⑦交换位置,各自排在队尾,依次进行练习。熟练掌握之后再加攻守对抗练习。

　　要求:策应队员不要站在限制区内,传球要隐蔽、及时、准确。

　　练习二:如图 5-7-10 所示,④⑥相互传球,⑧突然提到罚球线前做策应,接④或⑥的传球,④或⑥传球后交叉绕切接⑧的传球投篮或运球突破投篮,⑧也可自己进攻。熟练掌握之后再加攻守对抗练习。

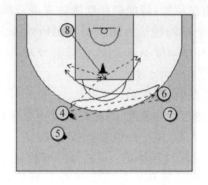

图 5-7-10　策应配合练习二

　　要求:策应队员插上要及时到位,采用绕步抢前接球动作。防守从消极到积极。

　　练习三:如图 5-7-11 所示,练习者每六人分成两组,④⑤⑥三名队员进攻,另三名队员△△△进行防守。④将球传给⑥,⑥接球后假意向左侧运球突破,吸引△△上前紧防。此时④趁机摆脱防守队员,接⑥的传球并进行策应,将球及时传给摆脱△的防守,切入到限制区内的⑤投篮。

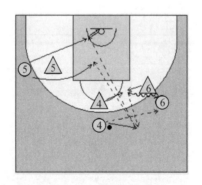

图 5-7-11　策应配合练习三

　　要求:进攻队员⑤⑥要交替从两侧发动配合。三名进攻队员也要轮流在各个进攻位

置上进行配合练习。每练习三次后,攻守两组交换位置继续进行练习。

练习四:如图 5-7-12 所示,练习者每六人分成两组,三人进攻,另外三人进行盯人防守。④将球传给⑦时,⑤立即跑向⚠给④做侧掩护。④利用⑤的掩护纵切到篮下,接⑦的策应传球投篮。

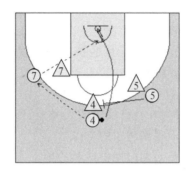

图 5-7-12 策应配合练习四

要求:此练习,进攻队员④也可将球传给⑦,让其从左侧发动配合。三名进攻队员要轮流在三个进攻位置上进行配合练习。每练习三次后,两组交换攻守位置继续进行练习。

五、进攻基础战术配合的练习建议

1.在学习进攻基础战术配合时,首先要使练习者了解各种配合的概念、运用时机、配合方法和要求。重点分析配合时机的捕捉和利用、配合条件的选择以及队员之间配合动作的协同和应变等。

2.教学练习中应注意强调培养和提高协作精神和配合能力。

3.教学练习中应狠抓基本技术,如移动摆脱、假动作、传接球、投篮等,注意增加练习的数量,提高练习质量。

4.教学练习中应强调假动作与变化、配合时机、配合意识、配合能力和应变能力的训练与提高。

5.应狠抓困难条件下的练习与提高练习的难度,通过教学比赛来巩固,提高配合的质量。

第八节 防守基础战术配合的运用与练习

防守基础配合是组成全队防守战术的基础,它包括有挤过、穿过、绕过、换防、关门、

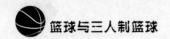

补防和夹击等七种。防守基础配合的攻击性在于积极主动地破坏对方的习惯配合,最大限度地控制对方队员的活动和队员之间的联系。防守基础配合的质量好坏,取决于个人防守能力和协同防守的意识。

一、防守基础战术配合的运用与练习

(一)挤过配合的运用与练习

在进攻队员进行掩护时,防守队员运用的挤过是一项难度很大的防守技术,但一旦防守成功,可以减少进攻错位防守的发生。

1.挤过配合的运用

(1)当防守队员知道掩护发生在自己所防的人身上,首先要迫使进攻队员远离掩护,这样进攻队员就不会通过掩护而得到进攻的空位。

(2)当挤过防守时,防守队员必须向掩护队员的前上方迈出一步,这样可以使自己能够挤过并继续防守自己所防的进攻队员。

(3)当掩护队员对有球队员掩护时,掩护队员的防守者就要与同伴进行交流,并从掩护的后面向前迈一步,迫使运球队员移动,这样会给防守队员一定的空间来成功挤过掩护,并继续防守自己所防的运球队员。

2.挤过配合的练习方法

练习一:如图 5-8-1 所示,⑥给④掩护,⚠挤过防守后到右路队尾,⚠到左路队尾,④⑥掩护后,④防⑦,⑥防⑤,⑦给⑤做掩护,依次进行练习。

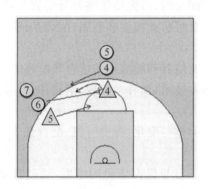

图 5-8-1 挤过配合练习一

要求:挤过时要积极主动,腰、髋和脚步动作应快速有力,练习数次后改变掩护方向。

练习二:如图 5-8-2 所示,④传球给教师 C,④移动到底线为⑤做掩护,⚠挤过防守,教师 C 将球传给④或⑤。进攻结束后,⚠⚠抢篮板球,换位至队尾,④⑤立即回原位防守⑥和⑦。依次进行练习。

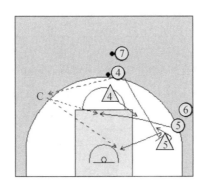

图 5-8-2　挤过配合练习二

要求:必须采用挤过防守,加快攻守转换速度。

(二)穿过配合的运用与练习

1.穿过配合的运用

在对方掩护发生在弱侧区域、距离球篮较远、无投篮威胁、不宜换防的情况下,防掩护的队员可以给对手留出一点空间,让同伴继续防住原来的对手。运用穿过配合可有效地破坏对方的掩护配合。

2.穿过配合的练习方法

练习一:如图 5-8-3 所示,④传球给⑤,④反向移动给⑥做掩护的一刹那,△主动后撤一步,让△从④和△中间穿过去,继续防守⑥。依次练习数次后,先交换防守位置,再练几次后攻守交换练习。

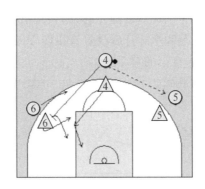

图 5-8-3　穿过配合练习一

要求:防守队员之间配合默契,动作要快速。

练习二:如图 5-8-4 所示,④传球给教师 C,然后向左移动给⑦做掩护时,△后撤与△做穿过配合,继续防守自己的对手。完成防守后,抢篮板球换位至队尾,进攻队员④和⑦

快速回原位防守⑤和⑧。依次进行练习。

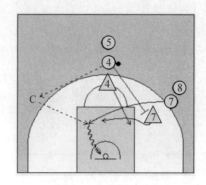

图 5-8-4　穿过配合练习二

要求:必须采用穿过防守,加快攻守转换的速度。

(三)绕过配合的运用与练习

1.绕过配合的运用

在无法做挤过、穿过配合,又距离球篮较远、无投篮威胁、不宜换防的情况下,运用绕过配合可以破坏对方的掩护配合。绕过配合最重要的一点是,当两个做掩护配合的进攻队员交错时,防守掩护者的队员要主动斜上步干扰,让同伴能及时从身后绕过,继续防住他的对手。

2.绕过配合的练习方法

练习一:如图 5-8-5 所示,练习者每四人分成两组,两人进攻,另两人进行盯人防守。当进攻队员④给⑤掩护时,防守队员△紧随④移动,快接近△时,此时防守队员△不便利用挤过或穿过防守配合,则从⑤和△的身后绕过直接防守⑤。△也要及时调整好防守位置,保持正确的防守位置,紧防自己的对手④。

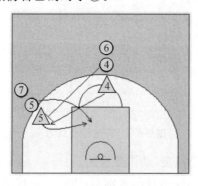

图 5-8-5　绕过配合练习一

要求:防守两队员要轮换防守位置进行配合练习。每练习三次后,攻守两组交换攻守位置继续进行练习。

练习二:如图 5-8-6 所示,练习者每六人分成两组,三人进攻,另三人进行盯人防守。④将球传给⑤,④给⑥做掩护,△紧随④移动,快接近△时,此时△不便利用挤过或穿过防守配合,此时,△主动上步干扰⑥,则△从△的身后绕过直接防守⑥。△也要及时调整好防守位置,保持正确的防守位置,紧防自己的对手④。依次练习数次后,先交换防守位置,再练几次后攻守交换练习。

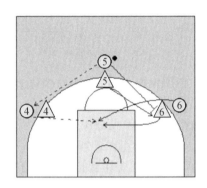

图 5-8-6　绕过配合练习二

要求:防掩护的队员要观察对方掩护意图,及时提醒同伴。快速上步干扰对方,让同伴能及时从自己身后绕过。

(四)换防配合的运用与练习

1.换防配合的运用

(1)只要换防以后的新对手在身高和技能方面无明显差别,运用交换配合可以有效地遏制和破坏对方的掩护配合。一般对方进行纵向的掩护最好不换防,如后卫和中锋做掩护时,交换防守后,会面临防守更快或更高的队员的现象。

(2)同伴之间的交流是换防的关键。因为被掩护队员的防守者在掩护队员进行掩护时,是看不到掩护队员前来掩护的。这需要掩护队员的防守者提醒同伴,以至于换防行动能及时进行。

2.换防配合的练习方法

练习一:如图 5-8-7 所示,练习者每四人分成两组,两人进攻,另两人进行盯人防守。④传球给⑤并给⑤做侧掩护,⑤利用④的掩护运球向篮下突破时,△要及时提醒同伴△进行换防,即自己放弃所防守的④,及时上前换防⑤。△要迅速调整好对④进行防守的位置,要提防④空切篮下接⑤的传球投篮。依次练习数次后,先交换防守位置,再练几次后攻守交换练习。

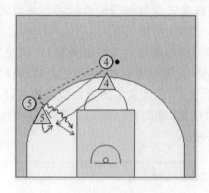

图 5-8-7　换防配合练习一

要求:防守掩护者的队员必须发出信号,通知同伴进行交换配合,攻守转换速度要快,加大练习密度。

练习二:如图 5-8-8 所示,练习者每六人分成两组,三人进攻,另三人进行盯人防守。⑤将球传给⑥,反跑给④做侧掩护,此时△在⑤即将靠近△时,提醒同伴△进行换防。自己及时换防④,防其向篮下空切,同时还要注意抢断⑥给④的传球。△也要注意防⑤的空切。依次练习数次后,先交换防守位置,再练几次后攻守交换练习。

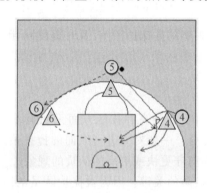

图 5-8-8　换防配合练习二

要求:防守被掩护者的队员要及时撤步抢占有利位置,不让掩护者把自己挡在外侧。

(五)关门配合的运用与练习

1.关门配合的运用

通常在区域联防和半场人盯人防守战术中运用。关门配合是对付突破能力强的外线队员的有效武器。它要求防守队员相互有很好的联系,当对手突破时,临近突破一侧的防守队员要及时向同伴靠拢,堵住对手的突破路线。注意不要有多余的附加动作,这样更易造成对手"带球撞人"犯规。

2.关门配合的练习方法

练习一:如图 5-8-9 所示,④持球突破,△抢先移动向△靠拢并"关门",④传球给⑤,待△防守回位时⑤突破,△和△"关门"。依次进行练习,练习数次后,攻守交换。

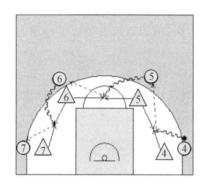

图 5-8-9　关门配合练习一

要求:防守队员积极移动,快速回位。关门时不留空隙,熟练掌握后,持球队员可随意突破方向,增加防守难度。

练习二:如图 5-8-10 所示,练习者每四人分成两组,两人进攻,另两人盯人防守。④接到⑤的传球后,从中路运球向篮下突破,此时防守队员△和△要及时向中间移动并列站立,用身体挡住进攻队员④的突破路线。练习数次后,攻守交换。

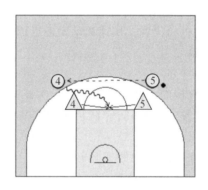

图 5-8-10　关门配合练习二

要求:防守队员在封堵进攻队员的突破路线时,应及时抢先占位。注意不要犯规。

(六)夹击配合的运用与练习

1.夹击配合的运用

夹击配合是一种主动性、攻击性很强的防守配合方法,夹击的目的是迫使对方传球失误,断球反击,或者是造成对方五秒、球回后场等违例。通常在紧逼人盯人防守、区域紧逼防守或带有夹击式的扩大联防战术中运用。

（1）好的夹击时间是当一名进攻队员向底线运球时，内线防守者向外顶出，占据好的位置对运球队员进行夹击。

（2）如果进攻队在比赛的最后比分领先，在控球时想通过控球将时间浪费掉，这时进行夹击防守是最有效的反击方法，因为可以迫使对手传球而造成抢断。

2.夹击配合的练习方法

练习：如图 5-8-11 所示，④传球给⑤，⑤传给⑥，⑥向底线运球停止后，△和△夹击⑥，△及时防守近球队员⑤，⑥传球给④，防守回原位，依次进行练习。练习数次后，攻守交换。

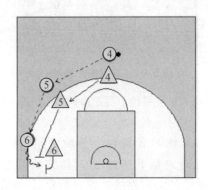

图 5-8-11　夹击配合练习

要求：正确选择夹击的时机和位置。快速移动紧逼近球队员。

（七）补防配合的运用与练习

1.补防配合的运用

补防可以阻截对方一次直接的投篮和减少对方一次最有进攻威胁的机会。

（1）如果进攻队员在外线投篮很准，防守队员不要轻易去冒险补防而给进攻队员投篮得分的机会。

（2）对方突破后，两个防守队员之间距离比较近，补防队员接近篮下，并且与突破队员有一定角度时，一般运用二人间补漏交换。

（3）对方突破后，同侧防守队员离篮较远，需要中锋或异侧的同伴去补防时，一般运用三人间轮转补漏交换。

2.补防配合的练习方法

练习一：如图 5-8-12 所示，练习者每六人分成两组，三人进攻，三人进行盯人防守。④从中路突破△时，△立即补防，△向篮下移动补防⑤，△补防⑥，完成防守后，△抢篮板球，防守队员按顺时针方向换位至队尾，进攻队员立即回原位防守，依次进行练习。

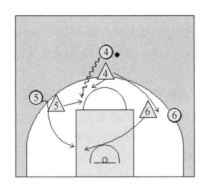

图 5-8-12　补防配合练习一

要求:补防时移动迅速,减少犯规。

练习二:如图 5-8-13 所示,练习者每六人分成两组,三人进攻,三人进行盯人防守。
④将球传给同伴⑤,⑤接球后运球直接向篮下突破时(△此时可消极防守),防守队员△
则要果断地放弃防守⑥,上前补防⑤。同时,△要及时换防⑥,△要及时换防④。练习数
次后,攻守交换。

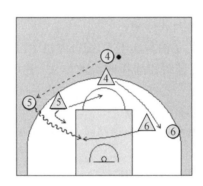

图 5-8-13　补防配合练习二

要求:此练习也可从⑥处发动进攻配合练习。补防时注意对方传球动机,果断抢
断球。

二、易犯错误及纠正方法

(一)防掩护配合(挤过、穿过、绕过、换防)

1.配合不默契、协防能力差。

纠正方法:反复讲解与示范防守掩护配合的方法和要求。在练习中强调协防能力的
培养。

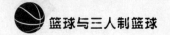

2.技术动作运用不合理、不正确,易造成犯规或贻误时机。

纠正方法:可在二对二、三对三的练习中强调技术动作正确运用的意义。先在慢速中体会配合动作,逐渐提高动作速度。教师在配合时可发出"撤步""快上""跟上""换防"等信号帮助完成配合。

3.配合成功时,不能及时调整防守位置,有效地防住对手。

纠正方法:讲解配合后继续防住对手的重要性和必要性。教师可站在配合的位置上帮助调整继续防守的位置和距离,使练习者处于积极主动,具有攻击性的位置上。

(二)关门配合易犯错误及纠正方法

1.对持球突破队员进攻意图判断不准,时机掌握不好。

纠正方法:明确讲解与示范关门的时机,练习中注意判断时机能力的培养。

2.配合时移动路线不合理,动作过大或过猛,造成犯规或漏洞。

纠正方法:反复强调"关门"的目的主要是造成对方失误,不要犯规。正确示范防守时的位置路线和手脚的协调配合。

3.配合时的位置、距离选择不当,配合效果差。配合成功后,调整防守速度慢。

纠正方法:通过信号刺激,指出如何回防,提高配合质量。协同关门的防守队员,在对方突破停球时,要迅速回防自己的对手。

(三)夹击配合易犯错误及纠正方法

1.防守队员对进攻队员的意图判断不准,配合时机掌握不好,造成防守失利或犯规。

纠正方法:反复讲解判断意图和选择时机的方法,练习中通过语言刺激,帮助完成配合。

2.位置和距离选择不当,移动速度慢。

纠正方法:重复示范配合时两队员移动路线、位置、距离及身体和手部的姿势与技术的正确运用。

3.其他队员不善于及时补位或抢断球。

纠正方法:讲清夹击时,其他队员的位置与移动和断球的时机及技术要求。在慢速和规定路线条件下进行练习。

(四)补防配合易犯错误及纠正方法

1.补防不及时,位置、距离不合理。

纠正方法:反复讲解与示范补防配合的方法及技术运用要求。

2.技术运用不当,动作过大易造成犯规。

纠正方法:在练习中强调其配合是以封堵持球队员的前进路线与封盖投篮为目的,教师应用信号刺激帮助学生掌握时机和移动路线。

3.配合不协调,互补意识差。

纠正方法:在三对三、四对四的练习中反复实践补防配合,提高配合质量。

三、防守基础战术配合的练习建议

1.在练习中应狠抓配合意识、配合时机、配合位置、配合路线及配合技术动作的练习和提高。要求迅速果断,避免犯规。

2.在练习中应强调配合后继续防守对手,使之继续保持防守的积极性、合理性。

3.在练习或运用中应注意合理地运用语言信号,如"防守""换防""不换"等语言信号,鼓动情绪和提高配合效果。

4.练习中注意进攻与防守配合的密切协作,互相促进,共同提高。

5.防守战术基础配合应以挤过配合为重点练习内容,其他作为一般练习内容,建立配合的概念,掌握基本配合方法。

6.在掌握基本的配合方法之后,增加一些对抗性的练习,并在对抗练习中提高战术意识和配合质量。

第九节　测试你的篮球学习水平

中级班的教学强调技术动作的全面性和实践性,强调篮球基本技术在实际比赛中的运用,通过教学比赛的组织与练习,提高学生的实战能力和团队协作能力。通过一学期的篮球技术、战术的学习,为了使学习者能比较客观地评价自己的水平,本节制定了篮球选项课(中级班)的评价标准,供学习者自评。

一、主要内容及学时分配

表 5-9-1　主要内容与学时分配(中级班)

主要内容		学时与比重	
		学时	比重(%)
理论部分	1.运动安全与健康教育	2	11.11
	1.篮球自我锻炼方法与健身效果评价 2.篮球竞赛的主要规则与裁判法	2	

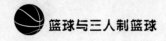

续表

主要内容		学时与比重	
		学时	比重（%）
技能部分	二三人之间移动传接球技术	22	61.11
	体前变向（换手和不换手）运球技术		
	后转身变向运球技术		
	原地跳起投篮技术		
	运球后转身接跳投技术		
	防有球队员及无球队员选位		
	接球急停突破技术		
	攻守基础配合		
其他	身体素质练习	10	27.78
	专项、身体素质考试		
	体质测试		
	理论考试		
合　计		36	100%

二、测评内容和比例

表 5-9-2　测评内容和比例（中级班）

序号	考试内容	百分比
1	专项技能（两项）	40%
2	理论	10%
3	身体素质	25%
4	学习过程	10%
5	课外锻炼	15%

三、专项技能测评内容和评分标准

（一）1分钟自投自抢（10分）

1.测评要求

男生在篮圈中心投影点4米外半径（女生在3米外半径）任何一点自投自抢，记1分钟投中的个数。球出手前脚踩线中篮无效，自抢到球时必须运球至投篮点外。本项考试给两次机会，取最好成绩。

2.评分标准

表5-9-3　1分钟自投自抢考试评分标准（中级班）

男、女生标准	得分
命中8个	10
命中7个	9
命中6个	8
命中5个	7
命中4个	6

（二）技术动作规定套路测评（30分）

1.技术测评方法

学生持球位于端线与三分线交叉处，运用双手胸前传球将球传给罚球线分位线上的同伴后，即快速侧身插上接回传球向前运球突破，至第一障碍物处运用体前变向技术（换手或不换手均可）运球突破，至第二障碍物处运用运球后转身急停投篮技术投篮。球出手后，自抢篮板球，按图5-9-1路线绕三个圆圈快速运球突破上篮。记完成整套动作时间。

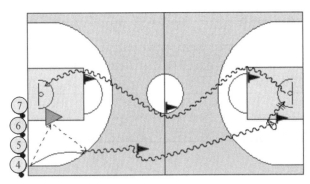

图5-9-1　技术动作规定套路路线

2.测评要求

如出现未按技术考核路线及要求完成或出现违例动作等,每出现一次加时 2 秒;如球未中篮,补中篮为止。

3.评分标准

表 5-9-4　技术动作规定套路考试评分标准(中级班)

男生(秒)	女生(秒)	得分
15	18	100
16	19	98
17	20	96
18	21	94
19	22	92
20	23	90
21	24	88
22	25	86
23	26	84
24	27	82
25	28	80
26	78	29
27	30	76
28	31	74
29	32	72
30	33	70
31	34	68
32	35	66
33	36	64
34	37	62
35	38	60

知识拓展

国际篮球联合会

国际篮球联合会（FIBA），通常称为国际篮联，原叫国际业余篮球联合会，是一个国际性的篮球运动组织，由世界各国的篮球协会组成，1932 年在瑞士的日内瓦成立，总部设于瑞士尼永。

它负责制定国际篮球球例，制定篮球比赛用的篮球场和篮球规格（例如：篮球筐的高度、篮球场的长阔度、禁区的大小、三分线的距离和比赛用球等），控制球员的调动，任命可以在国际篮球比赛执法的裁判和举办大型篮球比赛。由 1932 年成立至今，共有 215 个会员国家。由 1989 年开始分为五个地区委员会，专责处理该地区篮球事务，五个地区委员会包括：非洲地区委员会、美洲地区委员会、亚洲地区委员会、欧洲地区委员会和大洋洲地区委员会。

国际篮联的机构有代表大会、中央局及其执委会、秘书处和专门委员会。代表大会是最高权力机构，每 4 年召开一次，每个协会会员可派两名代表与会。代表大会有权通过和修改章程，批准国际篮联的内部细则和各委员会的条例；选举中央局；通过各种总结报告、文件和财务委员会的预、决算；确定每年的经费分配；授予荣誉称号；审批与其他国际体育组织和奥委会有关的决定，吸收和开除会员或暂时中止其会籍；批准或修改比赛规则以及有关场地、器材的规定。

中央局是国际篮联的领导机构。每 4 年改选一次，可以连选连任。中央局由主席、两名副主席、秘书长及来自五大洲地区组织的代表共 20 名正式委员及 3 名当然成员（副秘书长、司库、小篮球委员会代表和篮球教练员协会代表）组成。每年开会两次。

中央局选出 7 人执委会。执委会在中央局闭会期间行使中央局的职权。中央局主席、秘书长和司库是执委会的当然成员。

秘书处由秘书长及其助手组成。其任务是保证代表大会、中央局和执委会决议顺利执行，组织奥运会篮球赛和国际比赛；筹备和组织代表大会的召开；代表国际篮联参加国际奥委会的一切会议；保管档案；收会费；考核开支情况和传递最新信息；保证遵守国际篮联的章程和其他规定等。

国际篮联设有技术委员会、国际竞赛委员会、法律事务与资格委员会、申诉委员会、财政委员会、医务委员会、残疾人篮球委员会和传播媒介委员会。其下属组织还有世界篮球教练员协会（WABC）、国际轮椅篮球联合会（IWBF）和国际篮球文献与研究中心（ICDRB）。为了发展青少年篮球，国际篮联设有国际小篮球运动委员会，与协会会员一道合作发展这项活动,主席由中央局委员担任。小篮球有自己的章程。小篮球委员会全会每4年召开一次。

大洲组织的任务是发展本地区的篮球运动,举办洲或地区性的比赛,督促执行国际篮联的章程和规定,向国际篮联通报在该区举行的国际比赛的成绩,向中央局和代表大会报告工作等。

国际篮联的主要比赛有奥运会篮球赛(包括选拔赛)、世界锦标赛(男、女,每4年一届)、世界男子青年锦标赛(22岁以下)、世界男女少年锦标赛、大洲锦标赛(每两年一届)、国际篮联杯赛和其他重要比赛。

中国篮球协会于1936年加入国际篮联,1958年退出,1974年恢复在国际篮联的会员资格。

 学以致用

1. 交叉步持球突破技术动作易犯错误有哪些?

2. 空切时应注意哪些问题?

3. 传球时如何做到"及时、到位、隐蔽、多变"?

4. 投篮命中率与哪些心理因素有关?

5. 防守无球队员的基本要求和方法有哪些?

6. 抢防守篮板球时判断抢位的依据和要求有哪些?

7. 掩护配合和突分配合有哪些基本要求?

8. 如何运用关门配合和交换防守配合?

第六章　篮球运动高级教与学

应知导航

篮球高级班是在中级班的基础上更进一步强调技术动作的全面性和实战性,通过理论传授和实践的对抗性练习,更进一步加深学生对篮球运动的理解,促进篮球技术得到更高水平的发挥和身体素质的全面发展。在教学方法上偏重于训练,将更多的时间用于以赛代练,在实践比赛中提高学生的实战能力,为学校各班级、学院篮球队培养骨干力量,并为学校篮球队提供人员储备。

第一节　投篮技术与组合对抗学练

篮球比赛中一切进攻技术和战术配合的运用,都是为了创造有利的投篮机会,争取得分获胜。为了适应篮球比赛的需要,对于高级班的投篮教学,首先要认识现代投篮技术特点和比赛中影响投篮命中率的主要因素,明确投篮方法的要求。在此基础上,加强投篮对抗的技术力量练习,加强与其他技术配合的投篮练习,以及在对抗条件下组织练习提高投篮运用能力和命中率。

一、当前投篮技术发展特点

（一）激烈对抗中完成投篮

身高、弹跳和封盖技术的发展,空中身体接触或躲闪对手干扰,在不利姿势的情况下仍能保持身体平衡,将球投中。

（二）高超的投篮技巧

以脚步变换、腰腹控制和手臂动作灵活变化,或突然改变出手速度和投篮方法,或在空中变换动作,进行高难度作业,充分利用时间差。

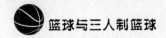

（三）出手点高

充分伸展手臂争取出手高度，或以身体掩护投篮避开封盖；在篮下不拘于某一投篮方法，力求简洁、实效。

（四）远距离投篮准确性提高

比赛中远距离投篮的次数和准确性明显提高，并常常在最后时刻以远投决定胜负，使投篮技术更富有特殊的重要作用。

二、比赛中影响投篮命中率的主要因素

影响投篮命中率的主客观因素有投篮技术的优劣、心理状态的变化、判断能力的高低、身体素质的好坏等。

（一）投篮技术对投篮命中率的影响

1.加强投篮动作的规范化

投篮命中率关键在于投篮动作的规范化。只有保持投篮技术的规范化，经过长期练习，形成稳固的定型，在比赛中才能从容出手、正确出手，确保投篮的命中率。

2.投篮方法的多样化

投篮方法有很多种类，尽可能掌握多的、不同的投篮方法，并且在激烈的比赛中要灵活运用，这对投篮命中率的提高很重要。

3.球感对投篮命中率的影响

球感是平时练习中必须强化的练习项目。只有通过反复练习，才能增强球感，最终达到提高投篮命中率的目的。

（二）心理因素对投篮命中率的影响

1.情绪对投篮命中率的影响

在心情良好、情绪适宜的状态下比赛，思维会变得异常敏捷，战术思路变得异常清晰，问题能够迅速解决。反之，则会大脑发热，思维迟缓，无创造性可言。

2.自信心对投篮命中率的影响

比赛中如有自信心，往往会有当球刚出手就有此球必中的感觉。而自信心不足就会感到拘束，犹豫不决，从而影响投篮的节奏、身体各方面协调用力等重要投篮环节，直接影响投篮命中率。

3.注意力对投篮命中率的影响

在投篮时，如果注意力降低会使动作反应迟缓，容易造成投篮不中或是投篮被封盖等现象。因此，在比赛中必须保持注意力集中，当出现投篮机会时，将眼、手、球、篮融为一体，果断投篮，这样会大大提高投篮命中率。

4.比分对投篮命中率的影响

比赛中，往往比分领先时，队员投篮动作轻松自然，自信心强，投篮命中率也会大大

提高。反之,当球队比分落后时,队员容易产生急躁情绪,投篮动作僵硬,操之过急,影响投篮命中率。而当比分接近时最能考验队员的心理素质,这时往往队员会出现紧张,出手不果断、选择时机不恰当等问题。

（三）身体素质对投篮命中率的影响

篮球比赛强度大,身体对抗激烈,对体能的消耗非常之大。如果没有良好的身体素质和体能做基础,投篮时就会出现投篮力量不够、身体不平衡的情况,影响投篮的命中率。

（四）判断能力对投篮命中率的影响

1.投篮时机的判断

要善于捕捉投篮时机,果断出手。观察防守队员的位置重心、位置、防守距离,当防守队员失去了正常的防守位置,或是通过假动作、同伴的掩护摆脱了防守队员,出现短暂的时间差和空间差,使防守队员不能干扰投篮时,应大胆、果断、自信地出手投篮。

2.准确地判断投篮距离

投篮距离的远近直接决定着投篮命中率的高低。离篮筐越近投篮命中率越高,反之命中率越低。因此在对抗中正确地判断投篮的距离,尽可能地选择靠近篮筐的位置出手投篮,这样可以大大提高投篮的命中率。

3.选择合适的出手角度

篮球比赛靠个人能力赢取比赛的概率实在太小,当防守强度大的情况下,应通过同伴掩护及假动作摆脱防守队员选择投篮命中率高的地方进行投篮,这样有利于提高投篮命中率。

三、投篮技术动作方法

（一）转身跳投

1.动作方法

如图6-1-1所示,以右手投篮为例。当以左脚为轴向左转身为前转身,以右脚为轴向右转身为后转身。

后转身技术动作:右脚后撤或横跨步拿球,右腿为轴,右后转身,左脚并步下蹲。起跳同时举球至头前的侧上方,在将达到最高点时,伸臂拨腕指,连贯将球投出。

前转身技术动作与后转身技术动作的主要区别是左脚为轴,向左转身。

2.动作要点

跨步拿球转身的连贯衔接。

（二）跨跳步投篮

跨跳步投篮与跳步急停投篮的区别在于,一个是跨步拿球接跳步停步,一个是跳起拿球双脚同时落地。跨跳步在高水平的篮球比赛中已被广泛运用,它有利于改变动作节

前转身跳投

后转身跳投

图 6-1-1　转身跳投

奏和投篮方式,造成防守封盖困难,有利于身体接触与对抗。跨跳步投篮常以小勾手、扣篮、上篮的方式完成投篮。

1.动作方法

如图 6-1-2 所示,跨跳步是篮球规则规定了两脚都不是中枢脚的条款后出现的技术动作。实际上它是行进间第二步双脚起跳的上篮。跨跳步主要技术动作是跨步拿球接跳步停步,即跨步拿球后迅速收身跳起,双脚同时落地。起跳同时举球至头前的侧上方,在跳到最高点时,伸臂拨腕指,连贯将球投出。

图 6-1-2　跨跳步投篮

2.动作要点

跨、跳的动作衔接。

（三）行进间反手投篮

1.动作方法

如图 6-1-3 所示，以右手投篮为例。在跑动或运球中左脚蹬地，右脚跨出一大步，身体腾空时单手或双手将球接住，接着右脚落地蹬地左脚跨出，落地后用力蹬地起跳，身体从球篮下飞过，尽量向前上方伸展，右手托球前伸，在身体协调配合下右臂边外旋边从脸前下到上做逆时针弧形摆动，手腕也随之外旋并依次用小指、无名指、中指和食指拨球，手心翻向篮板，球呈逆时针旋转碰板落向球篮。出手后落地缓冲维持好身体平衡。

图 6-1-3　行进间反手投篮

2.动作要点

起跳和右手弧形摆动的协调配合。

（四）行进间勾手投篮

1.动作方法

如图 6-1-4 所示，以右手投篮为例。在跑动或运球中左脚蹬地，右脚跨出一大步，身

图 6-1-4　行进间勾手投篮

体腾空时单手或双手将球接住,接着右脚落地蹬地左脚跨出(此时不是跨向球篮,而是围绕球篮做圆周移动),落地后右肩对着球篮,头转向球篮,向上跳起,右手托球伸向头右侧上方,并向球篮上方做弧形摆动,通过屈肘、屈腕在头外侧上方从指端飞向球篮(可空心也可碰板入篮),出手后投篮手臂放松从脸前落下。落地缓冲维持好身体平衡。

2.动作要点

起跳和右手弧形摆动的协调配合。

四、投篮技术组合对抗练习方法

(一)单个技术投篮练习

1.转身跳投练习(横向移动接球)(图 6-1-5)

①和⑤分别将球传给横切到弧顶附近的③和⑦,接球后原地转身面向球篮进行投篮,并自抢篮板球后到原①和⑤的队尾等下一轮的练习。依次连续进行练习。

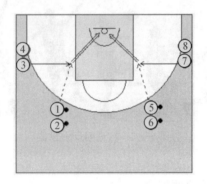

图 6-1-5 转身跳投练习(横向移动接球)

要求:传球及时到位;接球转身跳投快速、突然。

2.转身跳投练习(纵向移动接球)(图 6-1-6)

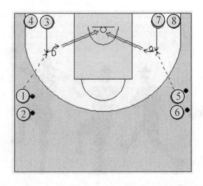

图 6-1-6 转身跳投练习(纵向移动接球)

按图所示位置站立,①和⑤分别将球传给纵切到弧顶附近的③和⑦,③⑦接球后原地转身面向球篮进行投篮,并自抢篮板球后到原①和⑤的队尾等下一轮的练习。依次连续进行练习。

要求:投完篮要及时切入篮下冲抢篮板球,不要让球落地。

3.斜线运球勾手投篮练习

练习者从中线左侧向右侧篮下运球,做右手勾手投篮。反之,换左手反方向练习。

要求:勾手投篮动作要正确。左、右手轮换进行练习。

4.底线运球突破反手上篮练习

练习者从底线场角运球突破到另一侧篮下做反手上篮。如此依次进行。

要求:投篮动作要正确;左、右手轮换进行练习。

5.定时定点连续投、抢练习

设定五个点位移动投篮。练习时,自投自抢,抢到球后立即运球到下一个指定的点位,继续练习。在规定时间内,计每人投进的个数。

要求:投篮后,移动到下一个点位要快。面对球篮快速起跳投篮。

(二)对抗投篮练习

1.分散注意力的投篮练习

两人一球,一人投篮,一人防守干扰;投篮后自抢篮板球并传给另一人,然后跑到其面前挥臂干扰,但不封盖。两人各投 10 次为一组,共投 3 组。投篮距离根据练习者的技术水平而定。

要求:防守者积极挥臂,影响视线,分散投篮者注意力。投篮者要果断,集中注意力投好每一个球。

2.接球后跳投或突破上篮练习(图 6-1-7)

分成两组,在中场成两路纵队,面向球篮站立,左侧一组持球。④将球传给⑦后立即

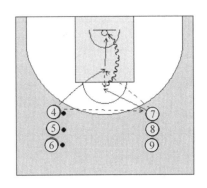

图 6-1-7　接球后跳投或突破上篮练习

斜插到罚球区内,接⑦的回传球并进行策应传球,及时传给下插到自己近前的⑦,⑦接球后进行跳投或运球突破上篮。④则要对⑦进行紧逼防守,力争封盖。⑦投篮后抢篮板球,交换位置等下一轮练习。

要求:防守者要积极防守,干扰和封盖对方投篮。可规定进攻者投中后,防守者继续防守下一个进攻者。

3. 有防守的运球变向突破篮下勾手投篮练习(图 6-1-8)

按图所示运球变向,教师 C 在限制区内做防守,有意识地造成进攻队员运球变向突破抢位勾手投篮的机会。如此依次进行练习。

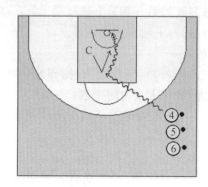

图 6-1-8　有防守的运球变向突破篮下勾手投篮练习

要求:变向突破要突然,同时侧身压肩抢占有利位置,并注意保护和控制好球。

4. 横切、溜底接球转身投篮练习(图 6-1-9)

先固定④和⑤在外线传球,教师 C 在篮下做防守者,有意给⑥造成横切、溜底接球的机会,当⑥接球转身投篮时,教师 C 上前防守干扰⑥的投篮。⑥投篮后,自抢篮板球,然后回到队尾。练习一定时间后,再轮换④⑤。

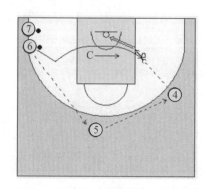

图 6-1-9　横切、溜底接球转身投篮练习

要求:寻找好时机果断投篮,投篮方式要有变化。外线传球要及时、到位。

5.三对二投篮练习(图 6-1-10)

三人进攻,两人防守。进攻队员利用传球,寻找投篮机会,防守队员积极移动,干扰和封盖对方的投篮。练习数次后,攻守交换练习。

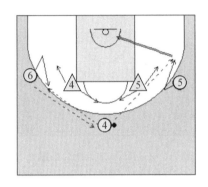

图 6-1-10　三对二投篮练习

要求:进攻队员相互要有默契,并根据对手的行动,积极寻找投篮机会,果断投篮。

(三)配合投篮练习

1.策应、传切配合投篮练习(图 6-1-11)

⑥传球给教师 C,接着变向上提到罚球线背对篮板接④的球做策应,④传球后,变向跑绕⑥身前向左切入接左侧教师的球急停跳投;⑥待④切入后,立即转身跳投。④和⑥各自抢篮板球后,分别到对方组的队尾。依次进行练习。

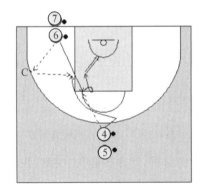

图 6-1-11　策应、传切配合投篮练习

要求:④先做分球的假动作,然后突然转身投篮;⑥变向切入要快速、突然。

2.策应、突分配合投篮练习(图 6-1-12)

④传球给上提⑥后,跑到⑥的身前接⑥的策应球,从左侧运球突破篮下,然后跳起传

球给移动到罚球线接应的⑥,⑥接球投篮。两人分别回到对方组的队尾。依次进行练习。

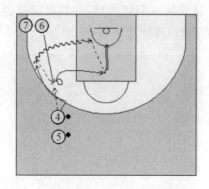

图 6-1-12　策应、突分配合投篮练习

要求:配合要默契,掌握好运球、移动、传球的时机和节奏。

3.策应转身跳投练习(图 6-1-13)

⑥上提至罚球线背对篮板接④的球做策应,⑥配合④的空切,先做策应传球的假动作,然后从另一侧转身跳投。投篮后,两人抢篮板球,然后交换回到对方的队尾。依次进行练习。

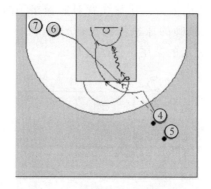

图 6-1-13　策应转身跳投练习

要求:⑥掌握好转身跳投的时机,动作要隐蔽、突然、快速。

4.多球反掩护配合投篮练习(图 6-1-14)

⑤传球⑥,④传球给教师C,⑤传球后给④做掩护,④利用⑤的掩护摆脱△切入接⑥的球急停跳投;⑤掩护后向左移动接教师C的球急停转身跳投;⑤、⑥抢篮板球,④⑤⑥按顺时针方向轮换,△继续防守,练习一定时间或次数后再轮换。依次进行练习。

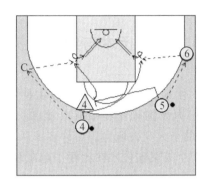

图 6-1-14 多球反掩护配合投篮练习

要求：注意观察同伴的行动，起动要及时，动作要突然，互相要有默契。

5.多球后掩护、空切、策应配合投篮练习（图 6-1-15）

④传球给教师 C，⑤传球给④，⑤利用⑥的后掩护空切篮下接教师的球投篮；⑥掩护后，向上移动接④的球做策应，④绕切接⑥回传球投篮。三人抢篮板球后，按顺时针方向轮换到另一组的队尾。依次进行练习。

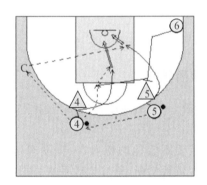

图 6-1-15 多球后掩护、空切、策应配合投篮练习

要求：掌握好配合节奏，起动及时，传球到位，投篮要果断。

五、投篮技术练习建议

1.首先要练习近距离的投篮，然后是较远、不同角度的投篮练习。在准确的基础上，发展快速的动作。

2.在比赛中经常投篮的位置要花时间多练习，尽可能完善技术动作。动作一旦形成，还要进行配合防守、投抢等练习，并尽可能在比赛条件下进行练习。

3.练习所有近距离的投篮。发展各种篮下运球、转身后的投篮，尽可能地用"强手"投篮。

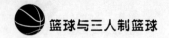

第二节　突破技术与组合对抗学练

突破技术是篮球比赛进攻技术中一项具有强烈攻击性的技术。它是完成个人进攻的主要手段。从目前重大的国内或国际比赛中可以看出,大多数运动水平较高的篮球队,他们的队员大都具有极强的个人突破能力。而许多球队就是因为队员们完善的突破技术而取得比赛的胜利。因而个人突破技术在比赛中越来越突显其重要作用,已处于极其重要的地位。

一、当前突破技术的特点

1.突破速度快而凶猛。起动突然、快速,控制球技术娴熟,贴身攻击。

2.突破时重心低,变换运球动作幅度大。

3.运球突破增多。由于防守能力的提高,进攻队员须经常运用多种运球方法调动防守队员移动,寻找突破时机。

4."真假"结合,灵活多变。假动作逼真,诱骗性强,真真假假,使突破技术更具攻击性。

5.突破与多种技术组合。应变力增强,技术间转移快。

二、突破技术在比赛中的运用

和个人摆脱一样,运用突破,一要靠速度,二要用假动作。

(一)利用速度突破防守

比赛中,与对手一交手,就要观察他的特点,一旦发现他的速度比自己慢,就要利用速度突破。要反应快、动作快,机智果断,争取比对手快一拍或半拍来超越防守。

(二)利用假动作使防守队员失去重心和防守位置

如用瞄篮或向上举球投篮假动作,引诱防守队员封投篮,一旦对手身体重心向上或向前移动,立即突破;利用传球假动作,引诱防守队员防传球而失去重心或失去防突破的有利位置而突破;利用跨步或腰部虚晃等假动作,使防守队员失去重心和防守位置。

(三)利用时间差突破

如以假跳投引诱防守队员跳起封盖,在对方落地前,及时突破。

利用摆动腿向侧前方蹬跨收回,使防守队员撤步、上步,在对方上步但脚还未落地时,马上突破(多用于同侧步突破时)。

(四)利用对方错误的防守姿势和方法突破

常见的错误防守姿势如两腿直立或重心过高,错误的方法如急抢掏打运球而失去重心。

（五）合理运用组合技术

如内中锋背对篮接球，当距篮较远时，可采用运球滑动向后压，然后突然后撤步转身突破投篮；也可用转身假跳投篮，诱骗对手跳起封盖，然后插步靠住对手提起中枢脚上篮。又如将各种运球变向技术组合运用，寻找突破机会或突破方向而突破。

三、运用突破技术应注意的问题

1.突破技术一定要与投篮、传球、假动作等技术结合运用，才能充分发挥它的威力。因此，运用突破时既要积极主动，又要善于掌握调动对手，制造和利用突破时机；既要正确选择突破方向，又要做到及时、快速和灵活。

2.突破前要观察双方队员在附近位置的分布情况，既要考虑到个人攻击，也要考虑到配合；既要估计到对手的防守能力，也要估计到可能遇到意外阻挠。

3.突破时，遇到夹击要快速、多变进行上篮或分球给同伴。运球过多失误也就增多，还可能贻误战机。

四、运球突破技术动作方法

（一）背后变向运球突破

背后变向运球突破主要应用体前变向距离太近，后转身变向难以做到时。例如在前进方向一侧的脚已上步，防守及时上前封堵，体前变向距离太近，后转身变向因轴心脚不对不能完成时。

1.动作方法

如图 6-2-1 所示，以右侧背后变向运球为例。右脚向右前上步同时右手拉运球至身体右后方。右脚蹬，左脚向左前上步同时右手将球经身后运向左前方，左手接控球。（左侧背后变向运球动作相反。）

图 6-2-1　背后变向运球突破

2.动作要点

手随球拉起，并保持包在球的离心力外侧上方，使球紧贴在手以便控制。脚步动作

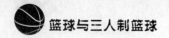

和身体姿态与运球协调配合。

（二）胯下变向运球突破技术

胯下变向运球突破主要应用在防守堵截后，转身变向距离太远、体前变向又距离太近时。也常见于原地连续错步胯下运球迷惑对手，突然起动的运用。

1.动作方法

如图 6-2-2 所示，第一拍，右手运球在身体右侧，左脚向右前上步；第二拍，右手胯下变向运球换手，左手控球，随球弹起，收身上提重心，两脚平行；第三拍，右脚向左前上步突破或向右上步，左手再胯下运球。球的落点应稍偏后，便于快速上步接后转身，或接控球手应将球稍拉起，两脚收步成机动姿势，便于下一步与其他变向技术组合应用。

图 6-2-2　胯下变向运球突破技术

2.动作要点

脚步动作和身体姿态与运球协调配合。

五、运球突破技术组合对抗练习方法

（一）原地运球突破练习

1.原地反复体前运球变向换手后，突然起动突破；

2.原地反复做胯下变向运球，突然起动突破；

3.原地反复做背后变向运球，突然起动突破。

要求：抬头用力拍按运球，以肩关节为轴做运球变向，运球动作幅度大，突破时蹬地有力，转腰探肩。

（二）假动作运球突破练习

两人一组一球，在半场内进行。防守者在篮下将球传给三分线外的进攻者，并快速跑上做消极防守；进攻者接球后，先做下列假动作，然后突破上篮：

1.向上举球投篮假动作；

2.传球假动作；

3.跨步假动作等。

进攻者突破后抢篮板球，传给原防守者，在三分线外相同位置上接球后，按上述方法练习。

要求:接球时,中枢脚要清楚,假动作逼真,中枢脚不许移动。假动作的速度可稍慢,动作幅度要大;假动作变突破时动作要快。熟练以后,由消极防守变为积极防守,做一对一攻守练习。

(三)利用障碍物运球突破练习

1. 变换运球动作突破练习(图 6-2-3)

将四个障碍物放置成菱形,在障碍物前做运球突破技术动作。右手运球过第一个障碍物做变向换手运球,再左手运球至第二个障碍物做胯下运球,换右手运球至第三个障碍物做背后运球,换左手运球至第四个障碍物做后转身运球。反复进行练习。

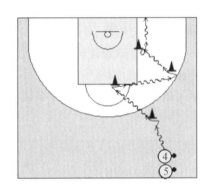

图 6-2-3　变换运球动作突破练习

要求:抬头不看球,运球至障碍物前降低重心,变换运球要快,注意保护球。

2. 全场运球突破上篮练习(图 6-2-4)

④在后场障碍物前做一次后转身运球后,立即向前场快速运球,在前场障碍物前做背后运球突破上篮。⑥在另一侧后场障碍物前也做一次后转身运球后,立即向前场快速运球,在前场障碍物前做胯下运球突破上篮。依次进行练习。

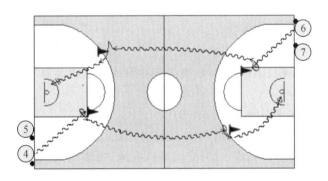

图 6-2-4　全场运球突破上篮练习

要求:变向突破要快速、突然,注意侧身抬肘保护好球。

(四)有防守的运球突破练习

1.连续一对一运球突破练习

两人一球为一组,一攻一守。两人半场一对一运球突破上篮后,抢到篮板球者立即向对侧篮下运球突破,另一人立即追防,直至对方投篮为止。然后两人换位回到对方的队尾。依次进行练习。

要求:开始时,防守队员可背手移动堵位,逐渐过渡到正常的积极防守。

2.一对二的运球摆脱练习

三人一球为一组,一人进攻,两人防守。进攻者利用运球变向、变速、转身等方法设法摆脱或突破两人的防守,如此依次进行练习。

要求:防守者设法堵位、围夹、迫使运球者停球或运球失误;但防守者不得抢、打球。

3.全场一攻三守的运球突破练习(图 6-2-5)

场内设三人分别在三个圈内做防者。进攻者运球推进,突破各点防守到对面篮下。如此依次进行练习。

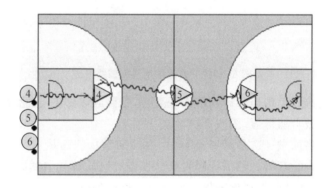

图 6-2-5　全场一攻三守的运球突破练习

要求:防守者不得离开圆圈防守。

4.半场及全场二对二或三对三攻守练习

要求:鼓励运用突破技术(如每一次突破投中计 4 分),提高观察、判断和综合运用突破技术的能力。

5.全队五对五运球突破练习(图 6-2-6)

五人进攻,五人防守。防守者站成 2-3 联防阵式。进攻者设法运球突破对方的阵式到对面底线。防守者防守时只许一脚移动,可以打球、捅球,但不得拉人、推人。

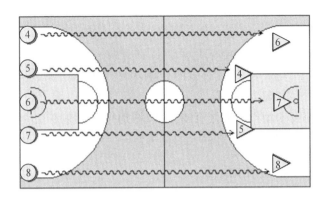

图 6-2-6　全队五对五运球突破练习

要求：运球者注意观察周围的防守情况，并注意保护球。

六、运球突破技术的练习建议

1. 要掌握突破技术动作结构特点与其竞赛中的作用，强调各技术环节间的相互练习及竞赛规则对突破移动的限制。

2. 加强组合技术动作练习，提高技术动作转换能力。

3. 培养勇敢顽强、敢打敢拼的精神，加强突破意识和运用能力的培养。

第三节　传接球技术与组合对抗学练

一、"妙传"的含义及标准

比赛中运用合理的传球方式，巧妙地越过防守人的阻挡，为接球同伴创造良好投篮机会的传球称为"妙传"，也叫助攻。

妙传应具备的四个标准：出其不意，传球的时机和方向突然；及时到位，球的落点恰到好处；指挥同伴，传球能指挥同伴进行预期配合；直接攻篮，接球队员具有直接攻篮的威胁。

二、传接球技术的发展特点

现代篮球运动在防守技、战术的运用上更趋于攻击性，防守范围更趋扩大，内线争夺更趋激烈，使进攻队员在传、接球运用中应具有以下的特点：

1. 与其他技术紧密结合进行传、接球。如接球后采用"三威胁"姿势，在迫使防守队员保持适当距离的情况下进行传球,或在运球过程中进行传球,或在运球突破中传球、在移动中接球后传球等。

2.具有战术目的的传球比例越来越大。特别是两三个人间的战术配合。如外线与中锋配合的传、接球,传切配合,运球突破的分球,中锋吸引防守后向空位传球,快攻中与阵地进攻中的“一传一扣”配合等。

3.接球后与其他技术动作的衔接更趋合理,特别是在快速多变的移动中,把传、接球与其他技术结合而一气呵成,更具有强大的攻击性。

三、比赛中传接球失误的原因

好的传接球技术能把全队的进攻战术巧妙地组织起来,增强本队的进攻能力,掌握场上的主动权。传球失误一次就使对方增加一次进攻机会,失误的次数越多,失去的进攻机会就越多,比赛中的传接球失误原因在于:

1.传球不到位。主要表现在传球的时机掌握不好,不是传球太靠前就是传球太靠后,或者传球队员传出的球速过慢,有时出现一些没有必要的弧度,使球在空中滞留时间过长,球的落点不正确,队员的心理素质过差,等等。

2.传球技术运用不合理。表现在多方面,如传球的方式欠缺多样化或者选择的传球方式不正确,传球的突然性和速率变化不明显,节奏掌握不恰当,传球的隐蔽性差,传球的意图太明显,过早地暴露传球路线,没有假动作不能迷惑对手和真假结合,等等。

3.视野不开阔。开阔的视野是传球的先决条件,是传接球的基础。

4.配合不默契。传接球时最基本的是队员之间的配合,传球时如果配合出现问题,就可能会造成失误,失去一次进攻机会,所以配合的好坏是决定比赛胜负的重要因素。

四、传接球应注意的问题

1.传球经常是在严密防守的情况下进行的,而接球的时机又往往是短暂的。因此,传球队员必须捕捉战机,设法摆脱防守队员的封阻,及时把球传到有利位置上的同伴手里,而接球队员不可原地站着等球,要观察、了解场上情况,积极移动迎前接球或领前接球。

2.传球前要敢于接近自己的对手,这样对手难以做出反应。传球要争取时间及时传出,尽量减少在手中的停留。接球后切勿盲目停球,要及时、快速地转移球,以便在人、球不停顿的移动中创造更好的战机。

3.接球前应事先观察判断好传球的时机,要有预见性。传球时,眼睛不要直盯着接球人,要用余光观察,以免被对方识破传球意图,导致传球困难和出现失误。接球时,要利用身体和脚步移动挡住对手可能断球的路线以保证接球的安全。

五、传接球技术动作方法

(一)跳起双手头上传球

跳起双手头上传球是常用于当持球队员被紧逼防守或者需要将球从防守队员上方传出时的一种有效方法。当球从人多的地方传出以发动快攻、跳起传球或者给中锋队员传球时,也经常运用跳起双手头上传球技术。

1.动作方法

如图 6-3-1 所示,双脚起跳双手举球于头上,两手心向前。近距离传球时,小臂前摆,手腕前扣并外翻,同时拇、食、中指用力向前拨球。传球距离较远时,要用蹬地和腰腹力量带动上臂前摆,腕、指用力前扣,将球传出。

图 6-3-1　跳起双手头上传球

2.动作要点

前臂前摆和手腕前扣要快速有力,带动手指用力拨球。

(二)单手背后传球

单手背后传球比较隐蔽,常能妙传助攻。但对初学者是易学难用,需要积累掌握更多的传球技巧。一般运用在当防守队员逼紧时,或在二攻一守的快攻中,防守队员站在两名进攻队员的中间时,可以专门运用此技术。

1.动作方法

如图 6-3-2 所示,以右手传球为例,左脚向侧前方跨步,上体前倾,侧对传球目标,双手持球后摆到身体右侧时,左手迅速离开球体,右手引球继续沿髋关节横轴方向后摆至臀部的一刹那,右手向传球方向急促扣腕,食、中、无名指用力拨球将球传出。

2.动作要点

持球手后摆至臀部,急促扣腕,手指用力拨球,摆臂与脚步动作的配合要协调。

图 6-3-2　单手背后传球

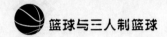

六、传接球技术组合对抗练习方法

（一）结合长传快攻的传接球练习

1.全场对角长传球练习（图6-3-3）

⑤⑦各持一球。练习者在原地用单手肩上传球,将球传给对角同伴,然后按逆时针方向轮换位置。依次连续进行。

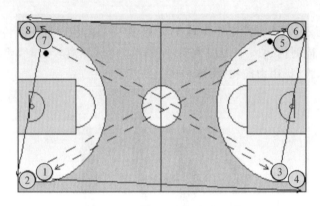

图 6-3-3　全场对角长传球练习

要求:接球者举手示意传球目标,长传球要有力,球速要快,传球到位。

2.原地同侧长传球练习（图6-3-4）

④原地长传给同侧快下到对面篮下的⑤,然后到⑤原来的位置,⑤接球上篮后到对面一组的队尾。两侧以相同形式同时进行。

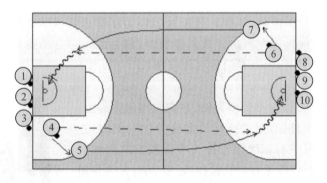

图 6-3-4　原地同侧长传球练习

要求:长传要及时、快速,做到球领人,人追球,人球相遇。⑦跑动中侧身角度要大。

3.半场传接球上篮结合跟进、长传球练习(图 6-3-5)

两人一球为一组。练习时,④和⑤相互半场传接球上篮,如⑤投篮,④则跟进到篮下,看⑤投篮完毕,④转身拉边转移,沿边线向对面球篮跑去,⑤自抢篮板球并立即随④运球突破,然后长传给④投篮,并紧随着跟进抢篮板球。练习后,④⑤相互交换位置回到队尾。如此依次进行。

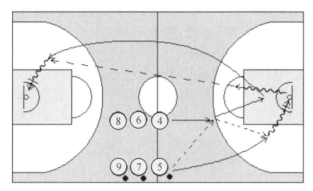

图 6-3-5　半场传接球上篮结合跟进、长传球练习

要求:跟进要快速,转身拉边快下要突然;投篮者抢篮板球要快,运球要迅速,并及时、准确、快速地传球给快下接球队员。

(二)结合视野训练的传接球练习

1.全场往返运球找人传球练习(图 6-3-6)

④和⑤各持一球,两侧队员各以三对三在篮下攻守。④和⑤往返运球,用眼角余光观察攻守情况,在快速运球中立即将球传给摆脱防守的进攻队员,然后接回传球转身向另一侧篮下继续找人传球,如此往返运球、传球若干次后再轮换。

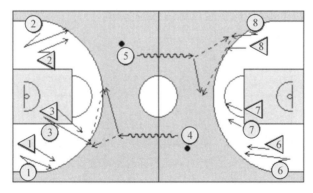

图 6-3-6　全场往返运球找人传球练习

要求:篮下的进攻队员要掌握时机积极摆脱防守队员去接球;运球队员要在快速运

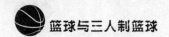

球中观察场上情况,准确、及时地将球传给摆脱防守的进攻队员。

2.攻守对抗中找人传球练习

在半场或全场四攻三或五攻四,规定进攻队员只能做传接球,防守队员机动盯人防守。进攻队员持球后,尽快地寻找摆脱了防守的同伴,并立即将球传给他。在规定时间内,进攻队员必须完成传接球若干次。练习一定时间后,攻守相互轮换。

要求:防守队员对持球队员必须采取一对一的盯人防守,对无球队员可以少防多;持球队员找人要快,观察要快,传球要隐蔽、快速、准确。

(三)传接球与其他技术的结合练习

1.全场三人交叉运球中传接球练习(图6-3-7)

三人一组,用两个球。开始时,⑥向前运球,⑤斜插接④的传球后,沿边线运球前进,④传球后立即向中间插入接⑥的传球,并拉边运球前进。照此连续做传接球练习。

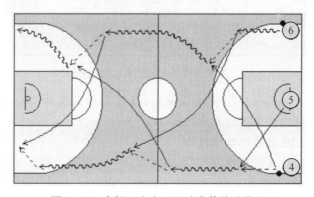

图6-3-7 全场三人交叉运球中传接球练习

要求:运球中要用眼角余光观察传球目标,传球要及时、到位。

2.结合上篮的四角传、切的传接球练习(图6-3-8)

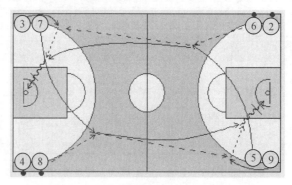

图6-3-8 结合上篮的四角传、切的传接球练习

分成四组,球场四角站立,⑥和⑧组每人一球。⑤斜插接⑥的球并传给⑦,接着空切接⑦的回传球上篮;⑦传球后,斜插接⑧的球,并传球给⑨,接着空切接⑨的球上篮。传球后⑥到⑤组的队尾,⑧到⑦组的队尾,⑦投篮后,捡球到⑥组的队尾,⑤到⑧组的队尾。此练习两侧同时进行。

要求:跑动传接球不要停顿;场角队员要上步接球,并举手示意传球目标,接球后立即面向球篮先做瞄篮、突破的假动作,同时用眼角余光观察空切队员;传球要及时、隐蔽、到位。传球后,斜插起动要快。

(四)半场配合的传接球练习

1.策应、交叉跑动传接球练习(图 6-3-9)

⑧变向摆脱接⑥的传球做策应;④⑥交叉弧线切入到篮下,④切入时接⑧的策应球,然后再传球给⑥,传球后,三人按顺时针方向轮换位置。下一组继续进行。

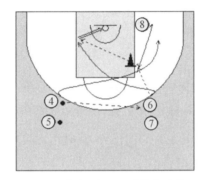

图 6-3-9   策应、交叉跑动传接球练习

要求:掌握好上步接球的时机和传球、切入的节奏,动作要突然,传球要及时、隐蔽、准确。练习数次后,可结合上篮进行。左、右侧轮换练习。

2.半场插底、传切配合的传接球练习(图 6-3-10)

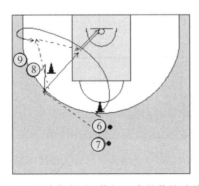

图 6-3-10   半场插底、传切配合的传接球练习

⑥传球给⑧后,变向切入限制区,再插到左场角接⑧的球,接着再传给切入篮下的⑧,传球后,⑧到⑦的后面,⑥到⑨的后面。依次连续进行。

要求:⑧接球后先面向球篮做瞄篮、突破的假动作,当⑥插底到位时及时传球;⑧传球后突然起动快速切入,意识要强,动作要快。

3.突分、传切配合的传接球练习(图 6-3-11)

⑥接⑤的球做策应的假动作后,运球突破至罚球线,再传球给切入到右侧的⑤,接着切入篮下接⑤的回传球,然后两人分别回到对方组的队尾。依次进行。

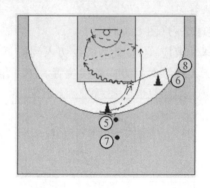

图 6-3-11　突分、传切配合的传接球练习

要求:⑥运球时用眼角余光观察⑤的位置,及时用点拨球给⑤或跳起做投篮动作,然后再分球。

(五)有防守对抗的传接球练习

1.半场分区二对二传接球练习(图 6-3-12)

按图示在半场分区内进行二对二摆脱传接球练习。

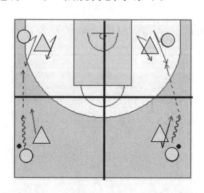

图 6-3-12　半场分区二对二传接球练习

要求:进攻队员摆脱时不准越区,持球不准超过 5 秒;防守队员积极防守,抢断 5 次后轮换。

2.半场五对五攻守对抗下的内、外线传接球练习

在半场区域内进行五对五攻守对抗下的内、外线传接球练习。完成规定的实践或规定的接球次数后,攻守交换练习。

要求:防守队员先消极防守,后积极防守。外线队员在相互传接球时,要注意观察内线情况,传球及时、准确。

七、传接球技术的练习建议

1.安排较充足的时间进行传接球的基础练习,加强行进间传接球的练习。

2.加强心理因素和战术意识的培养,要在比赛时不怯场,不服输,不仅要敢打敢拼,还要有沉着冷静的心理素质;战术意识的培养要懂得传球接球不是两个人的事情,而是一种战术配合,是一支队伍凝聚力的体现。

3.在练习中提高专项身体素质,力求在接近比赛的情况下练习。

第四节　防守技术与组合对抗学练

在篮球比赛中,攻守交替是不断地进行着的。我们强调积极地进攻,以攻为主,但并不是说防守就是消极的。相反,防守必须是积极的,带有攻击性的,这样才能使篮球技术和战术发挥出最高水平。因此,练好防守技术无疑与练习进攻技术是同等重要的。

一、防守技术的发展特点

随着篮球比赛进攻战术水平的不断提高,在一场篮球比赛中运用单一的、固定的防守战术已经远远不能满足实际需要。目前时兴打法是多变化防守,即根据对方和自己篮球队的具体情况,抓住各种适宜的时机,随时变换防守的一种防守战术。它有以下特点:

第一,多变化防守使对手不适应自己队的防守。由于防守的变化多,有时进行全场紧逼盯人防守,有时进行区域联防,有时又进行一盯四联等,在对方还未适应前一种的防守形式时,又变换了后一种新的防守形式;总是给对方以不适应。

第二,多变化防守可以隐蔽自己球队的弱点。防守形式的多变,使得对方在每次进攻时要把精力放在观察对方采用什么防守队形上,就不易觉察对方的弱点究竟在哪里。

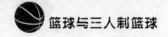

二、防守意识

防守意识主要体现在抢位意识、防无球队员接球意识、防有球队员投篮意识与协防意识。

（一）抢位意识

抢占有利的位置对防守队员尤为重要。"有利位置"包含以下内容：

1.抢占重要的攻击区域。罚球区三角形区域是最重要的攻击区，所以防守队员应在快速后撤时，及时抢占这些"阵地"以争取主动。

2.抢占对手主要的接球位或攻击点。如防守队员能及时抢占到对手的习惯攻击位，不仅能迫使对手改变其攻击方式，降低攻击效果，而且能有效地使防守变被动为主动。

3.以篮圈为中心，加强有球侧的防守。在抢占有利位置的同时，应特别侧重对有球区域的防守，尽量形成以多防少的局面，无球侧应有意识地收缩，以加强有球侧的防守。

（二）防无球队员接球意识

对无球队员的防守，应在对手获球前就开始。首先应尽量不让其轻易获球，其次是不让对手在有威胁的区域接球，特别是靠近球篮的位置。再次就是尽量让对手在威胁小的区域接球（例如远离球篮或边角区域）。同时还应预见对手的接球路线，采取果断行动抢断来球。另外，对无球队员的防守应随时做到人球兼顾，始终让对手、球在你的视野之内。当投篮时，应阻止对手向篮下移动，抢占有利的篮板球位置。

（三）防有球队员投篮意识

防守有球队员的主要任务是尽力去干扰和破坏他们的攻击动作。这里主要体现在两方面：

1.对手在威胁大的区域接球时（如靠近球篮、他习惯的投篮位或已经摆脱了同伴的防守时），防守队员应以防投为主，全力去干扰对手的投篮动作。

2.对手在威胁小的区域持球时（如远离球篮，他不习惯的攻击位或接球后失去重心不易做下一动作时），应以防对手突破和传球为主。一旦对手在原地做无攻击性的运球或运球突然停止后，应立即主动上前封堵。防守队员应善于观察，及时抓住对手进攻的特点和习惯，采取针对性的防守策略。另外，防守队员也常常借助于假动作（视线的转移、身体重心的偏移、距离上的放纵等）迷惑对手，隐蔽抢、打、断的意图，保证争夺动作的突然、快速和奏效。争夺球应在判断准确的条件下，果断地行动，要有规则观念，尽量避免犯规。

（四）协防意识

防守队员都应具备很强的协防意识。协防意识主要体现在两方面：

1.当防守队员处在强侧防守时,进攻队员盲目运球或收球时,应及时上前与同伴协防对手。当同伴被对手摆脱时,应大胆去关门或补防。明确一个重要原则,就是任何一个投篮队员都是我们共同的对手。

2.当防守队员处在弱侧防守时,应有意识地回收到有利的位置(既能协防,又便于抢板球,同时还能断堵空切和观察到球)。如果强侧方的防守被突破,应主动、快速、大胆地去补防,运用先起跳抢占对手投篮空间或者盖帽技术去干扰对手的攻击动作。

三、防守技术组合对抗练习方法

(一)个人防守练习

1.各种防守步法的组合练习。

2.四分之一球场一防一练习。

要求:依靠防守步法防住对手,同时要运用防守假动作造成进攻队员突破和转身时的撞人犯规。

3.半场三人供球一防一对抗练习(图6-4-1)。

练习方法:△严密防守④,当④将球转移给⑤,△快速移动防守⑤,⑤再将球转移给⑥,△继续快速移动防守⑥,依次进行练习。

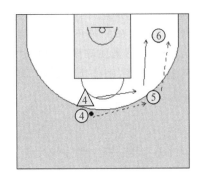

图6-4-1 半场三人供球一防一对抗练习

要求:供球队员不能及时传球时必须立刻转移球。防守队员必须根据球的位置及时调整自己的位置。

4.补防练习(图6-4-2)。

练习方法:教师C将球传给⑦,△严密防守①,⑦将球转移给④,④向篮下突破,△及时补防。依次进行练习。

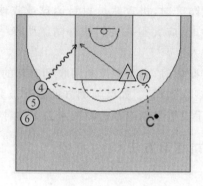

图 6-4-2　补防练习

要求:防守队员首先必须防守位于罚球线处的策应队员,当球转移后立即补防突破上篮队员。

(二)防守配合与对抗练习

1.防进攻基础战术配合的防守对抗练习(防传切、防突分、防策应、防掩护与挡拆)。

2.综合防守技术练习(图 6-4-3)。

分成每五人一组。每两组在一个半场内进行原地快速传球和防守传球的技术练习。其中一个组进行防守,另一个组互相传球。并且④⑤⑥⑦⑧只能在原地互相传球,不准走步,不准运球。接到同伴的球后,必须在五秒内将球传出。持球队员可以用一只脚为中心,进行跨步和转身来保护自己的球不被防守队员打掉。△△△△△可采用紧逼防守,运用抢、断、打球技术积极防守,若断得球,即变为传球组,原传球组即变为防守组。此练习可同时用两个球进行传球练习。

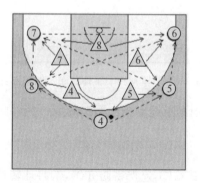

图 6-4-3　综合防守技术练习

要求:防守队员始终保持头部低于进攻队员的肩;手要不停挥摆,用手触摸对方;抢断判断要准,出手要快。

3.全场攻守练习。

分成两大组。一组互相传球,另一组进行盯人防守,在全场进行练习。防守组要积极进行抢断球,若获得球,即变成传球组,原传球组即变成防守组。

要求:允许传球组运球,但停球后必须在3秒内将球传给同伴。传球组不准投篮,不准运、传球出界。防守组要盯人防守,不准犯规和出界。

4.四人一组二对二攻守练习(图6-4-4)。

分成每四人一组,△和△进行盯人防守,④和⑤互相传球,争取尽快传球推进到前场投篮。④传球给⑤后,立即利用脚步移动技术摆脱△,接⑤的传球。⑤将球传给④后,也要尽快摆脱△,接④的传球。依此连续进行传球,一直到前场投篮为止。若防守队员断得球,即变为进攻组,原进攻组即变为防守组,依此连续往返进行练习。

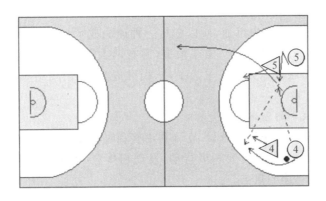

图 6-4-4　四人一组二对二攻守练习

要求:进攻队员不准运球,只准传球。防守队员要积极防守,大胆地抢、断、打球。可运用绕过、换防、补防等防守技术积极抢断进攻队员的球。

5.重点防守比赛练习。

采用每队设一二名队员得分加倍的方法,以迫使防守有所偏重。或采用对方突破上篮得分,分数加倍等方法。

四、练习建议

1.加强防守的攻击性,努力提高身体素质,加强防守基本功的练习,做到上下肢协调。抢断球时有预见性和果断性;运用好假动作,积极与同伴配合默契。

2.从防守意识、防守基本的动作练起,加强干扰对方的投、传、运球的练习,特别是对投篮的防守练习,加强抢、打、断的练习。

3.球场上的情况是千变万化的,善于总结经验,增加实践经验。

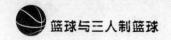

第五节　快攻与防守快攻技术及其运用

快攻是由守转攻时,以最快的速度、最短的时间超越对手,争取造成人数上的优势,以多打少,或在人数上不占优势的情况下,趁对方阵脚未稳,创造位置上的优势,果断而合理地进行攻击的一种积极快速的进攻战术。防守快攻是在由攻转守的瞬间组织起来阻止和破坏对方快攻的防守战术。快攻与防守快攻是现代篮球运动重要的攻防战术组织形式。

一、快攻

由于快攻发动突然,攻击迅速,所以它是一种速决战术。当前,快攻的主要特点是:参与快攻的人数多、一传距离增长、方式增多,常有两人以上进行机动接应,传球次数减少,反击速度加快,有层次地分散快下为主,三线推进为辅,快攻结束时加强跟进和运用中距离跳投。

(一)组织快攻战术的基本要求

1.要有强烈的整体快速反击意识,充分利用有利时机发动快攻。

2.由守转攻时,每名队员都要积极行动,发动与接应、推进与快下要协同进行,保持纵深分散队形,展开迅速的攻击。

3.获球队员和掷界外球队员,要敏锐地观察同伴的行动,要先远后近,传好第一传。在快攻中,应以传球为主,结合运球突破,加快进攻的速度。

4.要果断进行投篮和跟进抢篮板球,减少限制区内的不必要传球。

(二)快攻的发动时机

比赛中应抓住以下时机迅速发动快攻:

1.抢获后场篮板球后。

2.抢断球后。

3.跳球获球后。

4.对方中篮后掷端线界外球时。

实践证明,抢获后场篮板球后发动快攻的机会最多,抢断球后发动快攻的成功率最高。因此,应大力提高防守的攻击性和抢后场篮板球的能力,特别要重视和加强由守转攻瞬间抢攻意识的培养和练习,以创造更多的快攻机会。

(三)快攻战术的组织方法

快攻是由发动与接应、推进和结束三个阶段组成。

（四）快攻战术的形式

快攻有长传快攻、短传结合运球推进快攻和运球突破快攻三种形式。

1. 长传快攻

长传快攻的结构由发动和结束两部分组成。特点是时间短、速度快、战术组织简单。但要快下队员意识强，速度快，发动队员传球要及时、准确。

示例一：抢获后场篮板球后长传快攻

如图 6-5-1 所示，⑤抢到篮板球后，迅速观察场上情况，寻找长传快攻机会。⑦和⑧判断⑤可能抢到篮板球时，立即快下，超越防守队员接⑤的长传球上篮。

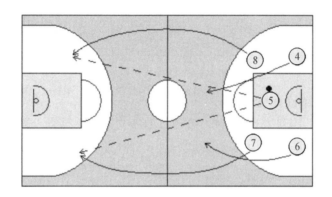

图 6-5-1　抢获后场篮板球后长传快攻

抢得篮板球后也可通过接应发动长传快攻。如图 6-5-2 所示，当⑤抢到篮板球后⑦和⑧已经快下，但由于受到△的严密防守，⑤不能及时长传，此时可立即将球传给⑥，⑥接应后再迅速长传给快下队员投篮。

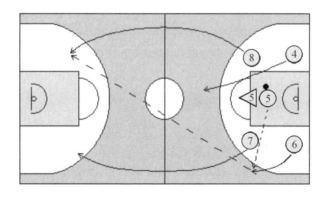

图 6-5-2　抢得篮板球后通过接应发动长传快攻

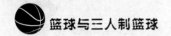

示例二:断球长传快攻

如图 6-5-3 所示,△断获④的传球后立即将球传给快下的△或△投篮。

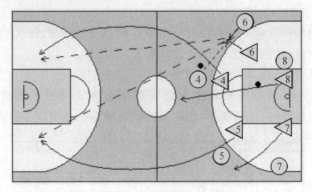

图 6-5-3　断球长传快攻

示例三:掷后场端线球长传快攻

如图 6-5-4 所示,当对方投中篮后,离球近的⑧立即捡球掷界外球,快速将球长传给快下队员④或⑥投篮。

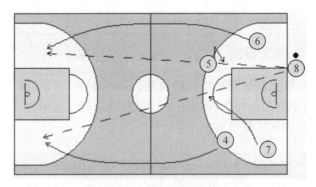

图 6-5-4　掷后场端线球长传快攻

2.短传结合运球推进快攻

短传结合运球推进快攻可分为三个阶段进行。

(1)发动与接应阶段

发动与接应是组织快攻的关键。发动是指防守中某一队员得球后,转入进攻时的战术行动,通常为快攻中的第一传。接应是指接应第一传的战术行动。接应分为固定接应和机动接应两种。固定接应在实际运用中分为固定人不固定区域接应和固定区域不固定人接应等形式。固定接应的优点是接应人和区域明确,容易掌握,结合联防应用最为方便。但是,固定接应容易被对方识破,当对方加强对接应者和接应区域的防守时,就会贻误战机。机动接应不固定接应人和区域,谁处于有利的接应位置,谁就充当第一传的接应者。这种接应的特点是发动方向和接应路线机动灵活,不易被对方摸清规律进行堵截,能更好地争取时间,不失时机地发动快攻。

(2)推进阶段

快攻推进有由组织队员接球后快速向前场运球推进、传球推进、传球和运球结合的推进三种形式。快攻推进的路线有边路推进和中路推进两种形式。边路推进是沿边线传、运球的推进方法,优点是传、运球次数少,推进速度快,防守队员不易抢断,但传球面窄。中路推进是由中间传球的推进方法,优点是可以形成三线快攻,传球面广、点多,传球距离短,威胁性大。但由于接球区靠近中场,处于防守队员退守线上,容易被阻截。

快攻推进的要求:

第一,快攻推进时队员应保持纵深队形和适当距离。

第二,推进过程要尽量减少传球、运球次数,争取时间形成"追着打"。

第三,行进间传球要快速、准确,多运用斜线传球,尽量避免横向传球和跳起传球。

第四,要正确判断防守队员的位置和意图,灵活地运用传球和运球,做到能传球则传球,在进入限制区后,要避免不必要的传球,以免影响快攻的速度和造成失误。

(3)结束阶段

快攻结束阶段经常形成的局面有以多打少和人数相等两种情况。

第一种情况:以多打少的配合

①二攻一配合。当结束阶段二攻一时,两名队员应保持适当的距离,依据防守队员的位置和防守情况进行配合。可利用快速传球、快速运球、运球投篮等进攻手段,诱骗防守队员判断错误,制造进攻机会。

示例一:利用快速传接球投篮。

如图 6-5-5 所示,⑤和⑥在快速传球推进中,△突然前来防守⑤时,⑤及时把球传给切入篮下的⑥投篮。

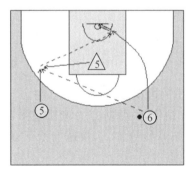

图 6-5-5 利用快速传接球投篮

示例二：突破分球投篮。

如图 6-5-6 所示,⑥快速突破,▲前来堵截,⑥及时将球传给切入篮下的⑤投篮。

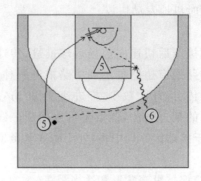

图 6-5-6　突破分球投篮

②三攻二配合。当结束阶段形成三攻二时,进攻队员应保持三角形拉开的纵深队形,两侧队员要略突前,中间队员稍靠后,以扩大攻击面,分散防守力。同时应注意观察防守队员的站位情况,展开进攻配合。

示例一：防守队员平行站位的进攻方法。

如图 6-5-7 所示,⑥中路运球突破,▲上前堵截,⑥立即将球传给切入篮下的⑦投篮。如当⑦接球后又遇到▲堵截时(图 6-5-8),⑦立即将球传给⑧投篮。

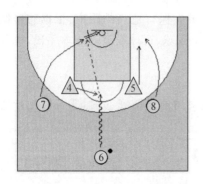

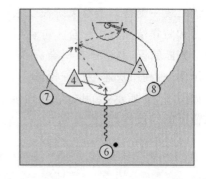

图 6-5-7　防守队员平行站位的进攻方法一　　　图 6-5-8　防守队员平行站位的进攻方法二

示例二：防守队员前后站位的进攻方法。

如图 6-5-9 所示,这种防守站位,中路防守力量比较强,因此进攻队员应从两侧发动进攻。⑥运球推进到前场后,把球传给⑦,⑦快速向篮下运球切入,▲前来堵截,⑦可及时将球传给向篮下切入的⑧投篮。

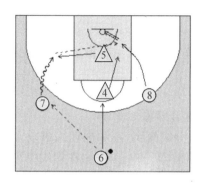

图 6-5-9　防守队员前后站位的进攻方法

示例三:防守队员斜线站位的进攻方法。

如图 6-5-10 所示,当对方采用这种防守站位时,进攻队员可以从中路运球开始攻击。⑥从中路运球突破,△前来堵截,⑥及时把球传给向篮下切入的⑧投篮。

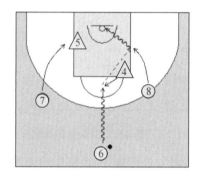

图 6-5-10　防守队员斜线站位的进攻方法

第二种情况:人数相等时的配合

当快攻结束阶段处于人数相等时,要趁对方立足未稳,在行进中依据防守情况,利用传切、突分、掩护、策应配合展开攻击。

快攻结束阶段的要求:

第一,队员要保持冷静,掌握好快攻结束的节奏和时机。

第二,队员之间要保持纵深队形和适当的距离,攻击要有层次。

第三,持球队员到罚球区附近时,根据防守队员情况处理球,但首先应自己投篮,减少不必要的传球,避免失误和违例。无球队员应注意牵制、拉开和跟进,以保持宽大的进攻队形和传球角度,严禁过早地跑往篮下而把防守队员带入限制区,造成互相干扰的局面。

第四,快攻结束阶段,要果断地利用中距离投篮,跟进队员要积极冲抢篮板球。

3.运球突破快攻

运球突破快攻是指个人抢断或抢获篮板球后,抓住战机,快速运球超越对手直攻篮下得分的快攻形式。

(五)快攻的练习方法

1.掷端线球时长传快攻配合练习

如图 6-5-11 所示,每四人分成两组,⑥和⑧两人进攻,▲和▲两人进行防守,在全场往返进行练习。▲和▲要严密防守⑥和⑧,当⑧在端线掷界外球时,▲要防⑧传球给⑥。⑥要尽快摆脱▲的防守,快速向前场空切,接⑧的长传上篮。返回时,两组交换位置进行练习。

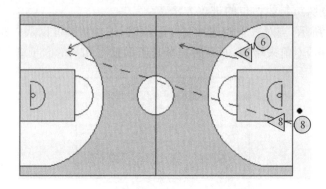

图 6-5-11　掷端线球时长传快攻配合练习

要求:▲要紧跟⑥,不准远离⑥进行防守,也不准预先跑到前场进行防守。⑧在界外掷长传球时,必须在五秒内出手,否则算失败一次。⑧长传球后,要快速向前场跟进,争取二次进攻。待配合练习熟练后,可规定长传快攻成功,则仍为进攻组,如果失败,则变为防守组,防守组变为进攻组。

2.抢断球长传快攻配合练习

如图 6-5-12 所示,每四人分成两组,④和⑧为进攻组,▲和▲为防守组。④与⑧在前场传球,当④传球给⑧时,▲及时上前横断球,快速向前场运球突破(可运一至二次球),将球长传给沿边线空切向前场的同伴▲上篮。▲传完球后要迅速跟进争取二次进攻。练习数次后,两组交换位置继续在全场往返进行练习。

要求:④和⑧只准在原地做定点传球,不准运球、不准投篮。▲和▲不准逼近传球队员,只准进行断球。④和⑧在看到球被▲或▲断去后,立即起动追防▲和▲,以破坏其长传快攻配合,争取在前场"盖帽"或冲抢篮板球。

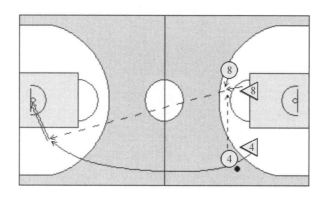

图 6-5-12　抢断球长传快攻配合练习

3.抢篮板球快攻配合练习

如图 6-5-13 所示,每三人分成一组。教师 C 在罚球区抛球,⑧在篮下抢到篮板球时,⑥立即快速插中接⑧的第一传,与此同时④及时沿边线成弧形向前场空切,接⑥的传球快速运球上篮。⑧⑥都要及时跟进,争取机会接球投篮,或冲抢篮板球,力争用最短的时间结束快攻。进行此练习时,⑥或④可轮流插中接第一传。

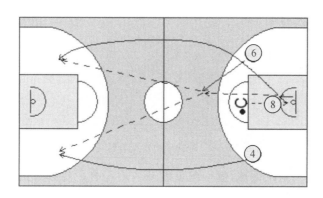

图 6-5-13　抢篮板球快攻配合练习

要求:插中队员⑥的长传球要及时准确,可运一球,调整好步伐,掌握好时机,及时将球传给切向前场的同伴。

4.跳球后快攻配合练习

如图 6-5-14 所示,每六人分成两组,三人进攻,另三人进行防守,在全场往返进行练习。教师 C 在中圈执行跳球。⑥将球拍给⑧,⑦要立即向前场空切,接⑧的长传球上篮。

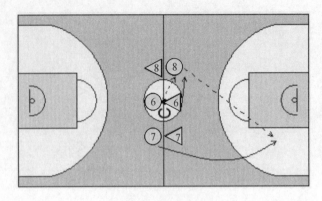

图 6-5-14　跳球后快攻配合练习(一)

又如图 6-5-15 所示,若⚠将球拍给了同伴⚠,则⚠应立即起动快速空切到前场,接⚠的长传球投篮。

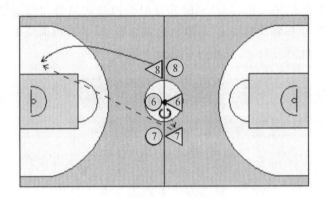

图 6-5-15　跳球后快攻配合练习(二)

要求:两组中哪一组跳得球,哪一组就发动快攻配合。看哪一组进行快攻的次数多和快攻成功的次数多。

5.掷后场界外球时快攻配合练习

如图 6-5-16 所示,每四人分成一组,在全场往返进行练习。⑦在后场掷界外球,④⑤⑥几乎是同时起动,④插中接⑦的传球,⑤和⑥从两侧沿边线迅速插向前场,接④或⑦的长传球上篮。四人轮换位置进行配合练习。

要求:若④得到⑦传的界外球,要力求从中路运球向前场推进,尽量少运球,争取在只运一两次球后于行进间将球传给⑥或⑤投篮。

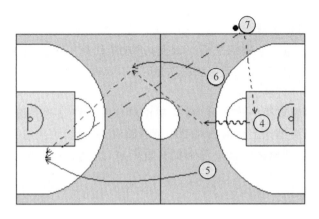

图 6-5-16　掷后场界外球时快攻配合练习

（六）快攻练习建议

1. 快攻战术练习, 应以长传快攻和快攻结束阶段中以多打少的简单配合为重点。要与身体练习相结合, 注意培养练习者的快攻意识、勇猛顽强的意志品质和敢打敢拼的战术作风。

2. 明确快攻的作用、发动时机、组织结构和基本要求, 并按快攻组织结构的顺序组织练习。

3. 练习步骤: 快攻练习时, 应先从简单的固定形式配合路线开始, 然后过渡到机动情况下进行练习。先不加防守进行练习, 逐步增加防守。

二、防守快攻

防守快攻时, 首先, 进攻战术配合要考虑攻守平衡, 减少失误, 提高进攻的成功率。其次, 要积极拼抢前场篮板球和篮板球后的就地封、堵和退防。第三, 积极追防和掌握必要的以少防多的配合方法。

（一）防守快攻的基本要求

1. 必须具有防守快攻的意识, 积极阻止对方发动快攻。

2. 合理地运用封、堵、夹、抢、断等手段, 尽最大努力阻挠和破坏对方的快攻。

3. 退守要快速, 前后互相照应, 制约对方进攻的速度。

4. 以少防多时要沉着、冷静, 重点保护篮下, 尽力延误投篮时间, 伺机抢断, 降低对方快攻成功率。

（二）防守快攻的方法

1. 提高进攻成功率

提高进攻成功率可以减少对方抢篮板球发动快攻的机会, 避免被抢断球, 控制对方

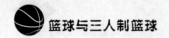

发动快攻的次数。

2.积极拼抢前场篮板球

快攻大多发生在抢到篮板球之后。因此,进攻队任何一个队员投篮,其他队员都应积极拼抢篮板球,以减少对方发动快攻的次数,为本队防守快攻争取时间。

3.封、堵快攻第一传和接应

有组织地封、堵快攻第一传和接应,是制止对方发动快攻的关键。当对手获球转攻时,近球的防守队员要迅速上前封锁对手的传球路线,有机会可夹击持球者,其他防守队员要积极阻挠对方顺利地接应第一传和伺机抢断球,达到直接破坏对方快攻的目的,或拖延对方发动快攻的时间。

4.退守时堵中卡边

防守快攻时,前场防守队员不能消极后撤,要边撤边防。在后场的防守队员要迅速退守控制后场,在退守过程中要控制好中路,要对快下队员严加防范,切断对方长传快攻的路线。

5.以少防多

当对方快攻推进至前场形成本方以少防多的不利局面时,防守队员应重点保护篮下,积极移动阻截,选择有利的防守位置,运用假动作干扰,致使对方失误或延缓进攻速度,为同伴防守赢得时间。以少防多的方法有:

(1)一防二。要沉着冷静,边防边退,占据有利位置,判断对方进攻意图,伺机抢断球,延缓对方进攻时间,干扰对方投篮。

(2)二防三。队员要选择有利的站位方法,积极移动,紧密配合。一人防守持球队员,另一人则兼顾两名不持球队员和保护篮下,看准时机,果断抢、断球,争取转守为攻。

(三)防守快攻练习方法

1.全场三对三堵截发动快攻配合练习

如图 6-5-17 所示,④⑤⑥三名队员在外围传球,并伺机投篮(三名进攻队员在限制区内不准超过 3 秒钟),若球投中,则防守队员△立即持球在端线外,发界外球,与△△进行快攻战术配合。此时,④⑤⑥三名队员由进攻组变为防守组,⑤和④要卡住两边,跟随△和△退守到对方的前场。⑥可放弃△,与⑤夹击△,进行三对三堵截发动快攻的战术配合,以破坏对方的全场快攻战术。若球没有投中,原防守组抢到篮板球,△△△则进行后场抢到篮板球的快攻战术配合。④⑤⑥三名队员同样由进攻组变为防守组。此时,谁靠近持球队员,谁就上前封堵第一传,其他两名队员卡好两边,抢占断球路线。如果原防守组没有抢到篮板球,原进攻组仍在外围传球和投篮。

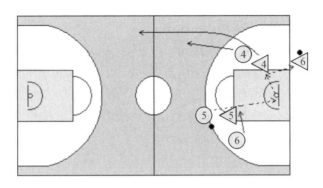

图 6-5-17　全场三对三堵截发动快攻配合练习

要求:两组在全场轮换攻守位置进行配合练习。

2.全场二防三战术配合练习

如图 6-5-18 所示,△△是防守队员,④⑤⑥是进攻队员。进攻队员从端线外呈三角形进攻路线进行短传快攻战术配合。△△要随时调整好自己的防守位置,抢占断球路线,积极争取破坏④⑤⑥的快攻配合。当退守到限制区防守时,△△两队员可采用斜线站位或前后站位进行防守,以破坏对方的投篮机会。

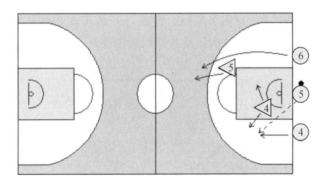

图 6-5-18　全场二防三战术配合练习

要求:五名队员在全场往返进行练习,练习中轮换位置。

3.堵截对方抢到篮板球后的第一传和接应的配合练习

如图 6-5-19 所示,十人分成两组,在全场进行五对五攻防快攻练习。先由△△△△△五名队员在外围传球、投篮或由底线进攻投篮。队员⑧抢到篮板球则原进攻队变为防守队,△立即近前封堵⑧的第一传,影响其传球。同时△△△△应立即抢占有利位置,分别卡断④⑤⑥⑦接应第一传的路线,准备断球,力争防守快攻配合成功。

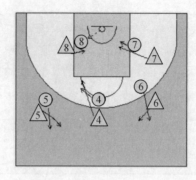

图 6-5-19　堵截对方抢到篮板球后的第一传和接应的配合练习

要求:此练习中,变为防守队中的队员△和△主要是堵中,防④和⑦去接⑧的第一传。△和△主要是卡好两边,防⑧给⑥或⑤的长传球。防守队防守成功则变成进攻组,教师在练习时应注意把五个人的进攻位置配齐,使其在各自的进攻位置上进行快攻的攻守练习。

4.堵截对方掷界外球时的第一传和接应的配合练习

如图 6-5-20 所示,进攻组队员④在端线外掷界外球。防守组队员△可放弃④,与△一起防守⑤接第一传。△也要严密守⑥接第一传。△和△要卡住两边,占据有利位置,防对手空切前场接④的长传球,并伺机断球。此练习开始可在半场进行配合练习,待配合熟练后,再进行全场练习。练习数次后换攻守位置继续进行练习。

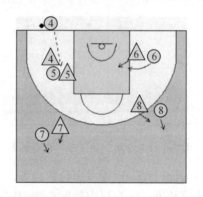

图 6-5-20　堵截对方掷界外球时的第一传和接应的配合练习

要求:若进攻组已接到界外队员的第一传,此时,其余防守队员要迅速退守,卡好两边,力求影响对方快攻推进的速度,或完全破坏其快攻配合。

(四)防守快攻的练习建议

1.防守快攻的练习,要与快攻练习结合进行,一般在快攻教学练习完成之后再进行,以促进攻守质量的提高。

2.防守快攻练习应采用分解法,对堵截快攻第一传与接应、防守对方推进和防守结束阶段分别进行练习,在掌握各阶段的防守方法基础上,再进行整体防守战术的练习。

3.通过教学比赛和正式比赛,不断改进和提高防守快攻的质量。

4.在防守快攻练习中,应始终注意培养练习者防守快攻的意识和积极拼抢的作风。

第六节　整体防守战术配合及学练

整体防守战术配合是指队员在防守时队员之间有组织有目的的协同行动。整体防守战术配合的重要作用是统一思想、统一行动,实现"1×5＞5"的目的。整体防守战术配合主要介绍半场人盯人防守、全场紧逼人盯人防守、区域联防。

一、半场人盯人防守

半场人盯人防守是指由攻转守时,全队有组织地迅速退回后场,在半场范围内,每个防守队员负责盯住一个进攻队员,控制其行动,并协助同伴完成全队防守任务的整体防守战术。根据防守策略和防守范围,半场人盯人防守战术可分为半场缩小人盯人防守(距离球篮6～7米的范围)和半场扩大人盯人防守(距离球篮8～9米的范围)两种形式。

(一)半场人盯人防守的基本要求

1.总的原则是"以人为主,人、球、区兼顾"。

2.对持球队员紧逼,控制其投篮与突破。尽量不让他向自己的身后传球。

3.对方无球队员在强侧(即有球一侧),要根据防守任务,错位防接球,迫使对手越人高吊球,或者是保护中锋进行协防。对方无球队员在弱侧(即无球一侧),要向有球一侧靠拢,控制篮下腹地,即占据接近球场纵轴线的位置。

4.对手空切时,要敢于对抗堵截其向球移动路线,背球或背篮跑应跟进。

5.要全面观察场上情况,随时掌握球的动向、球与对手的关系、同伴的方位,准备及时补、夹、抢、断。

6.对于由无球到接球时,应运用小步幅跑动或滑步调整防守位置,做到"球到人到"。重心不要向前,避免扑打或上跳。

(二)人盯人防守优缺点

1.优点

(1)分工明确。可以根据对手的强弱,有针对性地分配防守相应的对手,充分发挥每位队员的防守能力。

(2)可以放松对进攻能力较弱队员的防守,从而去协防对方的明星队员,来控制对方

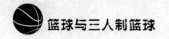

的进攻重点。

(3)是一种需要队员全面掌握防守基本技术的防守战术。

2.缺点

(1)易被对方在局部地区击破。很难使每位防守队员都能既防住自己的对手,又能兼顾全队的整体防守。只要有一名队员防守失误,便会造成防守上"漏人",使对方一队员在无人防守的情况下投篮成功。

(2)容易造成本队队员个人犯规。

(3)在后场获篮板球的机会不如区域联防时机会多。

(4)很难像区域联防一样保持全队抢篮板球的平衡,容易使对方发动快攻。

(三)半场人盯人防守战术配合练习

1.基础配合练习

请详见第五章第八节"防守基础战术配合的运用与练习"中的挤过、穿过、绕过、换防、关门、补防、夹击配合等。

2.防高吊球配合练习

如图 6-6-1 所示,每十人分成两组,五人进攻,五人进行盯人防守,在半场进行练习。进攻队员⑦与④在外围传球。当④传球给⑦时,△要及时绕前防守⑧,阻挠其接同伴⑦传的高吊球,并积极进行抢断。此时防守队员△要暂时放弃⑥,向⑧移动,伺机断⑦给⑧的高吊球或防⑧接球后投篮。△在防④的同时,要防⑦持球突破,注意及时与△关门配合。△对⑤的防守位置可稍远些,要向内移动,防⑤和⑥的空切,并伺机断⑦给⑥或⑤的传球。练习数次后,两组交换攻守位置进行练习。

此练习也可由⑤开始发动配合,注意此时⑥的位置是站在腰处,同左侧⑧的位置刚好相反。

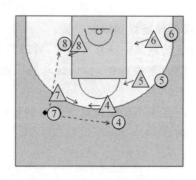

图 6-6-1　防高吊球配合练习

要求:调整位置要快,做到以人为主,人球兼顾,移动要有预见性,动作快速。

3.边角夹击配合练习

如图 6-6-2 所示,每十人分成两组,五人进攻,五人进行盯人防守,在半场进行练习。进攻队员④⑤⑥在外围传球,当⑥将球传给边角的⑦时,△应与△共同夹击⑦,同时△应向⑥移动,防⑥空切,抢占其传球路线。△向④内侧移动,防④空切。△也要调整好自己的位置,防⑤空切或防⑧溜底线,伺机断⑦的传球。此练习可以从两侧轮流发动配合练习。练习数次后,两组交换攻守位置继续进行练习。

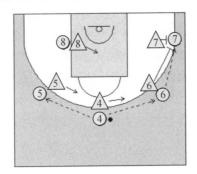

图 6-6-2　边角夹击配合练习

要求:夹击时,不得犯规。计算每组在练习中进行夹击的成功率。防守组断得球或造成对方 5 秒违例就算成功一次。进攻组只能在外围传球投篮。

4.防守双中锋的配合练习

如图 6-6-3 所示,每十人分成两组,五人进攻,另五人进行盯人防守。进攻队员④⑤⑦在外围传球。当球传到⑤或⑦手中时,中锋⑧给同伴中锋⑥做掩护,△和△要及时互相交换防守,并要根据进攻队员持球的位置进行侧前防守,即当球在⑤手中时,△要侧前防守⑧,△此时要向⑧移动。反之,若球在⑦手中时,防守队员△要侧前防守,而△则要向⑥移动进行防守,伺机断⑤传给⑥或⑧的传球。△在防守⑤传球的同时,还须防⑤运球突破或投篮。练习数次后,两组交换攻守位置继续进行练习。

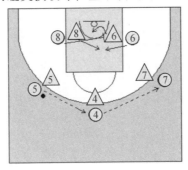

图 6-6-3　防守双中锋的配合练习

要求:防守队员要有预见性,堵位要快速、果断,脚步移动不要停顿,两手不停地向可能来球的方向伸出,干扰传、接球。

5.防"8"字进攻配合练习

防守对方采用"8"字进攻的配合,主要是防其运用"8"字进攻的移动配合,压缩防区,创造中投的机会,或利用"8"字进攻来进行前掩护,造成本队的中投或空切。

如图 6-6-4 所示,在防五人大"8"字进攻配合中,④⑤⑥⑦⑧进行"8"字进攻配合。△△△△△要紧贴自己的进攻队员,力图阻其向内压缩运球,若进攻队员进行运球掩护时,防守队员要采用穿过或挤过的配合,尽量不要采用换人配合来进行防守。⑤接到⑦的传球后,在弧顶处向左向内压缩运球,△要紧贴⑤阻其向内压缩运球中投或突破上篮,△在看到⑦与⑤的身体快接近时,自己主动后撤一步,让同伴△从自己与⑦之间穿过去,然后再紧防对手⑦,防其空切或接⑤的传球投篮。

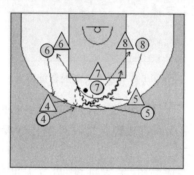

图 6-6-4　防五人大"8"字进攻配合练习

又如图 6-6-5 所示,在防三人小"8"字进攻配合时,⑤和⑥在外围进行小"8"字进攻配合。⑥向内向右压缩运球,并将球传给⑧时,△要紧贴对手⑥进行防守,注意抢断⑥给⑧的传球。△则要力图用挤过防守的方法,紧跟对手⑧,防其向内运球突破或中投。△要严密防守⑤,防其空切或在外围接球投篮。

图 6-6-5　防三人小"8"字进攻配合练习

要求:防守时,重心要低,注意判断对方运球时的变化,滑步堵位要快,手、脚积极配合。

(四)练习建议

1.首先从个人脚步动作、防守技术运用及防守战术基础配合抓起,在此基础上学习半场人盯人防守战术配合。

2.在半场或全场的对抗练习中掌握全队防守战术配合的方法和提高防守战术配合的能力。在教学比赛中提高和培养实战对抗能力和意识。

3.加强身体素质的练习,提高体能,以确保战术学练任务的完成。

二、全场紧逼人盯人防守

全场紧逼人盯人防守战术是指由攻转守时,每个队员立即看守邻近的对手,并在全场范围内紧紧盯住对手,以个人积极的防守和全队的协同配合,破坏对方进攻,达到转守为攻的目的的一种攻击性破坏性很强的防御战术。它在现代高水平篮球比赛中被视为杀伤力最强、谋略性运用效果较好的篮球防守战术。根据进攻队在前场、中场、后场进攻战术的不同,全场紧逼人盯人防守任务也不同,须在不同区域采取相应的不同战术配合。

(一)全场紧逼人盯人防守的基本要求

1.打破固定人盯人的界限,在由攻转守时,立即按照预先定好的防守形式划分区域分工落位。在自己分工负责的区域内进行人盯人防守。

2.防守队员要根据球的转移,积极移动和调整位置。全队防守要体现"以球为主,人球兼顾"的防守原则。近球区以多防少,积极围守夹击;远球区以少防多,注意补防和断球。

3.要贯彻"堵中放边"的策略,控制中区,逼向边角,迫使其在有利于我方防守夹击的地方停球,形成围守夹击,迫使对方传球失误或违例。

4.同伴在逼抢或夹击形成时,其他防守同伴应迅速调整位置,随时准备抢断球或补防。

5.要设法诱使对手长传或高吊球,制造抢断球的机会。

(二)全场紧逼人盯人防守优缺点

1.优点

(1)全队富有攻击性,是一种积极的防守方法。

(2)可以改变对方的习惯性打法,使经验不足的队出现失误,迫使对方花时间来适应。

(3)有效攻击速度较慢、后卫控制球能力较差的队。

(4)当比分落后时,有必要组织紧逼防守。

2.缺点

(1)具有一定的冒险性,如果防守不适当,则会出现很多犯规。

(2)要求队员具有良好的身体素质以及攻击意识。防守较弱的队员可能会被攻破而导致对方得分。

(3)由于是在全场范围内防守,所以会留下一些薄弱的地区。

(三)全场紧逼人盯人防守战术练习(以"1-2-1-1"队形紧逼方法)

1.球在前场时的防守练习

如图6-6-6所示,当对方掷端线球时,前防区的任务由△△△来完成,△的任务是防守④,影响其顺利地掷界外球,并封堵向⑥的传球路线。△和△应不让⑤和⑥顺利接球,当⑤接球时,△应迅速随球移向⑤,并与△堵⑤向中区移动,进行夹击。同时△应向中间移动,切断⑤可能向④和⑥的传球路线,迫使⑤由边路运球推进。△在⑤开始运球时,应向左侧移动,准备在中区夹击,△应准备堵截和补位。如④接到回传球,△要跟球追防,与△夹击④,△立即补边路,△防中路或回传球,△注意判断抢断长传球。练习数次后,两组攻守交换进行练习。

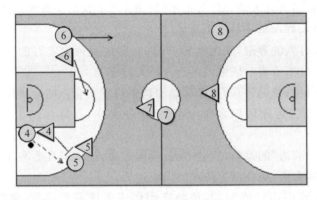

图 6-6-6　球在前场时的防守

要求:清楚各自的防守任务,随时注意球的转移和对手的行动。

2.球在中场时的防守练习

如图6-6-7所示,当⑤向前场运球突破时,△应逼边,紧紧追防。△横向边堵,迫使⑤运球过中线后停球,并与△共同夹击,同时△要从中路退到中区,△要由边路退到后区的前沿,△继续向左移动切断⑤向⑦的传球路线,△和△在中区和后区并随时准备补防或断④向中间或左侧的传球。在另一侧④运球也是同样跑位堵截。

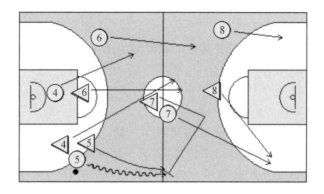

图 6-6-7　球在中场时的防守练习

要求:防守队员要明确战术意图,防止对方运球突破,迫使对方减慢运球速度停止运球。追防或补防反应要及时,动作要快。

3.球在后场时的防守练习

如图 6-6-8 所示,当⑤传球给⑦时,△要及时到位防守,△应迅速后撤,与△共同夹击⑦,△要向篮下移动,控制对方⑥或⑧进入罚球区接球,同时△下撤,严密防守⑤,切断⑦把球回传给⑤的路线,△后撤到罚球区前沿,控制④和⑥的行动,并随时准备断球快攻。如对手长传对角给⑧时,先迅速回位再伺机夹击。

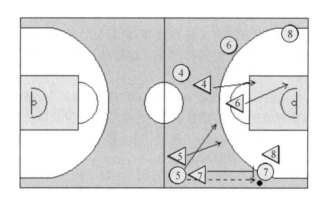

图 6-6-8　球在后场时的防守练习

要求:防守队员调整位置要快,切断接球路线,同时注意夹击不要犯规,抢断要准确,不要急于求成。

(四)练习建议

1.重点练习前场和半场的紧逼防守方法。先进行二、三人配合练习,后进行全队战术配合练习。

2.加强提高个人防守能力与防守基础战术的练习,加强攻防转换速度的练习和前场紧逼防守练习。

3.要加强身体素质的练习,尤其是速度和耐力的练习;加强培养练习者勇敢顽强、坚韧不拔的意志品质的练习。

三、区域联防

区域联防是由攻转守时,防守队员迅速退回后场,每个队员分工负责协同防守一定区域,随着球转移而积极地调整自己的位置,形成一定的阵型,把每一个防区的同伴有机地结合在一起所组成的全队防守战术。由于划分区域的方法不同,区域联防有"2-1-2""2-3""3-2""1-3-1""1-2-2"等站位队形,所有的队形都由"2-1-2"队形演变过来的。不同形式的联防都有其优点和缺点,也有其不同的作用,比赛中可根据对方特点和本队具体情况,有针对性地加以运用。

(一)基本要求

1.区域联防要联合起来进行防守,5名队员必须协同一致,做到分区不分家,特别是共管区要共同防守。

2.对持球队员要按人盯人方法防守,重点阻止对方投篮和把球传入内线。

3.对运球队员要跟踪、护送防守,邻区队员要"关门"协防,阻止其运球突破篮下,迫使其将球传出。

4.对无球队员要注意防背插和溜底,设法卡断其移动接球路线。特别是对居中策应的进攻队员,一般采用侧前或绕前方法进行防守,绝不能让他轻易接球。对空插溜底队员一定要护送防守,直到交给邻区的同伴为止。在特殊情况下可以跟踪盯人,其他同伴进行补位或换区防守。

5.5名防守队员必须协同一致及时向有球一侧移动,做到"以球为主,球、人兼顾"。弱区防守队员在向强侧靠拢的同时,要控制本区和附近区域进攻队员的活动。

6.在防守过程中,每个队员都应扬手挥臂,积极移动,扩大控制面积,尤其要相互呼应,第二线或中间防守队员更要起到指挥作用。

(二)区域联防的优缺点

1.优点

(1)可以减少犯规,避免明星队员由于犯规而出场,减少对方的罚球次数。

(2)它对防守掩护、定位掩护、移动进攻等很有实效。

(3)根据队员各自的能力,可以抢占有利的抢篮板球位置,为发动快攻做好准备。

(4)可以扩大或缩小防守区域来对付外围投篮较准或较差的球队。

(5)可以节省体力,发挥全队的整体协作能力。

(6)身材高大、速度较慢、人盯人防守较差的队适合用区域联防。

(7)可以有效地对付抢篮板球能力较强、内线攻击能力较强的队。

2.缺点

(1)很难分清个人的责任,防守外围、场角的投篮以及一些防守薄弱的区域困难,容易使对方加重对某一区域的攻击。

(2)不易防守对方的明星队员。

(3)当对方拉开进攻时,可能会被迫采用人盯人防守。

(4)如果没有人盯人防守来交替运用,这种战术很可能被攻破。

(三)战术配合练习(以"2-1-2"防守队形为例)

1.球在外围弧顶时的防守配合练习

如图 6-6-9 所示,④持球时,△和△应根据对方的进攻队形和对方中锋的位置决定两人的防守配合,通常有高位中锋一侧前锋上前防守。△上去防④,△要稍向左移动协防⑥,并准备抢断④传给⑥的球。△向稍右移动防守⑤,△向左上移动防⑦,并兼顾防守篮下,△防守⑧的篮下活动。

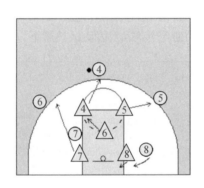

图 6-6-9   球在外围弧顶时的防守配合

要求:选位起动要快,位置选择要正确。迎上防守持球队员要快,并伺机抢断球。

2.球在两侧时的防守配合练习

如图 6-6-10 所示,④传给⑥,△迅速上防⑥,△稍向下移动,协助△防守,△站在⑦的侧后方,切断⑥与⑦的传球路线,并防止⑤向篮下空切。△站在⑧的内侧前方,切断⑥与⑧的传球路线,减少⑧的接球机会。△稍向罚球区移动,既要协助防守篮下,又要堵④的背插,还要准备抢断⑥传给⑤的横传球。当⑥投篮时,△△△在篮下形成三角包围圈,准备抢篮板球。

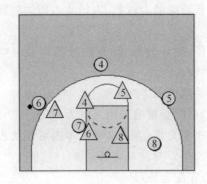

图 6-6-10 球在两侧时的防守配合练习

要求：防守时，应由离球近的队员上去防守，如持球队员处于两个防守区域之间时，则要根据对方在底线的威胁大小来决定。

3. 球在底角时的防守配合练习

如图 6-6-11 所示，当对手⑥在场角持球时，▲上去防守⑥，▲迅速跑到底角，与▲配合对⑥进行夹击。▲向下移动防⑦接球，▲移动保护篮下，▲向中间移动，干扰④接应。

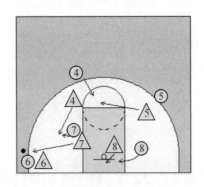

图 6-6-11 球在底角时的防守配合练习

要求：调整位置要快，夹击、补防及时、果断。

4. 防守溜底线的配合练习

如图 6-6-12 所示，当⑥将球传给⑦时，⑧溜底线，▲应堵截⑧的移动路线，延误其配合时间，并跟随⑧，不让其接球，并告知▲撤回防⑦。▲退回防⑦时，▲再回到原来的防守区域。▲在▲跟防时要稍后撤，防⑤接球和向篮下空切。

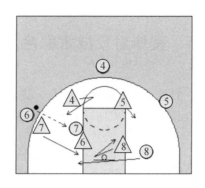

图 6-6-12　防守溜底线的配合练习

要求:防溜底配合时,中锋队员要随时提醒同伴补防,同时把对手逼出篮下。

5.后卫与中锋的移动配合

如图 6-6-13 所示,当④把球传给底线有中锋一侧的前锋时,△要绕出防守⑤,△补防底线中锋,△补位防弱侧中锋。△伺机与△协同夹击⑤,△自罚球区移动防④接球。

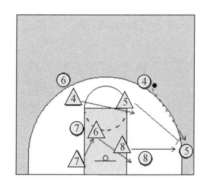

图 6-6-13　后卫与中锋的移动配合

要求:中锋队员绕出补防要快,同时兼顾自己所防对手。其他防守队员及时调整位置。

(四)练习建议

1.首先要掌握区域联防的基本原理,明确各种防守队形、战术特点及作用。

2.以"2-1-2"区域联防为练习重点,在此基础上练习其他防守队形。

3.先进行分解练习,待局部配合熟练后,再过渡到完整的练习。

4.在练习中,先做随球移动的选位练习,然后在进攻队员移动的情况下练习如何防守持球队员的投篮、突破、传球,如何防无球队员的背插、溜底以及"关门"配合等。最后通过教学比赛巩固和提高战术质量。

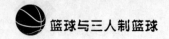

第七节　整体进攻战术配合及学练

整体进攻是个人具有较好的进攻基本技术的综合。进攻方式有很多种,关键不在于多,而是完成得如何。整体进攻战术的形成如同基本技术形成一样,首先练习局部,然后再组合成一个整体。

一、进攻半场人盯人防守

进攻半场人盯人的战术可分为三种类型:一是以单中锋为主的进攻法,落位形式有"2-3""2-1-2""2-2-1"等;二是以双中锋为主的进攻法,落位形式有"1-3-1""1-2-2""1-4"等;三是机动进攻法,采用马蹄形落位,或者用"2-3"落位,三个锋线队员有层次地轮流插向篮下,采用机动中锋的打法。进攻半场人盯人防守时,不论采用何种形式的打法,其整体战术都是由传切、突分、策应、掩护与挡拆等基础配合所组成。

(一)进攻半场人盯人防守基本要求

1.进攻队员持球时,一般不要沿边线运球,更不要在边停球或成死球,以避免给对方提供夹击的机会。

2.每位队员必须熟练掌握传切、掩护、策应、"8"字进攻等 2～3 人组织的基础配合战术。

3.临场运用各种配合要密切衔接,保持战术的连续性和攻守合理、平衡的进攻阵形。

4.要求每个队员都要全面掌握个人进攻的基本技术。必要时,打破锋、卫的界限,以扩大攻击区,增加攻击点。

5.在自己的前场进攻时,要运用有效的战术配合,力求形成以多打少的有利阵式,争取阵地进攻的胜利。

6.根据对手的防守情况,攻击薄弱环节,造成防守的漏洞,注意配合的位置和时机,加强进攻的针对性和灵活性。

7.组织拼抢篮板球,注意攻守平衡,保证攻守转换的速度。

(二)进攻半场人盯人防守战术练习

1.通过中锋以掩护为主的配合练习

如图 6-7-1 所示,以"1-2-2"进攻队形落位。④传球给⑤后,⑥上提与④做后掩护,⑤将球传给④直接上篮。如果④没有机会接球,⑤可将球传给⑥,④与⑦在底线做交叉掩护。⑦横切,④拉开,接⑥的球投篮,⑥也可以自己进攻。练习配合熟练后,可加上防守队员进行练习。反之,④传球给⑧,⑦上提与④做后掩护,⑧将球传给④直接上篮。如果④没有机会接球,⑧可将球传给⑦,④与⑥在底线做交叉掩护。⑥横切,④拉开,接⑦的球投篮,⑦也可以自己进攻。

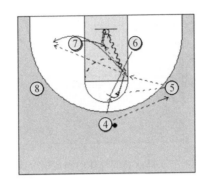

图 6-7-1　通过中锋以掩护为主的配合练习

2.通过中锋以策应、掩护、空切、突分为主的进攻配合练习

如图 6-7-2 所示,以"2-1-2"队形落位。④将球传给⑥,④与⑤做侧掩护,然后以⑥为中枢做交叉策应,⑥可将球传给⑤或传给掩护后横切的⑦,⑤接球后突破。如受阻,可分球给⑧或⑦投篮,⑥在策应过程中也可自己进攻。练习配合熟练后,可加上防守队员进行练习。

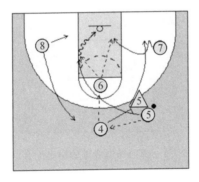

图 6-7-2　通过中锋以策应、掩护、空切、突分为主的进攻配合练习

3.掷前场界外球的固定配合练习

如图 6-7-3 所示,⑦给⑧做后掩护,⑧纵切时靠近⑤的身体做定位掩护,然后直插篮下接球投篮。当⑧与⑤做定位掩护时,⑥向左场角移动接④的传球,此时,⑤纵切篮下接⑥的球投篮。练习配合熟练后,可加上防守队员进行练习。

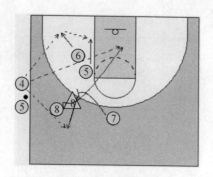

图 6-7-3 掷前场界外球的固定配合练习

4.掷前场端线球的固定配合练习

如图 6-7-4 所示,⑦给⑥做后掩护,⑥横切的同时与中锋队员⑤做定位掩护,然后切向篮下接④的传球投篮。④也可将球传给⑦或⑤。练习配合熟练后,可加上防守队员进行练习。

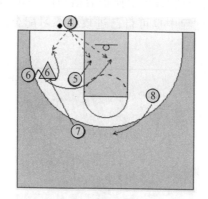

图 6-7-4 掷前场端线球的固定配合练习

(三)练习建议

1.开始练习时,先了解全队的战术落位队形,进攻时机,移动路线,主要攻击面和攻击点及变化规律。

2.在无防守和消极防守的情况下,先进行战术分位练习,提高个人技术运用能力和基础配合质量。然后进行全队的战术配合练习,在此基础上加强防守,提高练习难度。

3.在实战中检验对全队战术的理解和掌握程度,通过教学比赛来总结分析,以此来提高战术水平。

二、进攻全场紧逼人盯人防守

进攻全场紧逼人盯人防守是根据全场紧逼人盯人防守战术所采用的一种具有针对性的进攻战术。进攻全场紧逼人盯人防守的方法有很多,从进攻的落位可分为后场配合进攻方法、中场配合进攻方法、插中策应进攻方法等。

（一）进攻全场紧逼人盯人防守基本要求

1.当对方采用全场紧逼人盯人防守时全队要沉着冷静,思想一致,行动协调,行动要突然。

2.持球队员从后场向前场推进时,力争从中路突破,以扩大传球点和传球区,不要随意到边线运球或底角停球。

3.进攻队员在场上的位置分布应保持一定的间隔和距离,拉大对方的防区造成对方的协防困难。无球队员要积极合理的移动,努力创造传切、掩护、策应和突分等进攻机会。

4.队员在后场得到球后,除了打快攻时需要长传球外,其他的传球应多用短传球、快传球,少用长传和高吊球,避免不必要的运球。

（二）进攻全场紧逼人盯人防守练习

1.掩护、突破、策应进攻配合练习

如图 6-7-5 所示,④掷端线界外球,⑥利用⑤的掩护摆脱△接④的传球,⑥运球突破遇阻时,可运球给④做掩护,④看到⑥给自己做掩护应及时反跑,并利用⑥的掩护摆脱防守。④接⑥的传球后,从中路突破,如遇阻,⑦及时上提做策应接④的传球。⑦策应后转身可传球给两侧快下的⑤或⑥进攻,如机会不好,把球传给组织后卫,迅速部署进攻阵型展开攻击。练习配合熟练后,可加上防守队员进行练习。

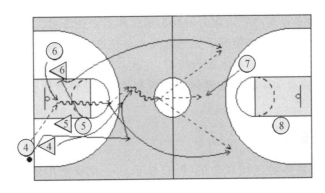

图 6-7-5　掩护、突破、策应进攻配合练习

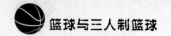

2.两侧掩护结合中路突破进攻的配合练习

如图 6-7-6 所示,⑧掷端线界外球,⑥和⑦在罚球线两侧接应一传,④和⑤分别站在距⑥⑦3~4 米处。配合开始时,④⑤同时给⑥⑦做掩护,⑥⑦摆脱快下。⑤掩护后转身摆脱防守接⑧的传球,④斜插中路接⑤的传球,并从中路运球突破到前场。④如不能直接突破投篮,可传球给两侧快下的⑥⑦进攻。如机会不好,④把进攻节奏减慢,把球传给组织后卫组织进攻。练习配合熟练后,可加上防守队员进行练习。

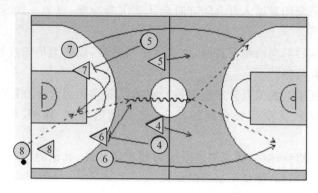

图 6-7-6　两侧掩护结合中路突破进攻的配合练习

要求:要根据当时防守情况采用不同的进攻配合,进攻队员及时观察场上的情况,保持合理的进攻阵型;同伴之间要前后、左右呼应,要随时注意相互间的配合,在八秒内把球安全输送到前场。

(三)练习建议

1.了解进攻全场紧逼人盯人防守战术的特点和要求,先学习前场和中场的配合方法,再学习整体战术配合方法。练习时,重点加强后场和中场的掩护、传切、突分和策应配合的练习,同时加强提高由守转攻时的反击速度和意识的练习。

2.在无防守和消极防守的情况下先进行战术分位练习,提高个人技术运用能力和基础配合质量。然后进行全队的战术配合练习,在此基础上加强防守,提高练习难度。

3.在实战中检验对全队战术的理解和掌握程度,通过教学比赛来总结分析,以此提高战术水平。

三、进攻区域联防

进攻区域联防是针对区域联防的特点、队形和变化所采用的进攻方法,是篮球进攻战术系统中的重要组成部分。常用的落位队形有"1-2-2""1-3-1""2-1-2""2-3"等。一般来说,"1-3-1"进攻队形是针对"2-1-2"和"2-3"联防队形而组织的,"2-1-2"进攻队形是针对"1-3-1"联防队形而组织的。这些进攻队形所设计的进攻战术是通过"人动"

"球动"来进行队员间的传切、突分、掩护、策应等配合,以破坏对方的防守,达到进攻投篮的目的。

（一）基本要求

1.利用各种机会,快速推进和穿插,争取趁对手立足未稳打乱对手阵型。

2.根据对手联防形式,采用相应的落位。例:对手是"2-1-2"联防,可采用"1-3-1"进攻落位。

3.通过人球转移,调动防守,瞬间形成某一区域的以多打少。

4.内外结合,内线队员强（佯）打,外传进攻。外线进攻拉开防守后,一定要不失时机地向内线供球和切入。

5.组织好前场篮板,注意攻守平衡。通常两人抢,一人机动负责第二落点和抢截对方一传,另外两人准备退守。

（二）进攻区域联防战术配合练习

1.中区策应进攻配合练习（"1-3-1"进攻队形）

如图 6-7-7 所示,⑦、⑧为双中锋,两人在腰和弧顶处交替上下移动。⑧突然上提到罚球线处,接外围队员⑤、⑥或④的传球,⑦在腰处可上提一步接⑧的策应传球投篮。⑦也可沿底线横移到限制区右侧接⑧的策应传球投篮。⑧也可将球传给插入防守空隙地区的⑤或⑥投篮。练习配合熟练后,可加上防守队员进行练习。

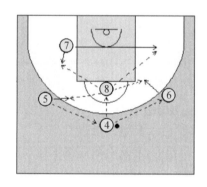

图 6-7-7　中区策应进攻配合练习（"1-3-1"进攻队形）

要求:外围队员在传球时要抓住时机,及时地将球传给插到中区的队员。要看准进攻机会的好坏,灵活地进行策应传球。

2.传切进攻配合练习（"1-2-2"进攻队形）

如图 6-7-8 所示,⑥将球传给⑦,⑦将球传给突然从底线空切到限制区右侧的⑧投篮。同时⑤也可空切到罚球区内接⑦的传球投篮。⑦可根据⑧和⑤投篮机会的好坏灵活地传球。此练习刚开始不加防守进行练习,待熟练后加上防守再进行练习。

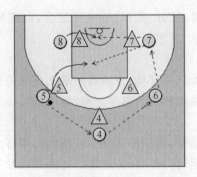

图 6-7-8　传切进攻配合练习("1-2-2"进攻队形)

3.突破进攻配合练习("1-2-2"进攻队形)

如图 6-7-9 所示,⑤将球传给⑦后,突然向限制区空切,接⑦的传球投篮。⑤也可将球传给切向篮下的⑧或传给空切到右侧腰处空当处的⑥投篮。

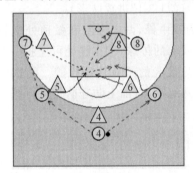

图 6-7-9　突破进攻配合练习("1-2-2"进攻队形)

要求:进攻队员交替从两边发动配合练习。

4.突破、传切进攻配合练习("1-3-1"进攻队形)

如图 6-7-10 所示,④将球传给⑥,⑥从右侧向篮下运球突破上篮,若防守队员△进行

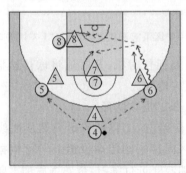

图 6-7-10　突破、传切进攻配合练习("1-3-1"进攻队形)

严防,⑦可从罚球区空切到篮下左侧接⑥的传球投篮。⑧此时也应从底线横移到限制区右侧接⑥的传球投篮。⑥要根据⑦和⑧两名队员接球投篮机会的好坏,灵活地传球。

5.插角进攻配合练习("1-2-2"进攻队形)

如图 6-7-11 所示,⑤将球传给④后,立即斜插到球场的左侧角。此时④已将球传给了⑥,⑥接球后及时将球传给已插到左侧角的⑤,⑤利用⑦做定位掩护进行中投。若防守队△上前补防,⑥要及时后撤到篮底接⑤的传球投篮。若△上前补防⑤,则⑥及时空切到限制区空当处接⑤的传球投篮。

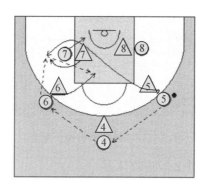

图 6-7-11　插角进攻配合练习("1-2-2"进攻队形)

6.掩护进攻配合练习("1-3-1"进攻队形)

第一套:中锋与外围队员掩护配合

如图 6-7-12 所示,④将球传给⑥,⑧此时及时跑向△,给同伴⑥做后掩护,⑥利用⑧的掩护,从右侧运球突破上篮,如果△进行补防,则⑥及时将球传给摆脱防守队员下移到限制区空当处的⑧投篮。⑦、⑥要注意争抢篮板球或二次进攻,④和⑤要注意回防。

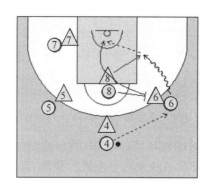

图 6-7-12　中锋与外围队员掩护配合

第二套:外围队员掩护配合

如图 6-7-13 所示,④将球传给⑥后,立即跑向△去给同伴做后掩护,⑥利用掩护从右侧向篮下运球突破上篮,若△上前补防,⑥可将球传给下移到限制区防守空当处的⑧投篮。

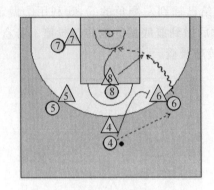

图 6-7-13　外围队员掩护配合

7.掩护、突破配合练习("1-2-2"进攻队形)

如图 6-7-14 所示,⑧将球传给④后,突然起动给④做掩护。④利用掩护向篮下运球突破上篮。若防守队员△或△上前补防,④可将球传给摆脱防守的⑦投篮。④也可将球传给摆脱防守的⑥投篮。

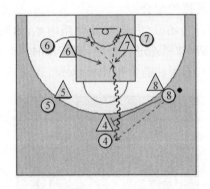

图 6-7-14　掩护、突破配合练习("1-2-2"进攻队形)(一)

接上图,如图 6-7-15 所示,⑧将球传给④后,跑向△给④做掩护,④利用掩护摆脱△向篮下运球突破上篮。若防守队员△及时与△进行换防,此时进攻队员⑧则要及时转身将△挡在身后,并空切到限制区空当处接④的传球投篮。

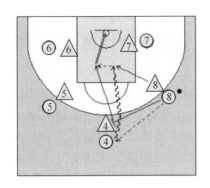

图 6-7-15　掩护、突破配合练习（"1-2-2"进攻队形）（二）

8.插角突分配合练习（"1-2-2"进攻队形）

如图 6-7-16 所示,④接到⑥的传球后,从中路运球突破防守队员△上篮。此时,若防守队员△上前补防,⑧则可及时上移到防守空当处接④的传球上篮。④也可将球传给沿底线插向篮下右侧角的同伴⑦投篮。④可根据同伴⑧和⑦进攻机会的好坏灵活地传球。

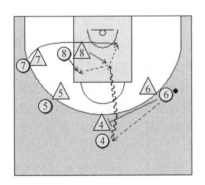

图 6-7-16　插角突分配合练习（"1-2-2"进攻队形）

要求:⑦交替在前场的左、右侧站位,⑤和⑥要交替给④做侧掩护。④须是一名突破和传球能力较强的队员。

（三）练习建议

1.了解进攻区域联防战术的队形和配合方法,建立完整的战术概念。

2.从分位练习着手,让队员明确各个位置上的进攻配合方法,然后进行全队的完整配合练习。首先在无防守或消极防守的条件下练习,然后在积极防守对抗的条件下练习,最后在教学比赛中巩固、提高。

3.以"1-3-1"队形落位、进攻"2-1-2"区域联防为重点内容,在此基础上学习其他配合方法。

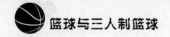

第八节　课内教学比赛组织与位置技巧

教学比赛是一面镜子，只有学、练与比赛紧密相结合，才能充分调动学生学习的积极性。同时，篮球运动的技、战术只有通过比赛，才能培养学生在复杂多变的情况下，合理运用各种技术。此外，教学比赛也是培养学生提高战术意识的有效手段，设置各种符合篮球运动竞赛实践的教学比赛，才能促进学生建立复杂的多级的条件反射，提高对篮球比赛复杂性和多变性的适应能力和应变能力，从而提高教学质量。

在课堂中组织教学比赛，学生可采用身材、身体素质和技术水平相当的小组组队形式，或以半场、全场，3 至 5 人不同人数的组织形式；也可以采用制定特殊的规则和方法的组织形式等。在比赛中学会观察场上的情况，分析对手打法与风格和个人的攻守技术特点，还要观察分析本队的策略计划是否符合临场比赛的客观实际，以及队员完成攻守任务的情况。

一、教学比赛的练习方法

篮球教学比赛的进行要在体育课有限的时间内完成，由于场地范围不大，学生人数集中，比赛时间紧凑，如果学生没有基本的战术意识和篮球技能，教学比赛就会出现"跟球跑""扎堆堆"的现象。篮球教学比赛先是教学，然后才是比赛。篮球教学比赛是检验和提高学生已掌握的篮球知识和技能，培养学生初步运用篮球规则和战术意识的重要手段。

（一）以一球定胜负的比赛

每组 3～4 人，比赛中哪一组先进一球即为优胜。因为一局比赛以一球定胜负，比赛时无意中强调了防守的质量，增加了比赛对抗的激烈程度，对提高比赛的能力很有帮助。此练习在学生学习比赛的初期运用较为适宜。

（二）只准使用某种战术的比赛

在半场比赛中，为了强化某种进攻意识和防守方法，以达到在比赛状态下运用自如的目的，规定在比赛中一定要使用某种战术，如中锋策应、人盯人防守等。经过长期的强化之后，学生比赛时某些战术意识就会通过比赛固定下来并形成一定的比赛技能技巧，今后即使在非常艰难的条件下也能运用某种战术。

（三）先进五个球即为优胜的比赛

在比赛中哪一组先进五球即为优胜。此练习由于用时较长，学生体能消耗较大，宜在学生具备了一定技能、掌握了一定比赛经验之后采用。经常采用此形式的比赛对形成较稳固的比赛模式和提高比赛能力有很大的帮助。

（四）五分钟比赛

比赛进行到五分钟之后即中止比赛,此时哪一组分值高哪一组为胜。此比赛方法能增强学生的时间意识与紧迫感,能使学生珍惜每一次机遇,兢兢业业地打好比赛。

（五）使用特殊规则的比赛

对已经掌握了攻防技巧、具备了一定比赛能力、熟悉一定比赛规则的学生来说,重要的是提高运用战术的意识和能力。在比赛中可采用特殊规则以调动比赛的积极性。如在比赛中能不失时机地采用传切配合、交叉配合战术的,每球可得 4 分;配合得非常巧妙、默契的可再加分。

（六）人数不等分值相等、人数相等分值不等的比赛

一种情况是参加比赛的两组学生中基础好的一组人数少些,基础差的一组人数多些,但比赛时每进一球分值相等。第二种情况是参加比赛的两组学生人数相等但基础好的为一组,基础差的为另一组,但每进一球分值不等,强组得分分值低,弱组得分分值高。这样做的目的是充分调动基础略差的学生的比赛积极性,同时增加比赛的乐趣。

（七）高个与矮个的比赛

前提是矮个队员必须速度快、命中率高。使用此比赛练习,一是强化矮个队员外围投篮的命中率及防守的质量,二是强化大个队员的防守范围及防守速度。双方扬长避短,斗智斗勇,彼此牵制,共同提高。

（八）两组攻防不转换的比赛

此练习的方法是比赛一直由进攻方发球开始,进攻方与防守方不交换。此练习的目的是强化进攻与防守的质量。如进攻方投中十球为胜,防守方投中四球则为胜。胜负比分的确定依据双方实力灵活掌握。

（九）同一进球分值不同的比赛

实力相当人数相等的两组学生,靠巧妙配合、运用智慧进攻得分的可得 3 分或 4 分,靠单打独斗进球或球虽进了但不是最合理时机进球的只算 2 分或 1 分。此方法重在鼓励学生运用战术配合得分,培养学生配合的意识。

（十）两组同场竞技规则不同的比赛

对基本技术好的一组学生使用规则时严格些,比赛时稍有违规则判给对方发球,这样做的目的是使技术好的学生学会适应规则、适应正式比赛的要求,严格要求自己,同时强化规则意识以防止正式比赛时犯一些低级错误。对技术差的一组可适当放宽规则,不要一发现走步、非法运球等违例现象就立即判罚。要适当保护技术稍差些的学生,使学生先学会融入比赛再去适应规则,适应比赛环境。

二、篮球比赛位置技巧

在比赛中球场每个位置都有不同的角色球员,他们占据不同的位置进行不同的分工

合作,各个位置的球员在进攻和防守端都被赋予了不同的职能。从位置分配来划分有后卫、前锋、中锋,还可以细分为控球后卫(1号位),得分后卫(2号位),小前锋(3号位),大前锋(4号位),中锋(5号位)。

（一）后卫队员

后卫队员是指承担全队队员组织指挥并主要控制球的队员。可分控球后卫和得分后卫。后卫队员要求身体素质好,技术全面,控制球的能力强,具有较强的战术意识,一般是球场上的核心队员。

1.传球

传球是后卫队员组织进攻的主要技术。熟练地掌握各种传球技术、熟悉战术配合中的每个进攻机会及同伴的进攻特点是每个后卫高手的必备技能。在同伴摆脱对手的瞬间,后卫能够及时、准确地把球传给同伴。

2.投篮

分球投篮技术在后卫队员中应用普遍。准确的外围投篮不仅能直接得分,而且还会使对方扩大防区并且为内线攻击提供有利的机会,因此得到后卫队员的钟爱。

3.运球和突破

后卫队员通过运球和突破来控制支配球,摆脱防守,组织战术。当同伴被对方严密防守不能传球时,可采用运球寻找传球或投篮机会;当对方采用全场紧逼防守时,可采用运球突破对方的防守。运球时应注意观察场上的情况,及时传球给处于有利进攻位置上的同伴。

4.防守

后卫防守防区较大,处于全队防守的前沿。快速灵活的脚步移动技术,敏锐的观察、判断能力是后卫的基本能力。因此,每个后卫都要有全面的个人防守能力,又要有与同伴配合防守的能力,还要有组织、指挥全队防守的能力。

（二）前锋队员

前锋队员是指主要活动在球篮两侧的外围高大队员。可分大前锋和小前锋。前锋队员的身材也应比较高大,而且速度要快,弹跳力好,技术比较全面,攻击力强,是主要的得分队员。

1.进攻

由于进攻活动范围广,前锋既要掌握中、远距离投篮,又要掌握运球突破和空切到篮下投篮的能力。掩护、助攻传球也是前锋的强项。前锋还要掌握各种摆脱防守的移动技术,如原地摆脱、空切、反跑等接球意识。另外,持球时,前锋要善于运用传球、运球、转身、跨步等动作与对手形成"时间差"或"位置差",借以创造投篮机会。

2.防守

前锋的主要防守技术任务是防守对方的摆脱传接球、投篮和运球突破。运用技术时,正确观察、判断对方的进攻意图,便于采取相应的防守行动;防守时,要始终抢占有利位置,不让或减少对方接球;合理运用手臂和身体干扰对方的投篮、传球,堵截对方运球突破。

（三）中锋队员

中锋队员是指主要活动在限制区一带的高大队员。中锋队员身材高大,弹跳力好,中远距离投篮准确,篮下能强攻投篮,并能拼抢篮板球,以及具有相应的防守能力。

1.移动抢位与接球

中锋最重要的技术就是移动抢位与接球。中锋移动抢位的熟练程度决定了在进攻与防守对抗中的主动权。优秀的中锋首先必须善于运用快速、灵活、多变的脚步动作,在与对手的身体接触中善于用力,合理对抗,摆脱对手,抢占有利位置接球。其次,要密切与外围同伴传球配合,做到球到人到,人球相遇。

2.投篮

中锋的一切进攻技、战术的运用都是为了寻找机会投篮,所以投篮是中锋最主要的进攻技术。掌握好投篮时机对投篮成功意义重大。

3.传球

中锋是全队进攻配合的枢纽。因此中锋必须善于通过接球、传球,把内、外、左、右其他进攻队员联结起来,形成全队进攻配合。因为周围人员密集,攻守人员变化多端,所以中锋在接球后要根据不同情况运用不同方式传球。

4.投篮时机的掌握技巧

（1）接球时中锋要判断好攻、防位置,学会利用动作的速度获得"时间差",创造投篮机会。

（2）中锋持球时要结合其他技术动作,运用转身、跨步、运球、传球与对方形成"位置差"与"时间差",创造投篮机会。

（3）运用假动作时要注意动作之间变化的节奏,注意真、假结合,使对方防不胜防。

5.防守技巧

（1）防守选位技巧。中锋防守的首要任务是尽力阻止或减少对方中锋在限制区范围内接球。所以,中锋防守位置的选择必须贯彻"球—我—他"兼顾的原则,充分阻拦和干扰对方接球。

（2）防守移动和手臂动作。为抢占有利的防守位置,中锋必须熟练地掌握上步、撤步、侧滑步及绕前步。无论是在有球侧还是无球侧或移动中防守对手空切时,都应扬手占据空间位置,便于阻拦对手传、接球。

球场的每个区域都有一个人专门去负责,每个人做好自己该做的,这个球队就是比较优秀的球队了,如果队友之间有更好的配合,那么打起比赛来更是行云流水。所以随着时代的发展,全能型球员越来越受欢迎,因为他们能适应每个位置,并做好相应的工作,这也为教练减少很多烦恼。

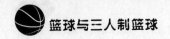

第九节 测试你的篮球学习水平

高级班的教学强调基本技术动作的实战性,通过战术配合及比赛,进一步培养学生的战术配合意识和提高学生在攻守对抗中熟练运用技术动作的能力,并能组织和参与各种形式的篮球比赛,全面提高学生素质。通过一学期的篮球技战术的学习,为了使学习者能比较客观地评价自己的水平,本节制定了篮球选项课(高级班)的评价标准,供学习者自评。

一、主要内容及学时分配

表 6-9-1 主要内容与学时分配(高级班)

主要内容		学时与比重	
		学时	比重(%)
理论部分	1.体育卫生与健康教育	2	11.11
	1.篮球运动专项身体素质锻炼与指导 2.篮球运动竞赛组织与规则	2	
技能部分	运球突破(胯下、背后)	22	61.11
	各种跳投、反手、勾手投篮		
	传接球组合技术		
	运、传、投组合技术		
	半场"三对三"对抗、全场"三攻二"配合		
	快攻发动与接应战术		
	人盯人防守和进攻人盯人防守战术		
	区域联防和进攻区域联防战术		
其他	身体素质考试	10	27.78
	专项技术考试		
	理论考试		
	机动		
合 计		36	100%

二、测评内容和比例

表 6-9-2　测评内容和比例(高级班)

序号	考试内容	百分比
1	专项技能(两项)	40％
2	理论	10％
3	身体素质	25％
4	学习过程	10％
5	课外锻炼	15％

三、专项技能测评内容和评分标准

(一)1 分钟自投自抢(10 分)

1.测评要求

男生以篮圈中心投影点 4 米外半径(女生在 3 米外半径)任何一点自投自抢,记 1 分钟投中的个数。球出手前脚踩线中篮无效,自抢到球时必须运球至投篮点外。本项考试给两次机会,取最好成绩。

2.评分标准(见表 6-9-3)

表 6-9-3　1 分钟自投自抢考试评分标准(高级班)

男、女生标准	得分
命中 8 个	10
命中 7 个	9
命中 6 个	8
命中 5 个	7
命中 4 个	6

(二)篮球实战应用测评(半场三对三比赛)(30 分)

1.技术考核方法

采用教考分离,按比赛形式分组进行考核。学生组织以班级为单位,每一组安排 6～9 名学生(三对三)依次进行考核。由任课教师担任裁判,任课教师不参与考核评分。采用半场人盯人防守测评其技、战术运用能力,每组比赛时间以能够全面观察、了解每位考生的情况而定。所有考评教师给出分数的平均分为该学生的最后得分。

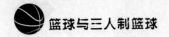

2.评分标准

评定内容	技术全面,运用合理、熟练,个人防守能力强,意识强,特长突出	技术运用较合理,有一定个人攻防能力,意识一般	攻防技术运用能力一般,战术意识一般	有一定的基本技术,动作单调,意识差	基本技术差,动作不熟练
分数	27~29分	24~26分	21~23分	18~20分	18分以下

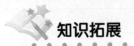 **知识拓展**

核心后卫的类型介绍

1.组织型后卫。位置比较固定,移动距离短,活动范围小,个人攻击意识、技术和能力较弱,主要起接应和通过传球组织进攻的作用。得分、抢断、抢篮板球和"杀伤力"低,罚球机会少。只起"调度"作用,缺乏激励全队战斗力的调动作用。

2.攻击型后卫。个人技术和身体条件较好,活动范围大,攻击力强。有较强的鼓舞和带动作用,但组织和调动全队的积极性能力较差,有时可能过于单干,妨碍全队战术配合的实施,影响其他队员的配合积极性。

3.防守型后卫。进攻时多半起接应和组织作用,主要特点是防守意识强,防守行动积极主动,具有全面的防守协同意识。能主动控制和破坏对方快攻及其核心队员的行动,还能组织率领全队及时应变防守战术,制约对方的进攻。为此,许多队针对对方防守攻击力强的核心队员及其战术特点,配备并培养了专长于防守的"防守型核心后卫",以提高本队的整体防守能力。

4.全面型后卫。既具有较强的组织全队配合能力,又具有强烈的个人攻击意识和助攻能力,防守积极,斗志高昂。具备优秀的身体素质和技巧,在双方对峙、比分拉不开的情况下,能充分发挥个人攻击力和调动全队攻防能力,或施展个人绝招,或组织发挥本队特长,寻找战机打开局面。

现代篮球运动高水平、强对抗和综合多变的发展趋势表明,单纯组织、攻击和防守型核心后卫已不适应全场攻守和立体争夺的需要。培养具有良好的身体素质和突出的技术,富有强烈攻击意识及能力,有丰富的比赛经验,能带动和指挥全队应付多种复杂局面的现代全面型核心后卫势在必行。

 **学以致用**

1.要想在个人攻防对抗中占得上风,你认为自己现在必须掌握哪些能力?

2.什么是区域联防？这种防守战术有哪些特点?

3.半场人盯人防守应遵循哪些战术原则?

4.举例说明"1-3-1"阵型进攻"2-1-2"区域联防的配合方法。

5.发动快攻的时机有哪几种?

6.如何运用关门配合和交换防守配合?

第七章　三人制篮球运动教与学

应知导航

　　三人制篮球运动是五人制篮球运动的一种延伸，以健身、竞技、娱乐交友为目的。三人制篮球运动双方各出三人，在半个标准篮球场地上进行特定时间的对抗，以先达到特定的分数或规定时间内得分多者为胜。大学生是促进三人制篮球运动发展的主力军，因其技战术配合具有较为自由的发挥空间，适宜大学生进行训练来提高篮球技能从而迅速融入校园。本章着重介绍三人制篮球运动的起源与发展、竞赛规则、三人制篮球运动基本技术和基本战术的练习方法，为打好"三对三"比赛奠定基础。

第一节　三人制篮球运动概述

一、三人制篮球运动的起源与发展

　　篮球运动起源于美国（是由美国马萨诸塞州斯普林菲尔德市基督教青年会干部训练学校的体育教师，出生于加拿大的詹姆斯·奈史密斯博士在 1891 年冬季发明的），并从美国传向世界。20 世纪初期的美国经济发展与生活水平并不高，多数美国平民尤其是黑人百姓依然生活在水深火热之中，那时的篮球运动仍被白人与有钱人所掌控，穷人的孩子要想打篮球或是进入职业篮球的行列非常困难。在这种社会背景下，美国黑人贫民区自发树立起一些简陋的篮球架，那些无所事事的黑人孩子经常在那里开展篮球活动。他们不拘人数，不用裁判，自娱自乐。打篮球成了他们排除烦恼、忘掉忧愁、寻找快乐的消遣渠道，三对三逐渐成了大家最喜欢的比赛方式。

　　到了 20 世纪五六十年代，纽约公园市政处主任霍尔考比·洛克看到街头篮球具有巨大的社会作用，一直努力设法改善街头篮球的环境，但苦于没有适宜的场所。当时纽约市公园附近有一个巨大的垃圾场，既造成污染又影响市容，于是，他决定把这个巨大的垃圾场改造成人们向往已久的街头篮球天地。篮球公园的诞生,吸引了更多的黑人青少年的参与,每年定期举行的三对三篮球赛成了平民的盛典。很多游手好闲的黑人青少年在这里得以改过自新,有的后来还成了篮球明星。当地政府为了表彰洛克的杰出贡献,就以他的名字命名公园,人们也就把霍尔考比·洛克推崇为三人制篮球的创始人。现在"洛克篮球公园"成了街头小子们追求篮球梦想的圣地。

三人制篮球活动逐渐得到社会的认可,街头篮球也不局限在黑人居住区。后来,在比较繁华的大街上、公园内和社区里,街头篮球架随处可见,参与活动的人们络绎不绝。正因其组织简单,风格独特,别具魅力,任何人走上街头、社区和学校,只要有场地和篮筐,就可以随意进行斗牛比赛。所以,这一从传统篮球运动中分离出来带有浓厚平民色彩的运动,一经问世,就很快在全世界流行起来。有些地方在比赛时往往还有音乐的伴奏,把打球、娱乐、健身和游戏融为一体。

当时的美国黑人把进入职业联赛打球作为改变家境贫穷、社会地位的重要出路,因而黑人从小就喜欢接触篮球,愿意在街头切磋球技;同时,黑人家庭认为孩子们参加三人制篮球活动可以让他们远离暴力和毒品,避免青少年走上不良道路。这也正好和洛克先生创办三人制篮球赛的初衷不谋而合,成了三人制篮球运动扎根于社会底层,深受草根一族欢迎的主因。

三人制篮球比赛起源于美国贫民区的篮球游戏活动。20世纪50年代是发展的萌芽期,20世纪60年代是英雄辈出的年代,20世纪70年代包括街头篮球在内的街头文化初显轮廓,美国的洛克公园有定期的三人制篮球比赛。1992年,首届世界三人篮球锦标赛在德国法兰克福举办,该比赛有32个国家和地区参加,标志着街头篮球国际化的开始。

三人制篮球比赛早已为世人所熟悉,不论是业余爱好还是专业训练都经常采用这种形式。如今这项活动在世界各地极为流行,已有很多国家举办了正式的比赛,国际上也已经有专门的"三人篮球世界锦标赛"。

三人制篮球比赛传入亚洲比较晚,属于新鲜项目,但发展迅速。中国香港、菲律宾、马来西亚、新加坡、中国台湾和日本等国家和地区开展较早,分别都有各自的专门赛事。亚洲近年也多次举行全亚洲参与的三人制篮球比赛(如中国香港每年举行的三人街头篮球赛的冠军队代表香港参赛)。三人制篮球于20世纪90年代传入中国内地,在广州、北京、南京、上海以及其他许多省市都先后开展了不同名目的三人制篮球比赛,盛况空前,比赛规模越来越大。三人篮球赛既是街头篮球活动的升华,而又不同于传统的篮球赛。这项运动有着广泛的爱好者,其中青少年占绝大多数,并且形成了寓健身与文化为一体的篮球运动大众化的独特景观。香港1993年7月成功举办了首届三人篮球赛,因此成为在德国法兰克福举办的首届世界三人篮球锦标赛的32个分区赛之一。内地首先举办三人制篮球比赛的城市是广州,1995年首次举办了大规模的"羊城晚报杯"三人篮球挑战赛。之后,每年也都有锐步、阿迪达斯、匡威、耐克等公司举办三人篮球比赛,并且伴随着大量的宣传和推广活动。三人制篮球运动已经受到越来越多的人的喜爱和关注。1998年由阿迪达斯公司主办的"省港三人篮球赛",参赛队众多,仅报名队就超过1723支。随后阿迪达斯公司将此项赛事发展到北京、上海、南京、深圳、西安、成都、乌鲁木齐等城市。北京第一届三人篮球赛就有500多个队参加,从此形成全国性的年度赛事。其他企业也在各个城市开展了以自己公司命名的三人制篮球赛事。而参加的人员中以中学和大学的学生为主体。在2002年教育部提出终身体育的契机下,中国大学生体育协会推出了TBBA(Three Boys Basketball Association)中国大学生三人篮球联赛,标志着三人篮球比赛正式进入高校。三人制篮球比赛因其适宜的运动负荷,较强的普及性、趣味性及游戏性等突出的特点及价值,推动了高校篮球运动的普及,为学生提供了一个快乐体育的平台。尤其对学生建立健康体育、快乐体育、终身体育的观念起了良好的推动作用。从2004年开始,肯德基与中国篮协共同主办的全国青少年三人篮球赛每年举行,主办城市和参赛队伍也越来越多。香港的三人制篮球比赛也每年举行,冠军队则代表中国香港参加全亚洲的三人制篮球比赛。

三人制篮球比赛所具有的商业价值吸引了众多商家和企业,后者纷纷以各种形式加入到三人制篮球比赛的组织与主办中来,使三人制篮球比赛具有明显的商业性。如肯德基与中国篮协共同主办的全国青少年三人篮球赛,CONVERSE(匡威)主办的"星动三人篮球赛",阿迪达斯的"街头三人篮球赛"等,都是为树立企业形象,扩大品牌知名度和影响力,针对目标消费群而举办的商业气味很浓的比赛。比赛既是篮球盛会,又是商家和企业展示自己的舞台,使比赛具有鲜明浓厚的商业化特征。

三人制篮球孕育于长盛不衰的五人制篮球运动,受到系统训练的篮球运动员的喜爱和广大业余篮球爱好者的青睐,它具有组织的便捷、运行的简便、投资的节省、参赛的乐趣、技能的展示、毅力的磨炼和育人的苗圃等优点。在参加群体愈来愈多、比赛规模愈来愈大、运行愈来愈完善的发展势头下,国际篮联也已经认可了三人制篮球比赛这一比赛形式,并为三人制篮球比赛制定了专门的比赛规则。2017年6月,国际奥委会宣布3×3篮球成为2020东京奥运会正式比赛项目。三人制篮球比赛从游戏化的比赛形式从此发展成为一个独立的竞技运动项目。

二、三人制篮球运动的特点

三人制篮球运动既拥有传统五人制篮球的基本技战术和基本规则,又在长期不断发展的过程中形成自身独有的特点。

1.运动负荷适中。三人制篮球运动的场地只需要半个篮球场,比赛只需要三名队员,因此,三人制篮球的运动量相对五人制篮球来讲较小;再者,三人制篮球比赛的技战术基本上以阵地进攻和个人进攻为主,运动强度不大,运动负荷适中。也正是因为如此,三人制篮球运动才成为老少皆宜的体育运动项目之一。

2.趣味性强。三人制篮球是一项趣味性极强的运动,比赛中以基础配合为主,再辅以个人进攻,重在得分,使得比赛的趣味性和精彩性大大增强,也促使更多的人参与其中。三人制篮球赛的技战术简单实用,其基本技术动作包括了传统篮球中的跑、跳、投、运、传等基本技能。三人制篮球运动没有复杂的技战术配合,注重最基本的技战术的运动,这一点相对五人制篮球而言较为简单。

三人制篮球运动在技术和战术配合等方面与五人篮球比赛相比,因激烈对抗中减少了四个人,所以无论是策应、掩护还是突分、传切等基础战术配合都具有较为自由自在的发挥空间。个人技术的磨炼和战术配合的默契适宜大学生进行训练来提高篮球技能。

三、三人制篮球运动的竞赛规则

三人制篮球运动的竞赛规则和国际篮联制定的最新篮球规则是紧密相关的。除下列特殊情况外,比赛均按照最新国际篮球规则执行。以下是2016年国际篮联三对三篮球规则。

第1条 球场和比赛用球

比赛应在拥有一个球篮的三对三篮球场地上进行。标准的三对三篮球场地面积应为15米(宽)×11米(长)。包括一条罚球线(5.80米)、一条2分球线(6.75米),以及球篮正下方的一个"无撞人半圆区"。可以使用传统篮球场的半个比赛场地。

所有级别比赛统一使用6号球。

第2条 球队

每支球队应由4名队员组成(其中3名为场上队员,1名为替补队员)。

第3条 裁判员

比赛裁判员应由1名或2名临场裁判员,以及计时员和记录员组成。

第4条 比赛的开始

4.1 比赛开始前,双方球队应同时进行热身。

4.2 双方球队以掷硬币的方式决定拥有第1次球权。获胜一方可以选择拥有比赛开始时的球权或拥有可能进行的决胜期开始时的球权。

4.3 每队必须有3名队员在场上才能开始比赛。

第5条 得分

5.1 每次在圆弧线以内区域出手中篮,计1分。

5.2 每次在圆弧线以外区域出手中篮,计2分。

5.3 每次罚球出手中篮,计1分。

第6条 比赛时间/胜者

6.1 比赛的常规时间为一节10分钟,在死球状态下和罚球期间应停止计时钟。在双方之间完成一次传递球后,进攻队员获得防守队的传球时,应重新开动计时钟。

6.2 然而,球队如果在常规比赛时间结束之前率先得到 21 分或以上则获胜。该规则仅适用于常规的比赛时间(而不适用于可能发生的决胜期)。

6.3 如果比赛时间结束时比分相等,则应进行决胜期比赛。决胜期开始前,应有 1 分钟的休息时间。决胜期中率先取得 2 分的球队获胜。

6.4 如果在预定的比赛开始时间某球队没有 3 名队员入场准备比赛,则判该队由于弃权使比赛告负。如果比赛因弃权而告负,比赛得分应记录为 W－0 或 0－W(W 代表胜)。

6.5 如果某队在比赛结束前离开场地,或该队所有的队员都受伤了和/或被取消了比赛资格,则判该队因缺少队员使比赛告负。在因缺少队员使比赛告负的情况中,胜队可以选择保留该队的得分或使比赛作对方弃权处理,在任何情况下因缺少队员使比赛告负的球队,得分应登记为 0。

某队因缺少队员告负或以不正当的方式弃权而告负,将取消该队在整个比赛中的参赛资格。

第 7 条　犯规/罚球

7.1 某队全队犯规发生 6 次后,该队处于全队犯规处罚状态。在某队全队犯规发生 9 次后,随后的任何犯规都被认为是技术犯规。为避免疑义,对应第 15 条,队员不因侵人犯规的次数被逐出场外。

7.2 对在圆弧线以内做投篮动作的队员犯规,应判给 1 次罚球。对在圆弧线以外做投篮动作的队员犯规,应判给 2 次罚球。

7.3 对在做投篮动作的队员犯规,如果球中篮应计得分,并追加 1 次罚球。

7.4 全队累计第 7、第 8 和第 9 次犯规总是判给对方 2 次罚球。第 10 次及随后的全队犯规如同技术犯规和违反体育道德的犯规,总是判给对方 2 次罚球和球权。此条款也适用于对投篮动作的队员犯规,并且不再按照 7.2 和 7.3 判罚。

7.5 由违反体育道德的犯规或技术犯规得到的最后一次罚球之后,球权保留,比赛将以防守队与进攻队队员之间在场地顶端圆弧线外传递球方式继续进行。

第 8 条　如何打球

8.1 在每一次投篮中篮或最后一次罚球中篮后(不包括第 7.5 条)

——非得分队的一名队员在场内球篮正下方(而非端线以外)将球运至或传至场地圆弧线外的任意位置重新开始比赛。

——此时防守队不得在球篮下的"无撞人半圆区"内抢断球。

8.2 在每一次投篮没有中篮或最后一次罚球没有中篮后(不包括第 7.5 条)。

——如果进攻队抢到篮板球,则可以继续投篮,不需要将球转移至圆弧线外。

——如果防守队抢到篮板球或者抢断了球,则必须将球转移至圆弧线外(通过运球或传球的方式)。

8.3 死球状态下给予任一队的球权,应以在场地顶端的圆弧线外(防守队与进攻队)队员之间的传递球方式开始进行。

8.4 若队员的双脚都不在圆弧线内,也没有踩踏圆弧线,则被认为处于圆弧线外。

8.5 跳球情况发生时,由当时场上的防守队获得球权。

第 9 条 拖延比赛

9.1 拖延或消极进行比赛(例如不尝试得分)应判违例。

9.2 如果比赛场地装备了进攻计时钟,则进攻队必须在 12 秒之内尝试投篮。一旦进攻队持球(在防守队向进攻队传递球后或在球篮下方得分后),12 秒计时钟应立刻开始计时。

第 10 条 替换

当球成死球并且防守队与进攻队队员之间完成传递球之前,允许任一队替换球员。替补队员在其队友离开场地并与之发生身体接触后,方可进入场地。替换只能在球篮对侧的端线外进行,替换无须临场裁判员或记录台裁判员发出信号。

第 11 条 暂停

每队拥有 1 次 30 秒的暂停。队员可以在死球状态下请求暂停。

第 12 条 抗议程序

如果某队认为裁判员的某个宣判或在比赛中发生的任何事件已对该队不利,则必须按照以下程序进行抗议上签名。

在比赛结束后、裁判员签字前,该队队员应立即在记录表上签字。

赛后 30 分钟之内,该队应提交一份抗议的书面确认并且付给竞赛主管 200 美元保证金。如果抗议被采纳,则该笔保证金予以退回。

比赛录像仅用于决定最后一次投篮是否于比赛结束前出手,以及/或者该投篮应该得 1 分或 2 分。

第 13 条 球队的名次排列

下列原则将适用于小组赛和赛事整体的球队名次排列。如果双方在第一步的比较后积分仍然持平,则进行下一步的比较,以此类推。

获胜场次最多(在参赛队数量不同的小组之间比较时可使用胜率);

相互之间比赛结果(只考虑胜负,仅适用于小组赛排名);

场均得分最多(不包括因对方弃权而获胜的得分)。

如果经上述 3 个步骤的比较后球队间依旧持平,则具有更高种子队排位的球队排名靠前。

第 14 条 种子队排位规定

种子队排位依据球队相关排名积分确定(参加比赛前该队最好三名队员个人积分总和即为该队排名积分)。如果排名分数相同,种子队排位将比赛开始前随机决定。

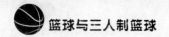

第 15 条 取消比赛资格

队员累积两次违反体育道德的犯规,在其被裁判员取消比赛资格的同时也将被比赛组织者取消其在该赛事中的参赛资格。

第二节 三人制篮球运动的基本技术与练习

一、进攻技术

(一)投篮技术练习

1.不同配合的投篮技术练习

这个练习主要是提高练习者在同伴的配合下完成投篮的技术动作质量及掌握的程度。

(1)原地接球不同距离的同一种投篮(直接入篮或碰板入篮)形式的练习

练习目的:巩固、熟练投篮技术动作,体会不同距离投篮感觉的区别。

练习方法:3 人一组 2 球,1 人投篮,2 人供球,2 个辅助练习的人必须做到投篮人球出手落地后下 1 个球就传到,依此巩固投篮的动作感觉。练习完成 5 次/组×5 组,根据掌握的程度逐步增加练习次数(7 次/组×4 组,10 次/组×3 组),练习亦可按每组累计投进若干次交换和递增。

练习要求:必须保证练习的连续性,投篮者练习时重点考虑动作的协调、连贯以及保证投篮在方向上的正确。辅助练习的人传球要及时及注意观察投篮者投篮动作的连贯性及身体在空中的稳定平衡。

(2)移动接球急停跳投练习

练习目的:学习、体会移动接球急停跳投的"接球—急停—举球起跳—手臂投篮—落地平衡"动作的连续性、节奏感。

练习方法:3 人一组 2 球,1 人投篮,2 人供球,投篮距离在 3~4 米,投篮者要在相距 3 米的两点上移动接球跳投,2 个辅助练习的人必须做到投篮人移动到位后下 1 个球就传到,投篮人也应注意来球时间与方位,以保证接球与起跳的正确衔接,依此巩固移动、接球、跳投的连续动作感觉。练习完成 5 次/组×5 组,根据掌握的程度逐步增加练习次数(7 次/组×4 组,10 次/组×3 组),练习亦可按每组累计投进若干次交换和递增。在前一个距离投篮的动作巩固之后,则可逐步加大投篮距离。

练习要求:必须保证练习的连续性,投篮者练习时重点考虑动作的协调、连贯及保证投篮在方向上的正确。辅助练习的人传球要及时到位及注意观察投篮者"接—跳—投"动作的连贯及球飞行方向的正确。

（3）运球急停跳投练习

练习目的：学习运球急停跳投的方法，体会运球急停和举球起跳动作的衔接和节奏。

练习方法：根据球篮多少分成若干组练习，每人1球，顺序循环练习。投篮距离控制在3～4米，运1～2次球跳投，不急于强调急停程度，把注意力放在如何衔接好运球停步与举球起跳及投篮出手的连贯衔接上，待这个问题解决好了再强调运球急停的速度与强度。可按每人投几次安排，再按每组投进多少球安排，最后按每组连续投中几个球安排。由易到难，循序渐进地练习。

练习要求：重点放在各个动作环节的衔接上，要达到协调、连贯、省力、稳定，练习量与强度要由小到大，循序渐进地安排。

（4）突破假动作之后的投篮练习

练习目的：假动作可以吸引防守者的注意力，为进攻者创造投篮的合理机会，增强技术的运用能力。提高投篮与其他动作的衔接能力。

练习方法：练习者分成A、B两组进行练习，A组队员持球，B组队员做徒手摆脱防守动作（采用先向背球方向移动再突然向球方向摆脱移动，或采用先向篮下方向移动再突然向外侧方向摆脱移动）后跳步接球成"三威胁"持球姿势：

①练习者以左脚为中枢脚做出同侧步突破假动作后，收回右脚形成投篮准备姿势（两脚距离与肩同宽，右脚需落在左脚之前，但不能超过一个脚的距离）并完成原地或跳起投篮。

②练习者以右脚为中枢脚做出同侧步突破假动作后，收回左脚形成投篮准备姿势（两脚距离与肩同宽，左脚需落在右脚之后，但不能超过一个脚的距离）并完成原地或跳起投篮。

练习要求：练习连续安排若干次，通过练习应使队员达到摆脱移动，节奏变化突然，不走步，突破假动作逼真、协调、熟练，衔接投篮动作流畅时为止。

（5）运球变向接投篮

练习目的：使练习者学会利用运球突然变向摆脱防守，掌握创造合理、有利投篮机会的能力。

练习方法：练习者分成A、B两组进行练习，A组队员持球，B组队员做运球变向摆脱防守动作。运球队员采用右手向前运球1次，接着向右连续快速运球1次或2次急停接球跳投；或用右手向前运球1次，突然向左变向，用左手运球1次或2次急停接球跳投。右手熟练之后再用左手开始运球进行练习，急停可采用跳步急停或跨步急停，不管采用哪种停步，都应是自己形成正确的持球投篮准备姿势，尤其是两脚的距离与位置关系不能出错。

练习要求：运球不要过高，变向要突然，变向后的1～2次运球应根据防守者的位置而定。练习应逐步达到动作流畅、熟练，需经常穿插安排在课内练习。

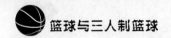

(6)有干扰的投篮练习

练习目的:不设防守的投篮练习主要是为了熟练掌握投篮的动作方法及建立不同距离和不同角度投篮的感觉,在有了上述练习的基础上,增加了有防守干扰的投篮练习,目的是给投篮者的投篮增加心理压力,让他们学会在这种情形下如何稳定地完成投篮任务。

练习方法:

①练习者2人一组1球,分别站在篮下和外围,相距4米,轮流攻守。篮下练习者原地将球传给外围练习者,立即移动逼近干扰投篮,外围练习者接球后立即跳起投篮,防守者要挡人并抢篮板球。当球中篮或防守者获球后,则攻守交换位置和角色;如进攻者抢到球,可立即投篮或运球1~2次急停跳投,防守要积极封盖,直到球中篮或防守抢获到球,攻守交换。

②在前一练习的基础上,攻防双方在相距3米的位置上传球并立即上前防守,进攻者接球后根据防守者逼近的距离采用跳投或运球1~2次急停跳投,攻防双方都要抢篮板球,进攻者抢到篮板继续进攻,球中篮或防守者获球攻防交换角色。

练习要求:练习中攻防距离的设立要根据攻防双方的水平确定,要确保防守者在原地传球之后才能快速逼近防守,进攻者应在接球时立即进入"三威胁"姿势,以利于投篮或运球。

(7)掩护投篮练习

练习目的:培养、提高利用掩护创造投篮机会的意识和能力。

练习方法:练习者2人一组1球,相距3米站立于圆弧线(三分线)外,持球者将球传给另一人后,立即去给他进行掩护,另一练习者接球后利用掩护运球1~2次急停跳投,投篮后,两人都抢篮板球,投篮者抢到球后继续用上述方法投篮,传球者抢到球后攻守角色互换。

练习要求:被掩护者利用同伴的掩护可根据对方防守掩护者的行动决定自己的行动,如他还是继续防守掩护者,则他可运1次球投篮,如采用换防,则运2次球投篮,也可运球上篮。

(8)策应投篮练习

练习目的:使练习者学会如何利用策应配合创造投篮机会,提高对抗能力。

练习方法:练习者2人一组1球,分别站在内线和外围,内线持球,他将球传给外围练习者后,立即跑到罚球线外进行策应,外围练习者用反弹球传给高位策应者,然后向左侧做几步假移动(目的是转移防守者的注意力,使其发现不了即将进行的策应配合),突然变向去和策应者进行配合,策应者在同伴靠近时以左脚为中枢脚为90°前转身掩护动作,并把球用低手传球传给外围同伴,外围练习者接球后,立即跳投。两人都要抢篮板球,投篮者抢到变成对抗;策应者抢到或球中篮,两人交换角色。

练习要求：要想策应配合成功，被策应者是关键。他必须将自己的防守者带到同伴策应掩护的陷阱中去；策应者在做持球转身掩护时必须清楚中枢脚不能滑动，给同伴做近距离传球时球要低，不要让自己的防守者将球打掉或抢走。

2.投篮技术的对抗练习

这个练习主要是学习和检验练习者对投篮技术掌握的程度，提高在对抗情况下寻找投篮机会的能力并不断提高投篮命中率。

（1）投篮抢分练习

练习目的：使练习者在竞争环境下提高投篮动作的稳定性。

练习方法：练习者 3 人一组，每人 1 球，可规定投篮距离（篮下、距篮 3 米、距篮 5 米、3 分线等）或范围（限制区内、限制区外的左右两侧的 2 分投篮区、0°角、45°角、篮板的正面等），或规定投篮方式（投空心入篮、投碰板入篮）。练习开始后 3 人积极按要求投篮，自己抢篮板球，然后运球到规定的距离投篮，先达到 21 分者为胜。其他 2 人用 21 分减掉自己的得分就是要做的俯卧撑数量。

练习要求：保持练习的积极性，保证投篮动作的正确，防止为了快而使投篮动作变形，不许抱球跑，也不能走步违例。

（2）行进间投篮抢分练习

练习目的：提高快速行进间投篮的能力。

练习方法：练习者 2 人一组，每组 1 球，组与组之间进行对抗赛。A 组的 A1、A2 分别站在球篮右侧的三分线外的 0°角、中圈右侧处，B 组的 B1、B2 分别站在球篮左侧的三分线外的 0°角、中圈左侧处。练习开始，A 组的 A1 和 B 组的 B1 同时快速用右手运球完成行进间低手投篮，无论进球与否拿到球后运球跑向 A2 和 B2，用低手将球交给后者，A2 和 B2 原地接到球后快速运球上篮完成行进间低手投篮的任务；A1 和 B1 则分别跑回自己的出发点等候同伴把球交给自己，如此循环下去，直到有一组投中 20 分为胜，落后的组则按落后的分数做相应的俯卧撑。

此练习还可以规定采用行进间高手投篮、行进间反手投篮或行进间勾手投篮，并且可以改变运球的方式与距离。

练习要求：练习注意安全，不要发生冲撞或崴脚。练习还应注意运球，行进间投篮脚步及投篮手法的正确。

（3）混合投篮抢分练习

练习目的：提高对抗条件下多种投篮方式的稳定性。

练习方法：练习采用外围投篮和行进间反手投篮两种投篮方式，练习队员 2 人一组 1 球，A 组的 A1、A2 分别站在球篮右侧的三分线外的 0°角、45°角处，B 组的 B1、B2 分别站在球篮左侧的三分线外的 0°角、45°角处。练习开始，A 组的 A1 快速用右手运球完成行进间低手投篮，B 组的 B1 则采用外围跳投，无论进球与否他们拿到各自的球后，A1 要将球传给外围的 A2(进行跳投)并跑到 A2 处,B1 拿到球后传给 B2(进行行进间反手投篮)并跑向 B2 处,如此循环下去,直到有一组投中 20 分为胜,落后的组则按落后的分数做相应的俯卧撑。

此练习还可以规定采用行进间高手投篮、行进间反手投篮或行进间勾手投篮,并且可以改变运球的方式与距离;投篮方式也可变为运球 1 次急停跳投。

练习要求:注意防止出现伤害事故,并注意技术运用的正确性。

(4)对抗性投篮练习

练习目的:提高队员在对抗中投篮的能力。

练习方法:练习队员分为两组,进行一对一的连续练习,A 组的 A1、A2……B 组的 B1、B2……两列纵队分别站在三分线外左、右 45°角处,进行一对一的连续练习。练习开始 A1 去防守 B1,B1 可以跳投或突破行进间投篮,突破上篮中篮得 2 分,跳投投中加 1 分,如未中篮则双方拼抢篮板球,进攻者抢到继续进攻,直至投中或防守者抢到篮板球,防守犯规算进攻得分,无论是投中篮还是防守抢到篮板球,都要立即将球传给 A2,B1 要迅速去防守 A2,他们又展开攻守对抗。如此连续进行下去直到一组先满 20 分为胜,落后的组则按落后的分数做相应的俯卧撑。进攻方法也可做其他的限定。

练习要求:注意防止出现伤害事故,注意运用技术的合理性。

(二)传球技术练习

传球技术练习应遵循传球动作的结构和运用规律,理解动作要领,掌握动作方法,加强运用的谋略,提高运用效果。

1.传球动作的基本练习

练习目的:学习各种传球技术动作方法,体会动作要领。

练习方法:练习者 2 人一组 1 球,练习双手胸前传球(双手头上传球、双手反弹传球、单手胸前传球、单手体侧传球、单手背后传球、单手肩上传球)。两组练习者面对面相距 3~5 米站立,两两相对站立,进行传球练习。传接 30 次/组×3 组。

练习要求:注意腕指的快速用力拨球以及手臂和身体的协调配合。每次可选 1~2 项传球内容;针对运用传球的目的不同,可安排做直线传球、弧线传球和反弹传球练习。

2.移动传球练习

(1)运球突破传球练习

练习目的:熟悉、初步掌握移动中传接球的能力。

练习方法:练习可分为两组,一组面向中线从场角沿左边线列队,一组在另一侧右边线与罚球线延长下交点处面向端线列队,左边一组第一名练习者将球运到罚球区时将球用力传给另一组向端线移动的第一名练习者,后者接球后向篮下突破运球,将球传给左侧第二名练习者,以下练习者都是重复第一人的动作连续练习下去。

练习要求:可采用不同传球的方法、不同的移动速度、不同的传球力度等要求。

（2）双圈逆向移动传球练习

练习目的:学习提高移动中传球的能力。

练习方法:练习者站成内外两个圆圈,2人之间保持一定的间隔距离,先用一球练习。开始两队分别沿逆时针与顺时针慢跑,内圈的持球者将球传给自己面前的外圈练习者,外圈练习者接到球后迅速传给内圈的第二名练习者,内圈的第二名练习者再传给外圈的第三名练习者,如此循环下去。

练习要求:注意力要集中,跑动不要过快,重心不要升高。注意传接好球。

（3）连续移动策应传球练习

练习目的:提高跑动传接球与策应传球的能力。

练习方法:两组练习者分成两队分别站在面向端线、距离三分线外2米的地方,左面持球。右面的练习者向右方做假动作,突然跑向罚球线做策应接球,左侧的练习者将球传给他,之后先向左方做假动作,突然变向跑向策应者,策应者持球做前转身边掩护边传球,之后两侧练习者交替变向切入做策应传球,如此循环下去。

练习要求:策应传球应是边掩护边前转身传球。跑动中重心要低。

（三）运球技术练习

运球分为过渡性运球和攻击性运球。过渡性运球则是指未能和攻击结合起来的运球,这类运球要减少;攻击性运球是和攻击行动紧密结合的运球,如和跳投、行进间投篮以及妙传相结合的运球。

1.限定区内的一对一运球堵防练习

练习目的:提高控球和防守能力。

练习方法:练习者2人一组,各持一球,一攻一守。进攻人设法运球摆脱到对面边线,防守人运球堵位,阻截对手的运球突破。在规定时间内,看谁能成功。

练习要求:进攻人运球摆脱不得超越规定区域,防守人堵位时不得拉人、推人,必须保持正常的运球动作,用脚步和身体动作堵截对手。

2.半场运球变向突破练习

练习目的:提高运球假动作和应变能力。

练习方法:运球人依次运球至防守人前向一侧变向运球,接着后转身运球突破到篮下投篮,自捡篮板球并运球回到排尾。

练习要求:运球时,注意观察防守人的防守动作,及时选择突破方向。

3.两人运球策应、突破练习

练习目的:提高两人策应、突破配合能力。

练习方法:练习者2人一球为一组。A运球策应传给B,B接球后运球突破。如此依次进行。

练习要求:运球策应时,要用低手传球,持球突破要狠、加速。

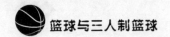

4.半场变向运球突分练习

练习目的:提高变向运球突破的稳定性。

练习方法:队员半场四角站位,中线两名队员各持1球,同时起动运球二三步后,变向换手运球突破到篮下,传球给同侧的队员,然后篮下两名队员做同样动作传球给中线的下一组队员。如此依次进行。

练习要求:运球转移要有一定速度。运球变向突破要及时、快速,传球准确、到位。

5.半场运球变向摆脱练习

练习目的:提高运球者应变能力。

练习方法:设1人为防守者,运球人向场角运球转移,当防守者抢前堵截时,运球人立即变向换手运球向篮下突破。如此依次进行。

练习要求:运球转移要有一定速度。变向突破要及时、快速,避免带球撞人。

6.半场一对一运球突破练习

练习目的:提高攻防能力。

练习方法:练习者2人1球为一组,一攻一守。2人半场一对一运球突破。各组依次进行。

练习要求:防守人设法堵位、围夹,迫使运球者停球或运球失误;进攻人利用假动作快速摆脱防守人。

二、防守技术

(一)防守基本脚步练习

练习目的:学习、体会三种(滑步、侧步、交叉步)步法,建立背向移动的习惯。

练习方法:

1.滑步练习:练习者依次从左侧开始沿着三分线滑步,从另一端出来沿着端线滑回起点。3次顺时针练习+3次逆时针练习。

2.撤步练习:练习者依次从球篮左侧端线开始向中线连续做"滑两步—撤步—滑两步—撤步……"练习,到中线后从球篮右侧做回来,完成3个往返。

3.交叉步练习:练习者从球篮左侧半场做过去,从球篮右侧半场做回来。按"滑步—交叉步—滑步—撤步—交叉步—滑步"顺序进行,返回来做同样练习。完成5个往返。

练习要求:防守动作规范,练习中重心低,滑动迅速,脚步利索。

(二)综合性防守脚步练习

练习目的:熟练防守步法,提高身体协调性。

练习方法:练习者分成2组,面向中线分别列队于端线的两端。听到开始的口令后两组的第一人沿着边线面向外滑步,到中线交点时做"撤步—斜线滑步",到球场纵轴线时做"撤步—交叉步—滑步",到边线时做"撤步—斜线滑步",到纵轴线时做"撤步—交叉步—滑步",先完成的一组为胜,负组做10次俯卧撑。共做3组。

练习要求:保持练习热情,注意动作质量。

(三)防原地投篮练习

练习目的:熟悉投篮动作特点,初步建立判断能力,体会上步起跳的时机。

练习方法:练习者分为两大组,一组持球,另一组防守。练习开始,持球者做投篮准备姿势,防守者进入防投篮状态,进攻者可以直接做真投篮动作,也可以做1次或2次假动作再做真投篮,看防守者的反应如何。进攻者共做5组,进攻者真的跳起来做投篮时,防守者跳起来封盖了,手臂伸到投篮者的头上方的得2分,盖帽得3分,跳起来但手的高度没超过眼睛的得1分;上了假动作的当或没反应的,投篮者得2分。得分多者为胜。得分差即是负者做俯卧撑的次数。攻守交替进行。还可以轮换攻守对象,以熟悉不同对手的特点。

练习要求:认真体会,认真总结,真正形成对投篮动作规律、特点观察与快速反应的能力。

(四)防运球急停跳投练习

练习目的:熟悉运球急停跳投的动作节奏,初步建立应对反应的感觉。

练习方法:练习者分为两大组,一组持球,另一组防守。保持较大间隔,不必使用球篮。练习开始,持球者做运球突破,防守者进行防运球。进攻者可以运1次球急停跳投,也可以运2~3次急停跳投,看防守者对急停跳投的反应如何。进攻者共做5组,进攻者急停跳投时,防守者贴近跳起来封盖,手臂伸到投篮者的头上方的得2分,盖帽得3分,跳起来但手的高度没超过眼睛的得1分;没有反应或被对手甩开的,投篮者得2分。得分多者为胜。得分差即是负者做俯卧撑的次数。攻守交替进行。还可以轮换攻守对象,以熟悉不同对手的特点。

练习要求:认真体会,认真总结,了解运球急停跳投的动作特点及规律,以形成正确反应的能力。

(五)防运球突破上篮练习

练习目的:了解运球突破上篮的技术动作特点,初步体会防守运球突破上篮的要点。

练习方法:练习者分为两人1组,相互攻守,轮流交替进行练习。练习开始,持球者做运球突破低手上篮,防守者随其防守移动,不能完全失去防守位置,把注意力放在对手的起步与投篮上。当他发现对手投篮起步时,他要比对手快一些冲向对手投篮出手点上方,进行盖帽或封阻。每人攻守各5组,进攻者进行低手上篮时,防守者贴近跳起来封盖,手臂伸到投篮者的头上方的得2分,盖帽得3分,跳起来但手的高度没超过眼睛的得1分;没有及时起跳或被对手甩开的,投篮者得2分。得分多者为胜。得分差即是负者做俯卧撑的次数。攻守交替进行。还可以轮换攻守对象,以熟悉不同对手的特点。

练习要求:认真体会,认真总结,真正了解攻防之间的关键环节。

(六)1对2防传球练习

练习目的:提高手脚反应灵活性,提高防传球的能力。

　　练习方法:每3人一组1球,1人防守,2人传球,轮流交替练习。两个传球人相距4米相对站立,防守人持球站在中间。练习开始时,防守人将球传给传球人,并立即上前防守,持球人要快速巧妙地将球传出。防守人身体任何部位触到球算防守成功,失误者和防守人互换位置开始练习,如此循环练习。

　　练习要求:认真体会,认真总结,脑手结合。

　　(七)防中锋抢位要球练习

　　练习目的:学习与掌握防守中锋原地抢位接球的方法和能力。

　　练习方法:练习者2人一组进行2对2练习。进攻者落位在球篮同侧,1人落位低位中锋,1人落位45°外围位置,防守者1人防一个。练习开始外围者持球,他要尽力将球传给中锋,防中锋者位于中锋场内一侧,近球手臂伸向传球路线,并用身体挤压对手,外围进攻者试图尽快将球传给中锋,3秒钟未能传球,他开始向端线运球,其防守者应积极封堵其传球;防中锋者见球向短线移动,则积极采取绕前防守动作,然后又变成侧前防守的状态,仍未接到球时,中锋拉到外围,外线者将球传给拉出来的中锋后,他进去做低位中锋,他们又重复刚才的攻防任务,直至相互换位三次,攻守互换职责继续练习。

　　练习要求:防中锋者要运用脚步、身体与手臂动作,防外围者要积极封阻传球,中锋要正确利用身体脚步卡位要球,外围进攻者要运用"渗透性传球"。

　　(八)防运球突破急停跳投与上篮练习

　　练习目的:提高脚步灵活性和反应能力。

　　练习方法:练习者2人一组半场对抗。进攻者采用突破上篮和急停跳投两种手段,防守者则要积极破坏其攻击企图,当对手采用急停跳投或上篮时,防守者要依据防急停跳投和防行进间投篮的要求采取正确的防守方法,攻守交替练习。

　　练习要求:防守者要对两种投篮做出正确的反应。

第三节　三人制篮球运动的基本战术与练习

　　三人制篮球的战术是指在篮球比赛中队员个人技术的合理运用和三名队员相互协调配合的组织形式与方法。目的是发挥本队的特长,制约对方,以争取比赛的胜利。由于双方上场只有3个人,战术的结构只包含了3个点、3条线和1个面。拉大了面积,就使线过长,不利于球的传导,缩小了活动范围,覆盖面就不大。因此,不能在场上形成包括点、线、面齐全的基本结构,因而就缺乏战术的纵深,回旋余地不大。可见,三人制篮球的战术配合,只能是五人制篮球战术中的基础配合,也就是要熟练运用各种两三人之间的基础配合。

一、进攻战术的配合

在掩护、传切、策应、突分配合中,两人配合时,第三人注意拉开,起到牵扯对方或吸引对方的作用,或者分工抢篮板球或其他任务。配合时,三人落位要明确,相互间保持一定距离与角度;思想要统一,要掌握好配合时机,合理地运用技术;还应将抢篮板球组织到战术配合中;个人战术行动要与全队配合有机结合;攻守转化时,三人分工明确而具体。

二、防守战术的配合

要打好防守配合(挤、穿、绕过、换人、关门、夹击和补防),必须做到知己知彼,要善于发现对方的打法特点,其次是了解对方每名队员的主要得分手段、特点和得分区域等,然后采用针对性的防守措施,制约对方。

三、练习要求

练习战术配合时,一种方法是左右两侧都要练习。比赛中每次攻守转换均要选择最佳位置与阵型。落位要针对对方的特点和己方的特点,结合场上的具体情况而灵活运用。

现以一些常见的落位形式,结合图示(图中后卫用④⑤号,前锋用⑥⑦号,中锋用⑧⑨号表示),介绍几种典型的三人制篮球赛攻防配合方法。图示中,每名队员最初的位置表明其落位的形式。场地一侧的落位与配合,同样适用于另一侧。

(一)三外线队员组合的落位方法与进攻配合练习

1.传切掩护进攻练习

如图 7-3-1 所示,④欲与⑥打传切,如④无机会,可向左移动,给⑦做掩护;⑦利用掩护,摆脱切入篮下,接⑥的球投篮。

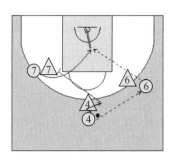

图 7-3-1　传切掩护进攻练习

2.反掩护进攻练习

如图 7-3-2 所示,④传球给⑥,④反跑给⑦掩护,⑦利用掩护,摆脱切入篮下,接⑥的球投篮。

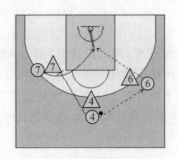

图 7-3-2　反掩护进攻练习

3.策应跳投进攻练习

如图 7-3-3 所示,⑥上插到外中锋位置策应,接⑤的传球;⑤传球后摆脱,到⑥面前接球跳投。

图 7-3-3　策应跳投进攻练习

4.反跑进攻练习

如图 7-3-4 所示,⑦将球传到⑤手中时,⑥欲上提接球,若防守上提卡位,则⑥突然向篮下反跑,接⑤的传球上篮。

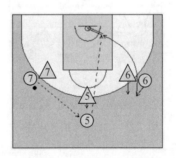

图 7-3-4　反跑进攻练习

（二）一内线队员、两外线队员组合的落位方法与进攻配合练习

1.中锋策应传切进攻练习

如图 7-3-5 所示，⑨摆脱后上插策应接④的传球。⑦摆脱后切入篮下，接⑨的球上篮。

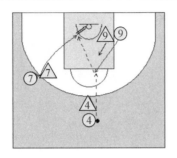

图 7-3-5　中锋策应传切进攻练习

2.掩护进攻练习

如图 7-3-6 所示，④运球时，⑨给④做后掩护，④利用掩护运球摆脱后上篮。若对方换防，就打"挡拆"，⑨转身接④的球投篮。

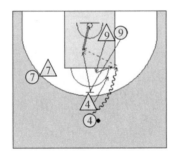

图 7-3-6　掩护进攻练习

3.策应掩护进攻练习

如图 7-3-7 所示，④传球给⑦后，利用⑧的掩护摆脱，切入篮下，接⑦的传球上篮。如

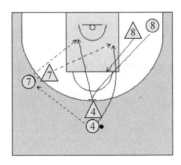

图 7-3-7　策应掩护进攻练习

果对方换防,⑧掩护后跨右脚向篮下转身打"挡拆",伸右臂要球,接⑦的传球投篮。

4.策应交叉掩护进攻练习

如图 7-3-8 所示,⑦传球给上插到外中锋位置策应的⑧后,去给④做掩护;④利用掩护摆脱,切入篮下,接⑧的球上篮。

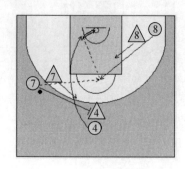

图 7-3-8　策应交叉掩护进攻练习

5.利用中锋掩护横切进攻练习

如图 7-3-9 所示,⑦利用⑨的定位掩护(或⑨的外拉掩护,见图)向篮下横切,接⑥的传球投篮。

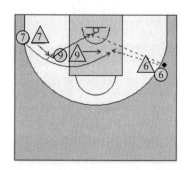

图 7-3-9　利用中锋掩护横切进攻练习

(三)防守的选位与配合方法练习

1.防外线投篮的配合方法练习

如图 7-3-10 所示,前锋⑦是投篮较准的队员。△紧逼⑦不让其接球;△两手挥动紧逼④不让其传球给⑦。

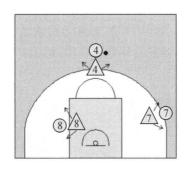

图 7-3-10　防外线投篮的配合方法练习

　　变化 A：如图 7-3-11 所示，一旦投手⑦接到球，△紧逼⑦，迫使⑦背对篮或侧对篮，或做跨步转身，或被迫将球传出。防④的队员可适当地让④在外。

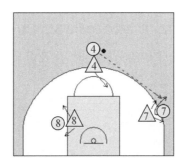

图 7-3-11　防外线投篮的配合方法变化 A

　　变化 B：如图 7-3-12 所示，△和△不让⑦在其习惯的左侧前锋位置上接球，迫使⑦移动到其他位置上接球。

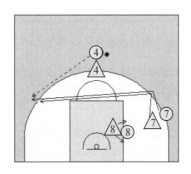

图 7-3-12　防外线投篮的配合方法变化 B

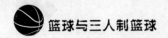

2.防内线进攻的配合方法练习

如图 7-3-13 所示,当球在④手中时,△紧逼④封堵其传球路线;△紧逼⑦不让其接球。如果⑦的攻击力不强,△可回缩与同伴△合作,形成对中锋⑧的夹击。△在⑧的侧前方防守,不让其接球。

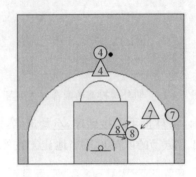

图 7-3-13　防内线进攻的配合方法练习(一)

又如图 7-3-14 所示,当球由④传给前锋⑦时,△及时绕前防守。△紧逼⑦,△后缩协防⑧。

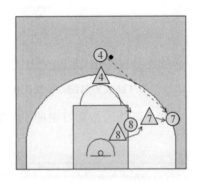

图 7-3-14　防内线进攻的配合方法练习(二)

要点:尽量不让内线队员接到球。球在 30°角以下前锋队员手中时,△应在底线位置侧防⑧;球在后卫队员手中时,△应在上线位置侧防⑧;球在 45°角附近的前锋队员手中时,△应绕前防守。

变化:如图 7-3-15 所示,一旦球传到⑧手中时,△和△与△立即围守⑧,△防投篮,△看准机会掏、打⑧手中的球,但注意不要犯规。迫使⑧将球传出。这时,△和△立即回防自己的对手。

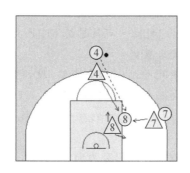

图 7-3-15　防内线进攻的配合方法练习(三)

以上介绍的一些配合方法,只是众多配合中的一部分,但具有代表性,也是比赛中常用的配合。只有掌握好这些配合,深刻领会其中战术思想,合理运用技术动作,举一反三,才能不断地提高自身的战术素养,进而更加全面地掌握两三人之间的配合。

知识拓展

揭开科比的传奇故事:拥有一颗"王者之心"

科比·布莱恩特(Kobe Bryant),1978 年 8 月 23 日出生于宾夕法尼亚州费城,前美国著名职业篮球运动员,司职得分后卫小前锋(锋卫摇摆人)。2020 年 1 月 27 日,在美国加利福尼亚州卡拉巴萨斯市乘坐直升机坠机遇难,年仅 41 岁。科比自 1996 年起,一直效力于 NBA 洛杉矶湖人队,直到 2015—2016 赛季结束正式退役。在长达 20 年的 NBA生涯中,科比 5 次获得 NBA 总冠军,两次获得总决赛MVP(2009 年和 2010 年),1 次常规赛 MVP(2008 年),18次入选全明星阵容,其中 4 次获得全明星 MVP。NBA 总得分达到 33643 分,场均 25 分,4.7 次助攻,5.2 个篮板。曾 11 次入选 NBA 最佳阵容一队,9 次入选 NBA 最佳防守阵容一队。在 2005—2006 赛季对多伦多猛龙的比赛中,拿下单场职业生涯最高的 81 分,位列 NBA 历史单场得分第二位(仅次于张伯伦的 100 分)。2008 年和 2012年代表美国国家队两次获得奥运会金牌。2017 年 12 月19 日,科比 8 号、24 号球衣的退役仪式在湖人主场举行。2018 年 3 月 5 日,科比的退役短片《亲爱的篮球》荣获第90 届奥斯卡金像奖颁奖礼最佳动画短片奖。2018 年 5 月

科比·布莱恩特(Kobe Bryant)

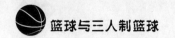

9日,科比凭借动画短片《亲爱的篮球》获得艾美奖。2020年2月16日,NBA官方宣布,全明星MVP奖将被永久命名为"科比·布莱恩特MVP奖"。

寂寞的心:孤独童年让他爱上篮球

科比有个打篮球的爸爸,他几乎从一学会走路,就经常光顾训练馆。科比的童年是漂泊的,跟随着老爸辗转于意大利和法国联赛。他缺少童年的玩伴,更不用说知心的朋友。而日常生活中陪伴他最多的是篮球和他灯光下的影子。频繁的转学对科比的性格产生了很大的影响。

科比曾说他其实很讨厌这种状态,他努力和身边的人拉近距离,比如请队友吃饭、到家里参加他女儿的生日聚会;在飞机上玩电动或打牌的时候故意装得兴致盎然;跟大家打得火热;送队友名贵手表等。但是习惯了孤独的科比已经让他与篮球紧紧地连在一起,因此他根本没有更多时间去做其他事情。

坚持的心:每天凌晨四点训练

科比是个努力到发狂的家伙,他自曝曾一度一天只睡三小时,而将省下的时间全部投入训练。

曾有记者问科比:"你为什么会这么成功??"而科比却反问道:"你知道洛杉矶凌晨四点钟是什么样子吗?"当记者一头雾水的时候,科比给出答案:"每天洛杉矶早上四点仍然在黑暗中,我就起床行走在黑暗的洛杉矶街道上。一天过去了,洛杉矶的黑暗没有丝毫改变;两天过去了,黑暗依然没有半点改变;十多年过去了,洛杉矶街道早上四点的黑暗仍然没有改变,但我却已变成了肌肉强健,有体能、有力量,有着很高投篮命中率的运动员。

高傲的心:总和胜利在一起

喜欢科比很容易,因为他有太多的荣誉,但憎恨科比更容易,因为他有太多的敌人。开拓者、国王、步行者、马刺、篮网队等队的球迷,绝对有理由憎恨科比,因为他曾与奥尼尔联手,数次埋葬了这些球队的梦想。艾弗森、麦蒂、卡特的球迷也有理由憎恨科比,因为他们的偶像老是活在科比的阴影之下。詹姆斯的球迷也有理由憎恨科比,因为只要科比站在场上,詹姆斯就不可以呼风唤雨。

不过科比却依然特立独行活在自己的世界里,在他的字典里胜利就是资本,科比曾说过这样一段耐人寻味的话:我被恨的原因,就是我被爱的原因,因为我总是和胜利连在一起。或许正是因为科比能够保持一颗高傲的心,才可以让他在赛场上永远保持不败。

感恩的心:乔丹是科比一生的导师

1998年的夏天,乔丹辅助科比训练了整整15天,他告诉科比应该如何正确地投篮,如何防守。乔丹要求科比在这个夏天每天至少要练1000次中投,500次远投。正当科比还在纳闷这样高强度训练是否有用时,乔丹一席话刺激了科比:即使你再有天赋,如果没有科学、系统、艰苦的训练,你什么也不是。

在乔丹的指导下,科比逐渐走向正轨,然后达到一个很高的高度。十二年后,当科比捧得职业生涯第五个总冠军戒指时,他不忘感恩。"这是我的第五个冠军,我要感谢乔丹对我的帮助,我学到的东西,都是从他那里得到的,我爱他,我感激他对我的帮助。我希望能向他看齐。"心怀感激,不断进步,科比正是用这样的原则不断激励自己,才有了今天的成功。

(本文部分内容出处:中国新闻网体育频道)

 学以致用

1.三对三战术配合有哪些特点、要求?

2.如何运用关门配合和交换防守配合?

3.简单介绍几种三对三战术配合的位置结构,以及不同位置结构的不同打法。

第八章　大学生体质健康标准测试及锻炼方法

国民的体质与健康是社会生产力的组成要素,也是关系到一个民族的强盛与国力兴衰的大事。大学生肩负着祖国建设的重任,应当了解自身的体质健康状况,进行科学的锻炼,不断提高体质与健康水平。

《国家学生体质健康标准》(2014年修订,以下简称《标准》)的制定与实施,就是落实《国家中长期教育改革和发展规划纲要(2010—2020年)》,落实"健康第一"指导思想的具体措施。标准作为促进学生体质健康发展、激励学生积极进行身体锻炼的教育手段,是学生体质健康的个体评价标准,也是学生能否毕业的基本条件之一。因此,每年一次的《国家学生体质健康标准》测试,可以让学生清楚地了解自己的体质与健康状况,帮助学生监测一年来体质与健康状况是否发生变化及变化的过程,检查评定增强体质的效果,分析影响体质强弱的因素,从而采取相应的措施,促进学生积极参加体育锻炼,养成良好的锻炼习惯,切实提高学生的体质和健康水平。

第一节　《国家学生体质健康标准》测试项目与评价指标

一、体质

体质(Physical Constitution)即人体质量,是指人体在先天的遗传性与后天获得性的基础上所表现出来的形态结构、生理机能、心理因素、身体素质、运动能力等方面综合的、相对稳定的特征。遗传是人的体质发展变化的先天条件,对体质的强弱有重大影响,但体质的强弱还取决于后天的环境、营养、保健、运动锻炼等多种因素。体质的形成、发展和衰竭过程具有明显的个体差异和年龄特征。物质生活条件是决定体质强弱的基本条件,而运动锻炼则是增强体质、增进健康的最积极最有效的手段。

体质的范畴主要包括以下五个方面:

1.身体形态发育水平。即体型、姿势、营养状况、体格及身体成分等。

2.生理机能水平。即机体新陈代谢水平以及各器官系统的工作能力。

3.身体素质和运动能力发展水平。即心肺耐力、柔韧性、肌肉力量和耐力、速度、爆发力、平衡、灵敏、协调、反应等身体素质及走、跑、跳、投、攀、爬等身体活动能力。

4.心理发育(或心理发展)水平。即机体感知能力、个性、意志等。

5.适应能力。即对内、外环境条件的适应能力、应急能力和对疾病的抵抗力。

这五个方面的综合状况是否处在相对稳定的状态,决定着人们的不同体质水平。

二、《国家学生体质健康标准》的测试项目

根据 2014 年修订版《标准》,大学生需要进行体质健康测试的项目共七项:身高体重;肺活量;50 米跑;坐位体前屈;立定跳远;引体向上(男)/1 分钟仰卧起坐(女);1000 米跑(男)/800 米跑(女)。

三、《国家学生体质健康标准》评价指标与权重

表 8-1-1 《国家学生体质健康标准》评价指标与权重

测试对象	单项指标	权重(%)
全日制学生	体重指数(BMI)	15
	肺活量	15
	50 米跑	20
	坐位体前屈	10
	立定跳远	10
	引体向上(男)/仰卧起坐(女)	10
	1000 米跑(男)、800 米跑(女)	20

注:体重指数(BMI)=体重(千克)/身高^2(米^2)。

第二节 《国家学生体质健康标准》测试的操作方法

在实施《标准》的过程中,掌握各项目正确的测试方法是所有测评人员、学生需要了解的内容。测试工作必然和所使用的测试仪器有一定的关系,现在测试器材多种多样,有全手工操作的,也有电子仪器。手工操作与电子仪器的操作流程不完全相同。如使用带有 IC 卡的测试仪器就可以减少测试人员的记录和计算工作。但无论使用何种仪器,对测试人员的基本的操作要求是一致的,对于不同的测试器材,可参考相应测试器材的说明书。

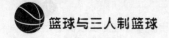

一、身高体重

1.测试目的

测试学生的身高体重,评定学生的身体匀称度,评价学生生长发育的水平及营养状况。

2.测试方法

测试时,受试者赤足,立正姿势站在身高体重计的底板上(上肢自然下垂,足跟并拢,足尖分开约成 60 度角)。如图 8-1-1,图 8-1-2,足跟、骶骨部及两肩胛区与立柱相接触,躯干自然挺直,头部正直,耳屏上缘与眼眶下缘呈水平位,站稳后屏息不动,水平压板自动轻轻沿立柱下滑,轻压于受试者头顶。

图 8-2-1　测量身高体重一

图 8-2-2　测量身高体重二

3.注意事项

(1)测量计应选择平坦靠墙的地方放置,立柱的刻度尺应面向光源;

(2)受试者在测试时保持直立姿势,足跟、骶骨、肩胛骨贴近立柱,耳屏上缘与眼眶下缘呈水平位;

(3)受试者在测试时需站在底座踏板中央,上下踏板动作要轻,保持身体姿势稳定;

(4)受试者在进行身高体重测试前,应避免进行剧烈体育活动和体力劳动。

二、肺活量

1.测试目的

测试学生的肺通气功能。

2.测试方法

房间通风良好,使用干燥的一次性口嘴(非一次性口嘴则每换测试对象需消毒一次)。受试者进行一两次较平日深一些的呼吸动作后,更深地吸一口气,然后屏住气向吹嘴处以中等速度和力度慢慢呼出至不能再呼为止,测试中不得中途二次吸气。液晶屏上最终显示的数字即为肺活量毫升值。每位受试者测三次,每次间隔 15 秒,记录三次数值,测试仪器自动选取最大值作为测试结果。

3.注意事项

(1)测试时呼气动作只能一次性完成,不得中途二次吹气;

(2)吸气时不得将口对着吹嘴,呼气时不得用手堵住吹筒出气孔;

(3)电子肺活量计的计量部位的通畅和干燥是仪器准确的关键,手持外设施,请将电池仓与液晶屏朝上,防止水汽回流;

(4)每测试 100 人及测试完毕后用干棉球及时清理和擦干气筒内部,严禁用水、酒精等任何液体冲洗气筒内部;

(5)定期校对仪器。

三、800 米跑(女)或 1000 米跑(男)

1.测试目的

测试学生的耐力素质的发展水平,特别是心血管呼吸系统的机能及肌肉耐力。

2.测试方法

受试者站立式起跑,手带外设腕表,听到"预备、跑"指令声后,即可开始起跑,冲过终点线,受试者躯干部到达终点线的垂直面时,测试结束。

3.注意事项

(1)测试时应注意液晶腕表报告剩余圈数,以免跑错距离。

(2)跑完后应保持站立并缓慢走动,不要立即坐下,以免发生意外。远离终点线 5 米以外,不得立即返回到主机附近。

(3)不得穿皮鞋、塑料凉鞋、钉鞋参加测试。

四、立定跳远

1.测试目的

测试学生的下肢爆发力及身体协调能力的发展水平。

2.测试方法

受试者两脚自然分开站立,站在起跳线后,脚尖不得踩线,听到开始测试指令,即可开始起跳,不得有垫步或连跳动作,从起跳区进入测量区后,向前走出跳毯,完成测试。每人试跳三次,记录其中成绩最好的一次。

3.注意事项

(1)起跳时,脚尖不得踩线,若听到犯规提示"滴滴"声,应在脚下不离开跳毯情况下

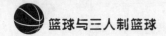

往后挪动,直至听不到蜂鸣声即可。

(2)两脚原地同时起跳,不得有垫步或连跳动作,落地后向前或侧面离开跳毯方可进行下次测试。

(3)可以赤足,但不得穿钉鞋、皮鞋、塑胶凉鞋参与测试。

五、50 米跑

1.测试目的

测试学生的速度、灵敏素质及神经系统灵活性的发展水平。

2.测试方法

受试者至少两人一组测试。站立起跑,受试者听到"跑"的口令后起跑,发令员在发出口令的同时要摆动发令旗,计时员视旗动开表计时,受试者躯干部到达终点线的垂直面停表。以秒为单位记录测试成绩,精确到小数点后一位,小数点后第二位数按非零进一原则进位,如 10.11 秒读成 10.2 秒记录。

3.注意事项

(1)受试者测试最好穿运动鞋或平底布鞋,赤足亦可,但不得穿钉鞋、皮鞋、塑料凉鞋;

(2)发现有抢跑者,要当即召回重跑;

(3)如遇风时一律顺风跑。

六、坐位体前屈

1.测试目的

测量学生在静止状态下的躯干、腰、髋等关节可能达到的活动幅度,主要反映这些部位的关节、韧带和肌肉的伸展性和弹性及学生身体柔韧素质的发展水平。

2.测试方法

如图 8-1-3,受试者坐在仪器上两腿伸直,两脚平蹬测试纵板,两脚分开 10~15 厘米,上体前屈,两臂伸直向前,用两手中指尖逐渐向前推动游标,直到不能前推为止。测试计脚蹬纵板内沿平面为 0 点,向内为负值,向前为正值。测试两次,取最好成绩。

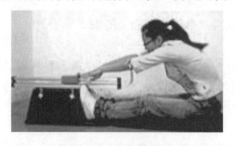

图 8-2-3 坐位体前屈

3.注意事项

(1)身体前屈,两臂向前推游标时两腿不能弯曲;

(2)受试者应匀速向前推动游标,不得突然发力。

七、仰卧起坐

1.测试目的

测试学生的腹肌耐力。

2.测试方法

如图 8-2-4,受试者仰卧于垫上,两腿稍分开,屈膝呈 90 度角左右,两手指交叉贴于脑后。另一同伴压住其踝关节,以固定下肢。如图 8-2-5,受试者坐起时两肘触及或超过双膝为完成一次。仰卧时两肩胛必须触垫。测试人员发出"开始"口令的同时开表计时,记录 1 分钟内完成次数。1 分钟到时,受试者虽已坐起但肘关节未达到双膝者不计该次数。

图 8-2-4　仰卧起坐一

图 8-2-5　仰卧起坐二

3.注意事项

(1)如发现受试者借用肘部撑垫或臀部起落的力量起坐时,该次不计数。

(2)测试过程中,观测人员应向受试者报数。

八、引体向上

1.测试目的

测试学生的上肢肌肉力量的发展水平。

2.测试方法

如图 8-2-6,受试者跳起双手正握杠,两手与肩同宽成直臂悬垂。如图 8-2-7,静止后,两臂同时用力引体(身体不能有附加动作),上拉到下颌超过横杠上缘为完成一次。

图 8-2-6　引体向上一

图 8-2-7　引体向上二

3.注意事项

（1）受试者应双手正握单杠,向上引体,吸气,注意抬头挺胸,上体尽量后仰,两肘外展,肩部放松,背部肌肉收紧,将身体向上拉引,下颌超越横杠;

（2）引体向上时,身体不得做大的摆动,也不得借助其他附加动作撑起;

（3）两次引体向上的间隔时间超过 10 秒停止测试。

第三节　《国家学生体质健康标准》主要测试项目锻炼手段与方法

一、50 米跑

（一）技术要领（见图 8-3-1）

1.起跑:50 米一般采用站立式起跑,双脚一前一后站立,双腿屈膝,后腿大约曲 120度,两臂一前一后自然曲臂准备,弯腰重心前倾,两眼看前下方 5～6 米处,注意力集中到耳部听发令。

图 8-3-1　50 米跑

2.加速跑:起跑后保持重心前倾加速,尽量晚抬头晚抬体,避免因抬头而引起抬体过快、过早增大阻力。

3.途中跑:途中跑任务是继续发挥和保持高速跑,在途中跑过程中,要求大腿迅速前摆,步幅大,两臂协调配合,加大摆动腿前摆幅度和速度,两腿快速交换步频,上下肢协调配合,才能取得良好效果。

4.冲刺跑:要求尽量保持步频、步幅,身体前倾,冲刺。

(二)锻炼手段

1.技术练习:高抬腿、后蹬跑、起跑练习、摆臂练习、摆腿练习、冲刺跑。

2.爆发力的提高可采用超等长收缩和跳跃练习,例如跳深、障碍跳、跨步跳、单足跳等。

3.速度练习:行进间的冲刺跑,例如20米加速+20米冲刺跑、快速高抬腿接加速跑、30~50米加速跑。

4.力量练习:深蹲、半蹲、后抛、抓举、提踵等。

(三)锻炼方法

1.20~40米行进间快跑练习;

2.4×(50~250)米接力跑,加速跑,追赶跑练习;

3.短距离组合跑(20米+40米+60米+80米+100米)×2~3组或(30米+60米+100米+60米+30米)×2~3组;

4.短距离变速跑100~150米(30米快跑+20米惯性跑+30米快跑+20米惯性跑),3次×2~3组;

5.反复跑30~60米,4~5次×2~3组;

6.小步跑转入加速跑,50~60米;

7.高抬腿跑转入快速跑,50~60米;

8.后蹬跑转入快速跑,50~60米。

二、立定跳远

1   2   3   4

图 8-3-2　立定跳远

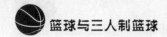

（一）技术要领（图 8-3-2）

1.预摆：两脚左右开立，与肩同宽，两臂前后摆动，前摆时，两腿伸直，后摆时，屈膝降低重心，上体稍前倾，手尽量往后摆。要点：上下肢动作协调配合，摆动时一伸二屈降重心，上体稍前倾。

2.起跳腾空：两脚快速用力蹬地，同时两臂稍曲屈后往前上方摆动，向前上方跳起腾空，并充分展体。要点：蹬地快速有力，腿蹬和手摆要协调，空中展体要充分，强调离地前的前脚掌瞬间蹬地动作。

3.落地缓冲：收腹举腿，小腿往前伸，同时双臂用力往后摆动，并屈膝落地缓冲。要点：小腿前伸的时机把握好，屈腿前伸臂后摆，落地后往前不往后。

（二）锻炼手段

1.力量练习

肩部肌群：俯卧撑、仰卧飞鸟、俯卧飞鸟、侧平举、颈后上举。

腹部肌群：仰卧起坐、仰卧举腿。

背部肌群：俯卧背屈、跳箱俯卧举腿、体前屈背起。

臀肌：深蹲、单腿跪举腿。

股四头肌：半蹲、浅蹲、弓步跳、跳箱跳。

小腿三头肌：提踵（单脚和双脚）、原地纵跳。

2.综合练习

（1）多级蛙跳：屈膝半蹲，上体稍前倾，双脚同时用力蹬地，充分伸直髋、膝、踝三关节，两臂同时迅速上摆。身体向前跃出，双腿屈膝落地缓冲后再接着向前跳；

（2）深蹲跳：全蹲下去，双脚同时用力向上跳起，连续做；

（3）单脚跳：用左脚连续向上或向前跳一定的次数，再换右脚做连续跳；

（4）多级跨步跳：连续以最少的步数，跨出最远的距离；

（5）跳台阶：原地双脚起跳，跃上台阶或其他物体，然后再跳下，反复进行。

（三）锻炼方法

1.挺身跳：原地屈膝开始跳，空中做直腿挺身动作，髋关节完全打开，做出背弓动作，落地时屈膝缓冲。

2.单足跳前进练习：一般采用左（右）去右（左）回的方法进行练习，距离控制在 25～30 米左右，完成 3～4 组。

3.收腹跳练习：从原地直立开始起跳，空中做屈腿抱膝动作或双手在腿前击掌，落地时一定要屈膝缓冲。越过一定高度兼远度或一定远度兼高度。

（四）错误动作纠正

1.预摆不协调。

解决办法：反复做前摆直腿后摆屈膝的动作，由慢到快。

2.上体前倾过多,膝关节不屈,重心降不下去,形成鞠躬动作。

解决办法:做屈膝动作,眼睛往下看,垂直视线不超过脚尖,熟练后就可不用眼睛看了。

3.腾空过高或过低。

解决办法:利用一定高度或一定远度的标志线来纠正这类错误效果很好。

4.收腿过慢或不充分。

解决办法:反复做收腹跳的练习,注意要大腿往胸部靠而不是小腿往臀部靠,动作要及时。

5.落地不稳,双腿落地区域有较大的差异。

解决办法:多做近距离的起跳落地动作,手臂的摆动要协调配合。地面设置标志物,双脚主动有意识地踩踏标志物。

三、坐位体前屈

(一)技术要领

1.测试前,受试者应在平地上做好准备活动,以防拉伤。

2.受试者坐在测试板上,两腿伸直,不可弯曲,脚跟并拢,脚尖分开10～15厘米,踩在测量计垂直平板上,两手并拢。

3.两臂和手伸直,渐渐使上体前屈,用两手中指尖轻轻推动标尺上的游标前滑(不得有突然前伸动作),直到不能继续前伸时为止。

(二)锻炼手段

1.静态拉伸:需要拉伸的肌肉被缓慢地拉长并保持在一个舒服的范围10～30秒,这里舒服的范围指肌肉被拉长但没有感觉到疼痛的那个位置,也就是说要做到无痛拉伸。当拉伸保持一段时间后,肌肉被拉伸的感觉减少,就可以轻柔地移向更大的位置并保持住。提高柔韧性最佳的静态拉伸时间是30秒。

2.被动拉伸:如图8-3-3,指拉伸者在外力的帮助下完成的拉伸,可以是弹性拉伸,也可以是静态拉伸。被动拉伸时,拉伸者要尽量放松,由外力移动被拉伸的肢体,以获得新的关节活动度。

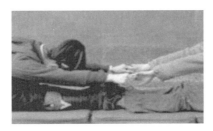

图 8-3-3 被动拉伸

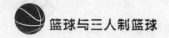

（三）锻炼方法

1.可以采用各种拉伸将坐位体前屈分解为以下部分进行拉伸：大腿后部肌群——直膝压腿、屈膝（略屈）压腿；脊柱上部周围肌群——手握单杠静力下垂、手握肋木侧向拉伸；脊柱中下部——采用坐姿两腿屈膝分开前压；臀肌——屈膝（全屈）压腿；小腿后部肌群——弓步前压、扶墙单腿前压。

2.坐位体前屈拉伸采用静态拉伸比较好，时间10～30秒。

（四）注意事项

经过热身活动使肌肉温度升高，拉伸会更有效，所以在测试前进行准备活动10～15分钟，然后进行2～3次静力拉伸，每次时间10～30秒。

四、1分钟仰卧起坐

（一）技术要领

身体平躺仰卧于垫上，双肩胛骨着垫平躺，两腿屈膝，腹部与大腿呈90度，大腿与小腿呈90度，两手指交叉贴于脑后，臀部不能离垫面，由同伴压住脚面。用收腹屈背，双臂屈肘前摆内收，低头、含胸的力量起坐，动作协调一致，双肘触及两膝，然后后仰还原成预备姿势。

（二）锻炼手段

1.腹部：仰卧卷腹、静力卷腹。

2.屈髋肌肉：仰卧举腿、肋木举腿（直腿或屈腿）、站立屈腿举。

3.仰卧起坐最大力量练习：负重仰卧起坐、静力两头起。

4.仰卧起坐耐力：相对慢速多重复次数、多组相对快速的计时或计次并控制组间休息时间。

（三）锻炼方法

1.通过分别锻炼腹部和髋部提高躯干屈肌和屈髋肌力量，每组10～30次，2～4组。

2.负重仰卧起坐，以70%～90%强度，每组6～8次，3～5组。

3.相对慢速仰卧起坐来锻炼肌肉有氧能力，每组10～30次，2～4组。

4.控制组间歇的快速仰卧起坐，可采用计时与计次两种方式。计时10～30秒，2～4组，间歇2～4分钟。计次10～30次每组，2～4组，间歇2～4分钟。

（四）注意事项

虽然仰卧起坐是比较安全的测试方法，但在测试时还有两点需要注意：

1.在抬起上体的过程中尽量避免颈部过分紧张，要有意识地用腹部肌肉群完成动作；

2.避免头部在完成动作过程中摆动幅度过大。

五、引体向上

（一）技术要领

双手正握单杠，握距要宽，两脚离地，两臂身体自然下垂伸直。向上引体，吸气，注意抬头挺胸，上体尽量后仰，两肘外展，肩部放松，背部肌肉收紧，将身体向上拉引，下颌超越横杠。然后逐渐放松背阔肌，让身体徐徐下降，直到恢复完全下垂，重复。

（二）锻炼手段

1.屈肘肌群：直立哑铃弯举、单手哑铃弯举等。

2.上臂屈肌：俯卧飞鸟、使用橡皮带的直臂下拉等。

3.模拟引体向上练习：可采用有帮助情况下的引体向上、低杠引体向上、以橡皮带为阻力的下拉（就是双脚不离地，以引体向上动作下拉）等。

（三）锻炼方法

1.对单个关节有针对性地进行力量练习。

（1）增加最大力量。练习方法有增大肌肉生理横断面和改善肌肉协调能力两种，前者采用最大负重的 $60\% \sim 85\%$ 的强度，重复 $4 \sim 8$ 次，做 $5 \sim 8$ 组；后者采用最大负重的 85% 以上的强度，重复 $1 \sim 3$ 次，做 $5 \sim 8$ 组。

（2）增加肌肉耐力。练习方法有大强度间歇循环和低强度间歇循环两种，前者采用最大负重的 $50\% \sim 80\%$ 的强度，重复 $10 \sim 30$ 次、休息间歇时间为练习时间的 $2 \sim 3$ 倍，后者采用最大负重的 $30\% \sim 50\%$，重复 30 次以上。

2.模拟引体向上练习。动作接近专项动作，可以同时锻炼肩、肘两个关节肌肉力量与协调性，应在单个关节力量练习后做。

3.完整引体向上可采用分组练习方法来增加练习总次数，例如可以将最大完成次数除二为每组完成次数，做 $3 \sim 4$ 组。

六、1000 米跑（男）/800 米跑（女）（图 8-3-4）

（一）技术要领

800/1000 米跑的姿态应该是全脚掌着地，步伐轻盈，摆臂有力（幅度不用太大）。呼吸要均匀，要有节奏，不能忽快忽慢，呼吸节奏是每 3 步一呼，3 步一吸，在保持速度的时候感觉呼吸困难，就需要调整为 2 步一呼，2 步一吸，保持呼吸均匀和深度一致，这样跑起来才会感到轻快。跑步的过程中要注意抬头收腹，身体在比较低的高度上下起伏，双手自然配合脚步运动，减少身体左右晃动，减少不必要的能量浪费；保持步频，提高步长，来达到提高成绩的目的。

图 8-3-4　1000 米跑(男)/800 米跑(女)

(二)锻炼手段

1.有氧运动能力

(1)持续跑:慢速持续跑,节奏轻松,时间 30 分钟;快速持续跑,以 10 千米/小时速度,时间为 10～45 分钟;

(2)长距离低强度重复训练,以 3～10 千米/小时速度短距离重复跑,次间休息时间等于完成时间,例如以 3～10k/h 速度跑 200 米×10 个×2 组,组间休息 5 分钟。

(3)间歇训练法,重复训练法,法特莱克训练法——在持续跑中加入短时间的快速冲刺,时间为 1045 分钟。

2.无氧运动能力的锻炼方法

短距离高强度重复训练,80～600 米,强度 80％～100％,间歇 30 秒～10 分钟,3～4 组。

(三)锻炼方法

1.匀速跑 800～1500 米,整个过程都以均匀的速度跑;

2.中速跑 500～1000 米,要跑得轻松自然,动作协调,放开步子跑;

3.重复跑:反复跑几个段落(如 200 米、400 米或 800 米等),中间休息时间较长,跑的距离、重复次数、快慢强度都可根据自己的情况而定;

4.加速跑 40～60 米;反复跑,中间有较短时间的间歇;

5.变速跑 1500～2500 米:要求快跑与慢跑结合,如采用 100 米慢跑、100 米快跑或 100 米慢跑、200 米快跑等方法交替进行;

6.越野跑:利用自然地形条件练习,如在公路、田野或山坡(上下坡跑)上练习;

7.跑台阶、跑楼梯练习。

(四)注意事项

1.不宜空腹进行长跑。热身时间不少于15分钟,直至内脏器官及心理处于良好的适应状态。在空腹状态下进行长跑容易引起低血糖,出现心悸、乏力、出汗、饥饿感、面色苍白、震颤、恶心呕吐等,较严重的可能导致昏迷其至死亡。

2.正确呼吸。一般情况下,可两步或三步一呼,两步或三步一吸,注意节奏不能起伏过大。吸气方式上,应尽量采用鼻呼吸和口鼻混合呼吸。冬季长跑时,可用舌头抵住上颚,以避免冷空气直接大量吸入而造成对气管、支气管的刺激。

3.不宜在长跑过程中穿得太厚、太臃肿,妨碍身体的运动,加重身体的负担。宜穿比较宽松吸汗、适合运动的棉质服装。运动完后要及时加衣服或更换干爽衣服,以免感冒。

4.在进行1000米/800米测试前如有身体不适,或在测试中有其他异常现象必须与测试老师沟通。

5.1000米/800米结束后应继续走动,不要立刻停下,以免发生意外。

第四节 《国家学生体质健康标准》测试成绩的评分标准

学生体测总分由标准分与附加分之和构成,满分为120分。标准分由各单项指标得分与权重乘积之和组成,满分为100分。附加分根据实测成绩确定,即对成绩超过100分的加分指标进行加分,满分为20分。大学生的加分指标为男生引体向上和1000米跑,女生1分钟仰卧起坐和800米跑,各指标加分幅度均为10分。

《标准》根据学生学年总分评定等级(见表8-4-1):90.0分及以上为优秀,80.0~89.9分为良好,60.0~79.9分为及格,59.9分及以下为不及格。

表8-4-1 《标准》总分与评定等级对应

得分	等级
90 分及以上	优秀
80~89.9 分	良好
60~79.9 分	及格
59.9 分及以下	不及格

学生体质健康标准成绩每学年评定一次,按评定等级记入国家学生体质健康标准登记卡。学生毕业时的成绩和等级,按毕业当年学年总分的50%与其他学年总分平均得分

的 50％之和进行评定。《标准》测试的成绩达不到 50 分者按结业或肄业处理。

因病或残疾免予执行本《标准》的学生,填写《免予执行〈国家学生体质健康标准〉申请表》,存入学生档案。确实丧失运动能力,被免予执行《标准》的残疾学生,仍可参加评优与评奖,毕业时《标准》成绩注明免测。

《标准》实施办法规定:学生《标准》测试成绩评定达到良好及以上者,方可参加评优与评奖;成绩达到优秀者,方可获体育奖学分。《标准》成绩不合格者,在本学年准予补测一次,补测仍不合格者,则学年《标准》成绩为不及格。

一、体重指数(BMI)单项评分表(表 8-4-2)

表 8-4-2　体重指数(BMI)单项评分表　　　　　　　　(单位:千克/米²)

等级	单项得分	大学男生	大学女生
正常	100	17.9～23.9	17.2～23.9
低体重	80	≤17.8	≤17.1
超重	80	24.0～27.9	24.0～27.9
肥胖	60	≥28.0	≥28.0

二、测试项目各单项评分表(表 8-4-3,表 8-4-4)

表 8-4-3　大学男生各单项评分表

等级	单项得分	肺活量		立定跳远		坐位体前屈		引体向上		50 米跑		1000 米跑	
		大一大二	大三大四	大一大二	大三大四	大一大二	大三大四	大一大二	大三大四	大一大二	大三大四	大一大二	大三大四
优秀	100	5040	5140	273	275	24.9	25.1	19	20	6.7	6.6	3′17″	3′15″
	95	4920	5020	268	270	23.1	23.3	18	19	6.8	6.7	3′22″	3′20″
	90	4800	4900	263	265	21.3	21.5	17	18	6.9	6.8	3′27″	3′25″
良好	85	4550	4650	256	258	19.5	19.9	16	17	7.0	6.9	3′34″	3′32″
	80	4300	4400	248	250	17.7	18.2	15	16	7.1	7.0	3′42″	3′40″

等级	单项得分	肺活量		立定跳远		坐位体前屈		引体向上		50 米跑		1000 米跑	
		大一大二	大三大四	大一大二	大三大四	大一大二	大三大四	大一大二	大三大四	大一大二	大三大四	大一大二	大三大四
及格	78	4180	4280	244	246	16.3	16.8			7.3	7.2	3′47″	3′45″
	76	4060	4160	240	242	14.9	15.4	14	15	7.5	7.4	3′52″	3′50″
	74	3940	4040	236	238	13.5	14			7.7	7.6	3′57″	3′55″
	72	3820	3920	232	234	12.1	12.6	13	14	7.9	7.8	4′02″	4′00″
	70	3700	3800	228	230	10.7	11.2			8.1	8.0	4′07″	4′05″
	68	3580	3680	224	226	9.3	9.8	12	13	8.3	8.2	4′12″	4′10″
	66	3460	3560	220	222	7.9	8.4			8.5	8.4	4′17″	4′15″
	64	3340	3440	216	218	6.5	7	11	12	8.7	8.6	4′22″	4′20″
	62	3220	3320	212	214	5.1	5.6			8.9	8.8	4′27″	4′25″
	60	3100	3200	208	210	3.7	4.2	10	11	9.1	9.0	4′32″	4′30″
不及格	50	2940	3030	203	205	2.7	3.2	9	10	9.3	9.2	4′52″	4′50″
	40	2780	2860	198	200	1.7	2.2	8	9	9.5	9.4	5′12″	5′10″
	30	2620	2690	193	195	0.7	1.2	7	8	9.7	9.6	5′32″	5′30″
	20	2460	2520	188	190	−0.3	0.2	6	7	9.9	9.8	5′52″	5′50″
	10	2300	2350	183	185	−1.3	−0.8	5	6	10.1	10.0	6′12″	6′10″

表 8-4-4　大学女生各单项评分表

等级	单项得分	肺活量		立定跳远		坐位体前屈		仰卧起坐		50 米跑		800 米跑	
		大一大二	大三大四	大一大二	大三大四	大一大二	大三大四	大一大二	大三大四	大一大二	大三大四	大一大二	大三大四
优秀	100	3400	3450	207	208	25.8	26.3	56	57	7.5	7.4	3′18″	3′16″
	95	3350	3400	201	202	24	24.4	54	55	7.6	7.5	3′24″	3′22″
	90	3300	3350	195	196	22.2	22.4	52	53	7.7	7.6	3′30″	3′28″
良好	85	3150	3200	188	189	20.6	21	49	50	8.0	7.9	3′37″	3′35″
	80	3000	3050	181	182	19	19.5	46	47	8.3	8.2	3′44″	3′42″

续表

等级	单项得分	肺活量		立定跳远		坐位体前屈		仰卧起坐		50 米跑		800 米跑	
		大一大二	大三大四	大一大二	大三大四	大一大二	大三大四	大一大二	大三大四	大一大二	大三大四	大一大二	大三大四
及格	78	2900	2950	178	179	17.7	18.2	44	45	8.5	8.4	3′49″	3′47″
	76	2800	2850	175	176	16.4	16.9	42	43	8.7	8.6	3′54″	3′52″
	74	2700	2750	172	173	15.1	15.6	40	41	8.9	8.8	3′59″	3′57″
	72	2600	2650	169	170	13.8	14.3	38	39	9.1	9.0	4′04″	4′02″
	70	2500	2550	166	167	12.5	13	36	37	9.3	9.2	4′09″	4′07″
	68	2400	2450	163	164	11.2	11.7	34	35	9.5	9.4	4′14″	4′12″
	66	2300	2350	160	161	9.9	10.4	32	33	9.7	9.6	4′19″	4′17″
	64	2200	2250	157	158	8.6	9.1	30	31	9.9	9.8	4′24″	4′22″
	62	2100	2150	154	155	7.3	7.8	28	29	10.1	10.0	4′29″	4′27″
	60	2000	2050	151	152	6	6.5	26	27	10.3	10.2	4′34″	4′32″
不及格	50	1960	2010	146	147	5.2	5.7	24	25	10.5	10.4	4′44″	4′42″
	40	1920	1970	141	142	4.4	4.9	22	23	10.7	10.6	4′54″	4′52″
	30	1880	1930	136	137	3.6	4.1	20	21	10.9	10.8	5′04″	5′02″
	20	1840	1890	131	132	2.8	3.3	18	19	11.1	11.0	5′14″	5′12″
	10	1800	1850	126	127	2	2.5	16	17	11.3	11.2	5′24″	5′22″

三、加分指标评分表(表 8-4-5)

表 8-4-5　加分指标评分表

加分	引体向上(男)	仰卧起坐(女)	1000 米跑(男)	800 米跑(女)
10	10	13	−35″	−50″
9	9	12	−32″	−45″
8	8	11	−29″	−40″
7	7	10	−26″	−35″
6	6	9	−23″	−30″

续表

加分	引体向上（男）	仰卧起坐（女）	1000 米跑（男）	800 米跑（女）
5	5	8	−20″	−25″
4	4	7	−16″	−20″
3	3	6	−12″	−15″
2	2	4	−8″	−10″
1	1	2	−4″	−5″

注:1.引体向上、一分钟仰卧起坐均为高优指标,学生成绩超过单项评分100分后,以超过的次数所对应的分数进行加分。

2.1000 米跑、800 米跑均为低优指标,学生成绩低于单项评分100分后,以减少的秒数所对应的分数进行加分。

参考文献

[1] 孙民治. 现代篮球高级教程. 北京：人民体育出版社, 2017.

[2] 凯西·麦基. 篮球技术与战术的执教技巧. 北京：人民体育出版社, 2008.

[3] 王家宏. 球类运动：篮球. 北京：高等教育出版社, 2009.

[4] 刘玉敏. 学校篮球队训练. 济南：山东教育出版社, 1991.

[5] 韩之栋, 王小安, 张培峰. 篮球技术练习 1000 例. 成都：四川科学技术出版社, 1988.

[6] 张林. 篮球训练教程. 北京：高等教育出版社, 2008.

[7] 黄滨, 翁荔. 篮球运动. 杭州：浙江大学出版社, 2014.

[8] 张林. 篮球. 北京：高等教育出版社, 2004.

[9] 黄滨, 张林. 篮球. 杭州：浙江大学出版社, 2002.

[10] 约翰·R 伍登. 实用现代篮球训练法. 北京：人民体育出版社, 1992.

[11] 陈利和, 吴建平. 一学就会的 100 个篮球实战技巧. 北京：化学工业出版社, 2014.

[12] 张志华, 尔雨田, 黄波. 篮球快速入门到精通. 北京：化学工业出版社, 2015.

[13] 吴忻水. 篮球基本训练与实战技术. 广州：广东人民出版社, 1990.

[14] 中国篮球协会. 中国男篮备战奥运会训练方法选编. 北京：人民体育出版社, 2010.

[15] 王梅珍, 于振峰, 李经. 篮球组合技术. 北京：人民体育出版社, 1994.

[16] 田福海. 现代篮球训练艺术. 上海：上海教育出版社, 1993.

[17] 王梅珍. 篮球 3 对 3 比赛技巧. 北京：人民体育出版社, 2001.

[18] 中国篮球协会. 篮球规则. 北京：北京体育大学出版社, 2016.

[19] 许博. 现代篮球训练方法——训练方法 1400 例. 北京：北京体育大学出版社, 2006.

[20] 牛钟岐, 刘玉林, 王文涛. 怎样打篮球. 北京：人民体育出版社, 1986.